湖北省法学会2015年度省级法学重点课题研究资助项目成果

竞业限制制度研究
——以权利冲突及其化解为视角

王博 著

图书在版编目(CIP)数据

竞业限制制度研究:以权利冲突及其化解为视角/王博著.—武汉:武汉大学出版社,2016.12
ISBN 978-7-307-18806-8

Ⅰ.竞… Ⅱ.王… Ⅲ.劳动合同—合同法—研究—中国 Ⅳ.D922.524

中国版本图书馆 CIP 数据核字(2016)第 274934 号

责任编辑:黄金涛　　　责任校对:汪欣怡　　　版式设计:马　佳

出版发行:武汉大学出版社　　(430072　武昌　珞珈山)
（电子邮件:cbs22@whu.edu.cn　网址:www.wdp.com.cn）
印刷:湖北省荆州市今印印务有限公司
开本:720×1000　1/16　印张:16.5　字数:238 千字　插页:3
版次:2016 年 12 月第 1 版　　2016 年 12 月第 1 次印刷
ISBN 978-7-307-18806-8　　定价:62.00 元

版权所有,不得翻印;凡购我社的图书,如有质量问题,请与当地图书销售部门联系调换。

作者简介

王博

  男，1974年10月生，安徽淮北人。教育部人文社科重点研究基地中南财经政法大学知识产权研究中心博士后研究人员，武汉大学法学博士，系民革党员。1995年取得律师资格后，长期从事专职律师工作，现为广东广和律师事务所律师、高级合伙人。独著《商业秘密法律风险与防范手册》，合著《合同时代的生存》、《完美的商业秘密管理》等著作，在《法学》、《中国人力资源开发》、《甘肃社会科学》、《社会科学家》等中文核心期刊独立发表学术论文十余篇，文章被《中国社会科学文摘》等杂志转载，主持或参与湖北省法学会、国家知识产权局等省部级科研项目若干项。

谨以此书怀念我的母亲卢存英女士

前　言

　　自由竞争是市场经济的精髓及基本特征。公平、合理、有序的良性竞争秩序更是市场经济的内在价值诉求。在全球经济日趋一体化的当今世界，国内外市场竞争日趋激烈，作为合理规制市场竞争的竞业限制法律制度，已被世界各国普遍接受，并被广泛应用到劳动关系、公司治理及营业转让等社会实践当中去。

　　竞业限制主要是为保护雇主的商业秘密及其他竞争利益而对雇员的特定竞业行为进行的合理限制，是为行为人（如雇员等特定的竞业限制义务人）的自由竞争划定的相对清晰的权利边界，令行为人在该合理的界限内与权利人（如雇主等竞业限制权利人）展开公平合理的自由竞争。就此而言，竞业限制这一合理限制竞争的法律制度，实质上也是对行为人的合法权益予以保护的法律制度。可见，竞业限制制度在保护雇主等权利人的商业秘密及其他竞争利益的同时，也在保护行为人在合理限度内运用自身的知识、经验和技能与其他市场竞争主体展开自由竞争。

　　诚然，竞业限制的初衷的确是为保护被代理人、雇主等权利人的商业秘密及其他竞争利益，合理规制市场竞争，最终为保护社会公共利益而创设。但在实践中，竞业限制制度在保护一部分权利人合法权益的同时也限制了其他权利人的合法权利，尤其是限制了雇员的择业自由权这一劳动权乃至生存权。该不合理限制，就构成了对社会公共利益的危害，违背了竞业限制的初衷。

　　竞业限制制度作为规制市场经济运行的重要法律制度之一，其主要功能就在于对市场竞争主体的自由竞争行为予以适当限制，也称合理限制。竞业限制对于自由竞争的合理限制，具有鲜明的正当性。然而，该合理限制的标准何在，其界限如何划分？理论研究上往往难以把握,实践操作中通常也难以界定。由此可见,竞业限制对于自由竞争的不合理限制,实属难以避免,此乃竞业限制之局限。该局限性,主要表现在竞业限制对人才流动的不合理限制以及对劳动权的不合理限制两个方面。对人才流动的不合理限制,会导致人才市场的僵化及人力资源的浪费;对劳动权的不合理限制,会侵害宪法所保障的雇员的择业自由权乃至生存权,构成对雇员基本人权的侵犯及对社会公共利益的危害。

此外,我国当前的市场经济欠发达,市场竞争还不够充分,同时,劳动就业形式也依然严峻。因此,鼓励人才流动与自由竞争,大力提倡投资及自主创新既是目前面临的中心任务,也关涉我国建设创新型国家的重大战略决策。然而,市场经济的培育、发展和完善非在朝夕,必须经历长期、健康和稳定的可持续发展过程。因此,构建公平、合理、有序的良性市场竞争环境也是我国当下亟待解决的时代课题。

可见,在悉心呵护自由竞争的同时着力实现经济的可持续发展,并在可持续发展中实现资本、劳动及社会公共利益等多方利益的动态均衡,也是我国市场经济的任务和目标之一。

通过对竞业限制制度相关理论的研究,比较、借鉴有关竞业限制的域外立法成例,结合我国国情及相关社会实践,在竞业限制的立法理念(如"平等保护")、遵循原则(如契约自由原则及其限制)及制度设计等层面提出构想与意见,为我国竞业限制制度的法律规制与实施寻求出路,是本书将要探讨的主要内容。对该类问题的研究与探讨,对完善竞业限制制度的基本理论,指导并规范我国有关竞业限制的司法实践等方面,均具有重要意义。

竞业限制是对特定竞业行为的限制,该制度除调整公司董事、经理等高管人员及代理人等竞业行为之外,主要规制劳动者作为劳动权的择业自由权及经营者的经营权,协调劳资冲突,维护社会公共利益。如何化解劳资冲突,合理规制劳动者的竞业行为,妥善处理保护商业秘密与自由择业、涉密者竞业限制与人才合理流动的关系,维护职工合法权益,是竞业限制制度所面临的重点及难点。因此,诸如权利冲突及其化解理论、指导竞业限制制度设计的相关理论（如契约自由原则及其限制制度），应成为竞业限制基础理论研究的核心与关键。对于权利冲突及其化解问题，国内外学者都给出了诸多学说及理论观点，这些观点莫衷一是，难以为我国竞业限制的理论与实践提供有力的支撑或指引，尚待继续研究、探讨。

首先，就劳动法倾斜保护论而言，权利位阶理论、优先权理论，尤其是我国劳动法领域之倾斜保护原则，这些理论是否有待于进一步完善或尚存缺陷？权利位阶理论及优先权理论的实施，是否需要特定的程序及条件？对劳动者的倾斜保护，是作为倾斜保护原则予以普遍适用，还是作为一定时期内的立法政策予以提出？倾斜保护原则是否可以作为竞业限制契约自由之限制制度的内在构成等，对于诸如此类问题的回答，将是本书深入研究、讨论的内容。

其次，从劳动法平等保护论角度看，权利限制理论、权利平等理论以及合理限制原则等，这些理论是否业已相对成熟、完善？如果如此，是否可将其作为竞业限制契约自由原则之限制制度的内在构成，实现对竞业限制之契约自由的有效限制？又如何将此类理论恰当地联系到竞业限制之制度设计层面，令竞业限制制度更具可操作性？除此之外，合理限制竞争原则是竞业限制的重要理论依据，但如何确定竞业限制的合理性标准，或称对于竞业限制之合理性标准的判定，向来是个难以破解的理论及实践难题，也将是本书的研究重点和难点。

我国围绕竞业限制制度的立法可谓全方位、多角度。实践中，无论是对于公司等经营者的经营权维护，还是对于劳动者的劳动权保障，在各自的规范领域内都发挥了极其重要的作用。但综合来看，竞业限制相关立法，依然不能满足当前实践的迫切需求。我国对于竞业限制的法律规制，虽坚持契约自由原则，但对竞业限制契约自由及其限制的边界划分标准的拿捏与把握，仍存游移与徘徊。

实务中，因员工跳槽而带来的商业秘密泄露、"挖角"及非法招揽竞争对手的客户等不正当竞争行为，依然严重侵害着经营者的商业秘密权益及其他竞争利益。司法实践中，对于劳动者合法权益

前 言

保护的程度或强度依然不足。无论对于经营权维护,抑或对于劳动权保障,竞业限制制度在实践中所发挥的作用,与其立法本意及目的相比尚存较大距离,这些均亟待立法进一步完善、学理深入研究。

目 录

第一章 竞业限制制度概说 …………………………………………… 1
  第一节 竞业限制的基本理论 ………………………………………… 1
    一、竞业限制的概念及特征 ……………………………………… 1
    二、竞业限制的理论依据 ………………………………………… 9
    三、竞业限制的类型化分析 ……………………………………… 16
  第二节 竞业限制之正当性分析 ……………………………………… 18
    一、劳动权保障及经营权维护 …………………………………… 18
    二、依法规制市场竞争秩序 ……………………………………… 26
    三、小结 …………………………………………………………… 29
  第三节 竞业限制之局限性分析 ……………………………………… 30
    一、对人才流动的不合理限制 …………………………………… 30
    二、对劳动权的不合理限制 ……………………………………… 34
    三、小结 …………………………………………………………… 39

第二章 竞业困局之根由：经营权与劳动权的冲突 ………………… 40
  第一节 竞业抵牾之生发机理：经营权与劳动权的冲突 …………… 40
    一、经营权与劳动权的冲突 ……………………………………… 40
    二、经营权、劳动权冲突与一般权利冲突 ……………………… 42
  第二节 权利相互性理论及利益冲突论检讨 ………………………… 45
    一、权利相互性理论检讨 ………………………………………… 46
    二、利益冲突论检视 ……………………………………………… 50
    三、对权利冲突相关成因理论的反思 …………………………… 56
    四、经营权、劳动权冲突与权利相互性理论 …………………… 58

第三节　利益有限性与权利多样性的矛盾 …………… 60
一、利益的有限性与权利的多样性 ………………… 60
二、权利主体的多样性 ……………………………… 62
三、权利内容的多样性 ……………………………… 65

第四节　权利平等性与其内容多样性的冲突 ………… 71
一、权利平等性与其内容多样性的矛盾 …………… 71
二、同类型权利之间的冲突 ………………………… 72
三、不同类型权利之间的冲突 ……………………… 73

第五节　权利界限的模糊性与交叉性共存 …………… 76
一、规则精确制定的相对性 ………………………… 76
二、权利界限的模糊性 ……………………………… 78
三、权利界限的交叉性 ……………………………… 81

第三章　经营权与劳动权冲突化解的理论进路 …………… 83
第一节　权利位阶及优先权理论检讨 ………………… 84
一、"权利位阶"、"优先权"理论及其辨析 ……… 84
二、权利平等性理论及其评析 ……………………… 95

第二节　倾斜保护原则检视 …………………………… 100
一、"倾斜保护"之正当性辨析 …………………… 100
二、"倾斜保护"之局限性分析 …………………… 102

第三节　权利平等性理论证成 ………………………… 104
一、法律面前一律平等即为权利平等 ……………… 105
二、权利平等是平等权的核心内容 ………………… 108
三、平等原则就是权利平等原则 …………………… 110

第四节　权利界定及权利限制理论的经济分析 ……… 112
一、交易成本理论关于权利界定的经济分析 ……… 112
二、交易成本理论关于权利限制的经济分析 ……… 118
三、租值消散理论对权利界定的经济分析 ………… 121

第五节　权利冲突化解的理想路径分析 ……………… 123
一、"利益增进"解决模式检视 …………………… 123

二、双利清晰界定的可行性与必要性分析………………… 124
　　三、双利限制的可行性与必要性分析…………………… 125

第四章　竞业限制契约自由原则及其限制……………… 123
　第一节　竞业限制契约自由原则……………………… 123
　　一、竞业限制契约自由原则的意义及其流弊…………… 128
　　二、在职竞业限制契约自由与法定竞业限制…………… 134
　　三、离职竞业限制契约自由与约定竞业限制…………… 139
　第二节　竞业限制契约自由原则之限制………………… 142
　　一、竞业限制契约自由原则之限制的目的及功能………… 142
　　二、竞业限制契约自由原则之立法限制………………… 146
　　三、竞业限制契约自由原则之司法限制………………… 149
　第三节　竞业限制契约的效力及违约救济……………… 152
　　一、竞业限制契约的效力………………………………… 152
　　二、竞业限制契约的救济：集体劳动合同及其他
　　　　违约救济…………………………………………… 160

第五章　我国竞业限制制度的困境与出路……………… 170
　第一节　我国竞业限制制度的困境……………………… 173
　　一、竞业限制立法本意、目的与其实践中作用的差距…… 173
　　二、竞业限制契约自由及其限制之边界划分上的游移
　　　　与徘徊……………………………………………… 177
　第二节　我国竞业限制制度的立法出路………………… 179
　　一、平等保护理念下适度扩大对竞业限制契约自由的
　　　　立法限制…………………………………………… 180
　　二、适度强化对竞业限制经济补偿金的立法规制………… 183
　　三、适度强化对竞业限制违约金的立法规制……………… 206
　　四、完善对第三方侵权行为的立法规制…………………… 210
　第三节　我国竞业限制制度的司法出路………………… 212
　　一、对倾斜保护原则泛化及失度的反思与检讨…………… 212

二、竞业限制相关规则的借鉴及司法规制…………… 216
三、竞业限制纠纷案件的程序性规制…………… 228

结语………………………… 234

参考文献………………… 237

第一章 竞业限制制度概说

第一节 竞业限制的基本理论

一、竞业限制的概念及特征

（一）竞业限制的概念厘定

在我国，竞业限制有竞业禁止、禁止竞业、竞业回避、竞业避让等各种不同称谓。其中，谓之竞业限制与竞业禁止者居多。① 在德国，竞业限制被称之为"Wettbewerbsverbote"；② 于英美国家，竞业限制的英文称谓多为"restraint of trade"、"prohibition of business strife"、"Non-Competition"、"not to compete"等。③ 对于竞业限制这一概念的遣词，理论界一直没有形成统一的称谓，为了便于准确地理解和把握这一法律制度的基本含义，统一概念、厘清称

---

① 单海玲. 雇员离职后的竞业禁止［J］. 法学研究，2007（3）：71；黄来纪. 董事禁止竞业义务论［J］. 上海社会科学院学术辑刊，1999（3）：69；刘俊海. 股份有限公司股东权的保护［M］. 北京：法律出版社，1997：242.；杨国弓. 竞业避让人才流动的"紧箍咒"［J］. 中国质量万里行，1999（10）：54；董保华. 由竞业限制经济补偿争鸣引发的思考——兼与叶静漪教授商榷［J］. 法学，2010（10）：17.

② Volker Büteröwe, Aufsatz Wettbewerbsverbote vor und während der Insolvenz-ein Kurzüberblick, GWR 2009, 288-291.

③ Pascale Lagesse & Mariann Norrbom. Restrictive covenants in employment contracts and other mechanisms for protection of corporate confidential information［M］. Kluwer Law International and International Bar Association，2006，p.1-247.

谓十分必要。虽然目前国内使用较多的称谓不仅有竞业限制也有竞业禁止，但从竞业限制这一制度本身的功能和特征来看，竞业限制一词更能体现该法律制度本身的应有含义，侧重"限制"而非"禁止"。

《法学辞源》将竞业限制界定为"竞业禁止"。竞业禁止是指，无限公司章程中对组成公司的股东所加的限制。① 该界定虽然使用的是竞业禁止这一称谓，但其具体内容却是对组成公司的股东所加的"限制"而非"禁止"。《辞海》则直接给出了竞业限制这一概念，即竞业限制是指劳动者按照与用人单位之间的约定，在在职期间或者离职后不从事与用人单位有竞争关系的工作的行为。②《辞海》给竞业限制所下的定义，基本反映了竞业限制的含义和特征。只是，将竞业限制仅单纯局限于劳动关系领域则稍显片面。

我国台湾学者史尚宽先生则借鉴德国劳动法的概念，将竞业限制称之为"竞争营业禁止特约"（Wettbewerbsverbot）。史先生在论述劳动关系双方当事人之义务时指出，受雇人负有"不为营业竞争之义务"，即受雇人于劳动关系存续中，有忠实义务，不得经营同种之企业。然而，在劳动关系终止以后，受雇人则不再负担该义务。雇佣人如欲继续保全其利益，除非令受雇人继续担负该不为竞争之义务。令受雇人继续担负"不为营业竞争之义务"的特别约定，则称之为"竞争营业禁止特约"。③

黄月钦先生指出，劳动契约终止后的一定期间内，受雇人于相当程度内，仍有守密义务。该守密义务，实为受雇人之忠实义务的一部分。除此之外，当事人还可约定不为竞业行为，即受雇人不自己实施该类营业行为，也不受雇于此类营业。但是，必须以受雇人在劳动契约中曾参与对顾客或货物来源，制造或销售过程等机密为限，同时，此类机密的运用又可能造成对原雇主的重大损害。否

---

① 法学辞源 [Z]．北京：中国工人出版社，1994：970．
② 辞海 [Z]．上海：上海辞书出版社，2009：1161．
③ 史尚宽．劳动法原论 [M]．台北：台湾正大印书馆，1978：53．

则，不得令受雇人承担该竞业禁止义务。①

郑玉波先生认为，竞业禁止，有广义与狭义两种含义。广义的竞业禁止，是指对于与特定营业具有竞争性的特定行为，加以禁止而言。其禁止之客体为特定行为；其被禁止之主体，则不以特定人为限，即不特定人也包括在内。易而言之，竞业禁止对于一般任何人均加以禁止。如商标法上的商标专用权，禁止他人使用其商标；专利法上的专利权，禁止他人侵害其专利；又如在公司法中，禁止使用相同或类似的公司名称。至于在外国法上，如日本的不正当竞争防止法所规定的对不正当竞争行为的制止，也属于这里所言的广义的竞业禁止。所谓狭义的竞业禁止，是指对于与特定营业具有特定关系的特定人的特定行为，加以禁止。其禁止的客体虽也为特定行为，但其被禁止的主体，则限于特定人。不仅如此，该特定人尚须与该特定营业具有特定的法律关系方可。所谓特定的法律关系，例如委任关系、雇佣关系等。狭义的竞业禁止，如民法上经理人及代办商的竞业禁止、公司法上的经理人、执行业务的股东、董事的竞业禁止等，均属于此类；至于外国法上，如瑞士债务法464条对于经理人之竞业禁止；德国商法上对于商业辅助人之竞业禁止，均属此类。②

广义竞业禁止所禁止的主体是不特定的多数人，如商标权、专利权人，有权禁止任何未经许可使用其商标或专利的人。事实上，该不特定人的前述义务是由商标权、专利权的对世性所决定的，属于这些权利的当然内容，与严格意义上的竞业禁止已相去甚远。③因此，通常所称的竞业禁止，仅指狭义竞业禁止。

对于竞业禁止这一概念，我国台湾地区的"民法"第562条、第563条、"公司法"第32条、第54条、第120条、第209条、

---

① 黄月钦. 劳动契约 [J]. 政大法律评论, 1979 (19)：63.

② 郑玉波. 论竞业之禁止 [A]. 郑玉波. 民商法问题研究（二）[C]. 台北：台湾三民书局, 1980：171-172.

③ 彭学龙. 竞业禁止与利益平衡 [J]. 武汉大学学报（哲学社会科学版），2006（1）：138.

"银行法"第35条、"证券交易法"第51条、"金融控股公司投资管理办法"第2条、第4条、第5条、"不动产经纪业管理条例"第16条、"台湾地区人民法人团体或其他机构担任大陆地区法人团体或其他机构职务或为其成员许可管理办法"第6条、第12条等，都有类似的规定。可见，我国台湾地区关于竞业限制，无论理论还是立法，主要使用"竞业禁止"这一称谓。

我国大陆在立法中使用竞业限制这一概念时间较晚。在部门规章中，如1997年国家科学技术委员会颁布的《关于加强科技人员流动中技术秘密管理的若干意见》（已失效），是我国较早使用竞业限制这一概念的法律文件。该部门规章的第7条规定，单位可以在劳动聘用合同、知识产权权利归属协议或者技术保密协议中，与对本单位技术权益和经济利益有重要影响的有关行政管理人员、科技人员和其他相关人员协商，约定"竞业限制"条款，约定有关人员在离开单位后的一定期限内不得在生产同类产品或经营同类业务且有竞争关系或者其他利害关系的其他单位内任职，或者自己生产、经营与原单位有竞争关系的同类产品或业务。该条款同时规定，"竞业限制"的期限最长不得超过三年。"竞业限制"条款一般应当包括"竞业限制"的具体范围、"竞业限制"的期限、补偿费的数额及支付方法、违约责任等内容。

在地方法规中，《广东省技术秘密保护条例》、《上海市劳动合同条例》、《浙江省技术秘密保护办法》、《深圳经济特区企业技术秘密保护条例》、《珠海市经济特区企业技术秘密保护条例》、《宁波市经济特区企业技术秘密保护条例》等各地方法规也都先后使用了"竞业限制"这一称谓。

在2007年6月颁布的《中华人民共和国劳动合同法》中，我国首次以国家基本法律的形式统一使用了"竞业限制"这一概念。如该法第23条规定，对负有保密义务的劳动者，用人单位可以在劳动合同或者保密协议中与劳动者约定"竞业限制"条款，并约定在解除或者终止劳动合同后，在"竞业限制"期限内按月给予劳动者经济补偿。劳动者违反"竞业限制"约定的，应当按照约定向用人单位支付违约金等。

从以上学理及立法关于竞业限制的称谓来看，无论称"竞业禁止"还是称"竞业限制"，其共同内容，都是对特定竞业行为的合理"限制"，并非"禁止"。正如郑玉波先生所言，竞业禁止是指对与特定营业具有特定关系的特定人的特定竞业行为予以合理限制的法律制度。① 足见，只有"竞业限制"这一称谓，才与该制度自身侧重于对特定的竞业行为的"限制"而非"禁止"之内涵与特征相契合。竞业限制这一概念的厘定，有利于人们对竞业限制的内涵、特征及其运行规律的全面理解和把握。

(二) 竞业限制的法律特征辨析

1. "竞业限制"与"限制竞争"的联系和区别

竞业限制与限制竞争，二者都是对特定行为予以限制的制度，仅从字面来看，颇有些相似。但就其实质内容而言，两者相距甚远。限制竞争，主要是竞争法上的概念。反垄断法中的联合限制竞争行为，是指两个或两个以上的市场主体为规避正常市场竞争，采取明示或默示协议、决议等形式，共同对特定市场的竞争加以限制的行为。它是市场竞争中最为常见的限制、阻碍竞争，侵害消费者合法权益的反竞争行为。② 可见，限制竞争所限制的对象是正常的市场竞争行为，侵害的主要是消费者的利益及竞争秩序。而竞业限制，所限制的对象是特定的"竞业"行为，该合理限制"竞业"的行为，不仅不会侵害消费者、劳动者的合法权益，相反还会维护竞争秩序、保护劳动者与经营者的共同权益，促进各方互利共赢。

2. 竞业限制的法律特征

(1) 竞业限制的主体以特定人为限。

竞业限制的主体的特定性，既包括权利主体的特定性，也包括义务主体的特定性。竞业限制的权利主体与义务主体之间，基于法

---

① 郑玉波. 论竞业之禁止 [A]. 郑玉波. 民商法问题研究 (二) [C]. 台北：台湾三民书局，1980：171.

② 王先林. 论联合限制竞争行为的法律规制——《中华人民共和国反垄断法（草拟稿）》的相关部分评析 [J]. 法商研究，2004 (5)：17；王长秋. 联合限制竞争行为法律规制研究 [D]. 重庆：西南政法大学经济法学院，2007.

律的明确规定或主体间的特别约定，建立特定的竞业限制法律关系。该特定的法律关系，是竞业限制权利主体与义务主体特定化的桥梁和纽带。竞业限制主体的特定性，即指竞业限制的主体，只能以特定人为限，不特定的一般任何人不在其限制之列。就义务主体而言，仅限于特定的义务主体，非一般主体。如物权人禁止权利人之外的一切人妨害其物权，专利权人禁止一般任何人侵害其专利权，商标权人禁止一般任何人侵害其商标权等。该一般主体，可作为物权与知识产权的规制对象，但不属于竞业限制制度所规制的对象。广义的竞业限制，虽如前所述，其主体不以特定人为限，但是，广义竞业限制并非真正意义上的竞业限制，不属于本书之竞业限制所讨论的范畴。就权利主体而言，该权利主体仅限于与义务主体具有特定法律关系的特定人，如义务主体所供职的雇主、公司以及营业转让事务中的营业受让人等。

（2）竞业限制的客体为特定的竞业行为。

在竞业限制法律关系中，权利人享有的是限制义务人竞业的请求权，义务人承担不竞业的义务。该不竞业义务，属于不作为义务。就劳动契约而言，该不作为义务，又分为劳动契约存续期间的不作为义务和劳动契约终止之后的不作为义务。其中，劳动契约存续期间的不作为义务，属于受雇人应当承担的忠实义务。无论是劳动契约存续期间的不作为义务，还是劳动契约终止之后的不作为义务，他们所针对的都是特定的竞业行为，如代理行为、委任行为等。该特定的竞业行为，是由与特定营业具有特定法律关系的人所实施。该特定的法律关系，主要指劳动关系、代理关系及委任关系等。如果竞争主体实施竞争行为，并非基于与权利人之间的特定法律关系基础之上形成的竞争优势，而是基于自身优势（如个人的知识或技能）或者借助于权利人之外的其他优势与权利人竞争，该竞争行为则不属于特定的竞业行为的范畴。该类竞争行为，如不正当竞争行为、滥用市场支配地位的行为等，不受竞业限制制度的调整，而应由竞争法或其他法律制度予以调整。

兼业行为是否属于特定的竞业行为？对此，不能一概而论。如果雇工虽有兼业行为，但是并无竞业情形，基于雇工的择业自由权,其正当的择业自主权当然不应受限制。只有当雇工的兼业行为,对于雇主已经产生竞争状况,甚至对雇主的经营业绩已经造成了不同程度的影响或有影响之虞时,该行为才构成竞业行为,应予以适当限制。①

(3) 竞业限制以特定的法律关系为基础关系。

竞业限制的法律关系与竞业限制的基础法律关系,是两个不同的概念。前者指竞业限制的权利和义务关系,其法律关系的内容是竞业限制的权利和义务,即权利人的限制竞业请求权和义务人的不竞业义务;后者指引起竞业限制法律关系产生的基础的法律关系,如代理关系、委任关系及劳动关系等竞业限制的基础法律关系。前者法律关系的客体,指的是特定的竞业行为;后者法律关系的客体,分别为代理行为、委任行为以及劳动行为和支付报酬的行为等。

竞业限制的基础关系,是竞业限制法律关系产生的原因和基础,但是,竞业限制法律关系又具有自身的独立性。例如,在劳动契约关系终止之后,作为基础关系的劳动关系虽然已经解除,但是,雇佣人与受雇人之间的竞业限制法律关系并非当然解除。劳动契约关系终止后,作为受雇人劳动契约关系存续期间的法定竞业限制义务虽已消灭,但是,受雇人通常会基于与雇佣人间的竞业限制特别约定继续承担竞业限制义务。该义务并非基于先前的劳动契约,而是基于独立的竞业限制特别约定。劳动合同的无效或解除,并不能必然引起竞业限制协议的无效或解除。

司法实践中,用人单位和劳动者事先约定了竞业限制和经济补偿,但由于用人单位或者劳动者违法解除劳动合同,竞业限制对双方是否仍然具有约束力,是一个司法实践中争议强烈又必须解决的问题。不论是用人单位还是劳动者违法解除合同,都不必然导致竞业限制的约定失效。劳动合同解除实行的是法定制度,而竞业限制实行的是约定制度,竞业限制具有相对独立性,其与解除劳动合同

---

① 郭玲慧.劳工保密义务与竞业禁止约款之法律意义 [J].万国法律,2003 (10):38.

属于并列关系,而非逻辑递进关系。当用人单位违反不同的义务时,劳动者可以依据不同的法律规定获得相应的救济。所以,用人单位违法解除劳动合同不影响竞业限制约定的有效性。①

足见,竞业限制的基础法律关系是竞业限制法律关系成立的前提和基础,但是,两者具有相对的独立性,基础关系的无效、撤销或解除,并不必然影响竞业限制法律关系的效力。

(4)竞业限制以合理、适当为限度。

竞业限制是对与特定营业具有特定关系的特定人的特定竞业行为,予以合理限制的制度。合理限制原则,是竞业限制的基本原则。有关竞业限制的约定,是否具备合理限制这一核心要件,将决定该竞业限制协议是否生效。

竞业限制的直接目的,在于保护经营者的商业秘密与其他竞争利益,以确保经营者的市场竞争优势。同时,也有利于经营者顺利收回对劳动者在职业培训等方面的投资,从而提高经营者投资的积极性和主动性。但是,竞业限制在保护经营者的同时,却又侵害了劳动者的合法权益,即侵害了劳动者的择业自由权。该择业自由权,不仅是劳动权的重要内容,而且是劳动者生存权的重要保障。竞业限制在限制劳动者择业自由权的同时,也易导致用工单位对劳动就业市场的垄断,进而导致劳动者在劳动力市场丧失或减弱其竞争优势。

劳动权作为基本人权,是各国宪法所保障的基本权利。如对基本权利给予限制,必须给出充分的理由,而且必须经由严格的法定程序方能实施。因此,竞业限制必须以合理、适当为限度。然而,该合理限度的"度"在哪里,范围如何界定,则是值得深入研究的问题。事实上,该合理限度的范围和标准,通常难以拿捏和把握。经由立法及司法干预就成为必要。在立法方面,由法律或法律原则对竞业限制是否合理的标准及范围予以规制。司法上,由法官

---

① 李江雪. 最高法民一庭负责人就《最高人民法院关于审理劳动争议案件适用法律若干问题的解释(四)》答记者问 [EB/OL] (2013-10-24) [2016-2-25]. http://china.cnr.cn/gdgg/201301/t20130131_511900382.shtml.

依照合理限制原则、诚实信用原则等法律原则，对竞业限制条款的合理性进行判断。以此，促进和保障竞业限制其制度功能的有效发挥。

二、竞业限制的理论依据

(一) 竞业限制的经济学依据：代理成本理论

竞业限制以代理关系，委任关系，劳动关系以及公司与董事、经理之间的关系等法律关系作为其基础法律关系。该竞业限制的基础法律关系，通常被认为是广泛意义上的"代理关系"。由此，使得经济学上的代理成本理论成为竞业限制的经济学依据。代理成本理论，由美国经济学家哈佛大学商学院教授迈克尔·詹森（Michael C. Jensen）和罗切斯特大学西蒙学院教授威廉·梅克林（William H. Meckling），于1976年在其合著的《企业理论：管理行为、代理成本与所有权结构》（Theory of the Firm：Managerial Behavior, Agency Costs, and Ownership Structure）一文中提出。该文将代理理论、产权理论、金融理论的各种要素结合在一起，发展成为一种有关企业所有权结构的理论，即代理成本理论。迈克尔·詹森与威廉·梅克林在文章中系统研究了企业如何通过管理行为、代理成本等，确保在一个相对完整的市场条件下，企业之间的利益冲突得到最大限度的节制与平衡，从而促进企业的稳定和发展。①

代理成本理论的起源，最早可追溯至亚当·斯密（Adam Smith）的《国民财富的性质和原因的研究》（简称《国富论》）。亚当·斯密在《国富论》中这样描述道："在钱财的处理上，股份公司的董事是为他人尽力，而私人合伙公司的伙员，则纯为自己打算。所以，要想股份公司董事们监视钱财用途，像私人合伙公司伙员那样用意周到，那是很难做到的。有如富家管事一样，他们往往拘泥于小节，而殊非主人的荣誉，因此他们非常容易使他们自己在保有荣誉这一点上置之不顾。于是，疏忽和浪费，常为股份公司

---

① 王黎. 美国社科研究经济学唱主角 [N]. 中国社会科学报, 2012-12-21 (A05).

业务经营上多少难免的弊端。"①

迈克尔·詹森与威廉·梅克林将代理关系定义为一种契约关系，在该契约关系中，一个人或更多的人，即委托人（如股东）聘用其他代理人（如经理人）为其利益履行一些服务，包括授权代理人做出某种决定的权利。如果双方都是效用最大化者，那么，则有充分的理由相信，代理人不会总以委托人的最大利益而去行事。委托人可以通过对代理人建立适当的激励机制，以及通过施以旨在限制越权代理行为的监督成本的设计，以限制其与代理人之间的利益分歧。另一方面，在某些情况下，代理人也会支出一笔费用，以保证其不会做出有害于委托人的行为，或者向委托人保证在其做出有害于委托人的行为时，委托人将依此费用作为补偿。然而，在该费用为零时，欲保证代理人将按照委托人所认为的最佳方案去行动，对于委托人或者代理人来说，通常都是不可能的。在大多数代理关系中，委托人与代理人将分别承担着监督成本（the monitoring expenditures by the principle）与担保成本（the bonding cost by the agent）（金钱的和非金钱的）。另外，代理人的决策与委托人的效用最大化之间将存在一些偏差。委托人的损失，作为这种偏差的结果，也是代理关系的一种费用，迈克尔·詹森与威廉·梅克林将该后一种费用称作"剩余损失"（the residual loss），将上述监督成本、担保成本与"剩余损失"，统称为代理成本（Agency Costs）。②

可见，代理成本基于这样的事实，即管理人员不是企业的完全所有者。同时，管理人员与企业的所有者，对企业所持有的目标和态度有所不同，企业的所有人必须采取某些激励及监督防弊的措

---

① 亚当·斯密. 国民财富的性质和原因的研究（上卷）[M]. 郭大力，王亚南，译. 北京：商务印书馆，1981：303.

② Michael C. Jensen. Soundations of organizational strategy [M]. Harvard University Press 1998, pp. 53-54. By Michael C. Jensen & William H. Meckling. Theory of the firm: managerial behavior, agency costs, and ownership structure [J]. Originally Published in Journal of Financial Economics 3, No. 4 (October 1976), pp. 305-360.

施，由此，便产生代理问题衍生成本。① 在部分所有的情况下，一方面，当管理者对工作尽了努力，他可能承担全部成本，而仅获取一小部分利润；另一方面，当他获取因其自身管理行为而带来的工资之外的额外收益时，他得到的是全部好处，承担的只是一小部分成本。这样一来，他的工作积极性自然就不高，而且还热衷于追求工资之外的额外收益。于是，当管理人员不是企业的完全所有者时，企业的价值就小于管理人员是企业完全所有者时的价值。这两者之间的差异，即被称为"代理成本"。②

公司的董事、经理人或其他雇员，如劳动关系中的雇工，以及合伙企业的部分合伙人等，都是以企业管理人员的角色和非企业完全所有者的身份出现的，因此，都会存在代理成本。只要他们从事与企业相同或类似的经营业务，自然会在市场占有、利益分割等方面，与其所在企业构成竞争。这时，再要求他们对其所在企业恪尽忠实义务，就几乎不可能。不仅如此，这些人还会直接或间接地损害其所在企业的利益，以追求高额的额外利润。同时，企业高级管理人员的经营活动主导着企业的收益甚至命运，该企业管理人员的行为通常又难以被监督，如果不对他们与所在企业的竞业行为依法予以规制，则必然会对其所在企业造成难以弥补的损失，甚至带来毁灭性的法律后果，如破产。③

除公司的董事、经理人或其他雇员等上述人员外，一般民事法律关系中的代理人、委任人以及营业转让人等，与其被代理人、被委任人及营业受让人之间，也存在代理成本问题，对其竞业行为，均需法律予以规制。

（二）竞业限制的法理依据：诚实信用原则

诚实信用原则为民法之基本原则，更是竞业限制制度的基本法

---

① 方世杰，方世荣. 从交易成本与代理理论探讨医药营销通路——以行为规范与控制机制为调节变量［J］. 管理评论，2002（3）：7-8.

② 张维迎，余晖. 西方企业理论的演进与最新发展［J］. 经济研究，1994（11）：75.

③ 李永明. 竞业禁止的若干问题［J］. 法学研究，2002（5）：85.

理依据。诚实信用原则,原先主要用于法律穷尽时的救济,以增加法律的弹性。近代以来,社会关系日趋复杂,现有法律已难以应付复杂的社会环境。法律所保护的目标,已由个人本位转移到社会本位,以前注重个人权利的,现在则以社会利益为中心。加之,狄骥与庞德等学者法律社会化学说的提出,因此,除劳工法等社会化立法之外,对于一般既有法律的解释,也应扩展适用诚实信用原则,以作为法律的补充,从而保持法律的稳定性。补充法律、解释法律以及自由裁量等功能,是诚实信用原则的主要法律功能。补充功能,系以外在之意思以补充原有之意思;解释功能,系对于内在之意思加以阐明,使被解释的法律不悖于公平诚信之原则。①

诚实信用原则为实务上最重要的概括性条款,不仅具有补充、验证实证法的机能,还是法解释的基准,为法律伦理价值的最高表现,学者称之为"帝王条款"。情势变更、禁止权利滥用等原则,均来源于诚实信用原则,受该原则的支配。② 诚实信用原则被称为道德观念法律化的具体表现,无论是大陆法系还是英美法系,学理及判例都已将其扩充为法律的一般原则。③

诚信是来源于道德的法律制度,该诚信既包括主观诚信,也包括客观诚信。两种诚信标准的模糊性,导致他们成为授予法官自由裁量权的工具。因此,无论是主观诚信还是客观诚信,最终都将转化为裁判诚信。④ 诚实信用原则,就是要求民事主体在民事活动中,应维持主体双方的利益平衡,以及当事人利益与社会公共利益之间的平衡,此为立法者意志的表达。一方面,该立法意志要求民事主体有良好的行为,谓之客观诚信;另一方面,要求民事主体具有毋害他人的内心确信,谓之主观诚信。总而言之,诚信原则就是

---

① 何孝元. 诚实信用原则与衡平法 [M]. 台北:台湾三民书局,1992:序言,4-6.
② 杨仁寿. 法学方法论 [M]. 北京:中国政法大学出版社,1999:138.
③ 徐国栋. 英语世界中的诚信原则 [J]. 环球法律评论,2004(秋季号):366,375.
④ 徐国栋. 诚实信用原则二题 [J]. 法学研究,2002(4):82.

立法者为实现上述三方利益平衡的要求，目的在于维持社会的稳定与和谐发展。三方利益平衡是诚实信用原则欲实现的结果，当事人以诚实、善意的心理和行为行使权利、履行义务，法官依照公平正义进行创造性的司法活动，是达到这一结果的手段。①

竞争是市场经济的基本特征。民事主体各方按照各自意志自由地行使权利、履行义务，自由地展开竞争，追求各自利益最大化。然而，民事主体在行使权利、履行义务时不能随心所欲，肆无忌惮，而应有所约束和限制，必须严格履行相应义务，并不得损害其他人的利益以及社会公共利益。"明确权利义务和限制行使权利作为诚实信用原则的两大法律功能，正是竞业禁止义务的精髓。"②

竞业限制，要求竞业义务人在自由地行使权利、追求自身利益最大化的过程中，也必须严格履行相应义务，如忠实义务、合理限制竞争义务、权利不得滥用义务等。忠实义务理论、合理限制竞争理论以及权利不得滥用理论，是诚信原则的具体化，是竞业限制的直接法理依据。

1. 忠实义务理论

竞业限制的双方主体之间，通常具有较为密切的身份关系，如代理关系、劳动关系，尤其是家政服务、保镖、经纪人等劳务关系，要求义务主体对权利主体诚实守信、善良无欺。在劳动关系中，基于人格信用关系的存在，雇工对雇主担负着忠实义务。该忠实义务是指，雇工应接受雇主的指挥，并依一般诚实信用原则，积极地增进雇主的合法利益，消极地避免或减少雇主不必要的损害。雇工忠实义务的范围和程度，以劳动关系的种类和性质不同而有所不同。③ 雇工对雇主的忠实义务，主要存在于劳动关系存续期间。通常，随着劳动关系的终止，该忠实义务也随之消失。对于劳动关系中的忠实义务，我国台湾学者史尚宽先生曾有过精辟的论述：

---

① 徐国栋. 民法基本原则解释——成文法局限性之克服 [M]. 北京：中国政法大学出版社，2001：9.
② 李永明. 竞业禁止若干问题研究 [J]. 法学研究，2002（5）：85.
③ 林丰宾. 劳动基准法 [M]. 台北：台湾三民书局，1997：88.

"劳动契约含有身份的要素与债的要素。基于身份的要素,发生受雇人的忠实义务与雇佣人的保护义务。基于债的要素,发生受雇人的劳动义务与雇佣人的给付报酬的义务。该忠实义务,主要包括服从义务、秘密义务与增进义务等。"①

除劳动关系中雇员对雇主的忠实义务以外,公司的董事、经理、无限责任股东对公司,合伙人对合伙企业也都负有忠实义务。在英美法系国家,公司和董事之间具有代理和信托的关系,董事具有公司代理人与受托人双重身份,董事应承担忠实善意的主观义务和自身利益不得与公司利益相冲突的客观义务。在大陆法系国家,基于董事与公司之间的代理关系或委托关系,根据民法原理和规定,董事对公司同样负有忠实义务。②

至于无限责任股东及合伙企业合伙人对公司、企业的忠实义务,本书以为,是无限责任股东及合伙企业合伙人各投资人之间,基于特定的投资人之间的身份关系而产生的信赖义务,旨在对信赖利益的保护,权利人对义务人忠实义务的要求相对较强。而有限责任公司及股份有限公司,其股东之间侧重于资本的结合,股东之间以及股东对于公司的忠实义务,旨在对其投资的出资股本这一财产利益的保护,对于股东之间人格信用的要求相对较低。因此,股东之间以及股东对于公司的忠实义务也相对较弱。忠实义务的"强"、"弱",仅为相对而言。无论是普通的无限责任公司、有限责任公司,还是较大规模的股份公司,乃至上市公司,股东对于公司、社会、债权人以及大股东对于小股东等,都应承担相应的忠实义务。民事主体对该忠实义务的信守,是诚信原则的内在要求。

忠实义务理论对于竞业限制而言,主要体现于劳动关系中的在职竞业限制义务,公司法中董事、经理的法定竞业限制义务,以及合伙关系中合伙人的不竞业义务等方面。

2. 合理限制竞争理论

---

① 史尚宽. 劳动法原论 [M]. 台北:台湾正大印书馆,1978:23-25.
② 张开平. 英美公司董事法律制度研究 [M]. 北京:法律出版社,1998:47,237.

合理限制竞争，是与不合理限制竞争相对而言的。合理限制竞争的法律含义主要是指：(1) 合同当事人双方或者多方达成协议，约定一方当事人不得从事某些商业活动。就此意义而言，合理限制竞争是一种明示的合同义务。(2) 即使没有明示合同，合同当事人之间依照商业惯例，也应承担相应的默示合同义务。(3) 如果某种默示的合同义务受到法律的明文保护，那么，相关的合理限制竞争义务同时又成为法律上的义务。① 合理限制竞争原则，是竞业限制的重要理论依据。自由竞争是市场经济的基本特征和内在要求，而秩序又是市场竞争的基本要素。因此，自由竞争必须是有秩序的竞争。合理限制竞争原则要求，任何市场经济主体的市场竞争行为都应受到合理的限制，在合理、有序的状态下展开竞争。②

合理限制竞争原则，适用于市场经济的各类竞争关系，竞业限制所涉及的代理关系、委任关系、无限责任股东之间及合伙人之间的投资关系，以及劳动合同关系，无不例外。该制度在鼓励竞争的同时，又对其施以合理的限制，以保证市场竞争的合理、适度及有序，从而实现自由和秩序的和谐统一。合理限制竞争，正是诚实信用原则实现当事人双方利益及社会公共利益三方利益平衡的内在需要。合理限制竞争原则，也正是诚信原则在竞业限制中的具体体现。

3. 禁止权利滥用理论

权利滥用理论，起源于所有权之界限理论，如臭气、煤烟、音响震动等散及于邻地发生损害时，是否构成侵权行为。自罗马法以来，一直为学者所争议。直到17世纪以后，禁止权利滥用理论才逐渐成熟。③

权利滥用是指，有权利行使的外观，而实质上却违反权利的社会性，因而不能认为是正当行使权利的行为。就是说，权利的行使超越了权利的本质及经济目的，或者超越了社会观念所允许的界

---

① 张玉瑞. 商业秘密法学 [M]. 北京：中国法制出版社，1999：270-271.
② 李永明. 竞业禁止若干问题研究 [J]. 法学研究，2002 (5)：86.
③ 李宜琛. 民法总则 [M]. 北京：中国方正出版社，2004：281.

限，而成为对权利的滥用。权利滥用，是主观要素与客观要素的结合。主观方面，权利人必须具有损害他人的意思并且以此为主要目的；客观方面，依照法益平衡原则，权衡权利人的利益与相对人的损害是否平衡。若权利人以损害他人为主要目的，且他人及国家社会因其权利行使所受之损失大于权利人所获得的利益，则构成权利滥用。① 禁止权利滥用原则是法律化了的道德准则。该原则要求，权利人在行使权利的时候，主观上不得有损害他人之心，客观上不能逾越权利的行使界限人做出损害他人利益的行为。可见，禁止权利滥用原则是诚实信用原则的延伸和具体体现。正如郑玉波先生所言，诚信原则"与禁止权利滥用原则相表里"②。

竞业限制予以限制的竞业行为，正是权利人在行使其权利时超出了其权利界限，损害他人合法利益的权利滥用行为。对此竞业行为的合理限制，正是禁止权利滥用原则的本质要求。

三、竞业限制的类型化分析

竞业限制依不同的标准，可以有不同的分类。不同的分类，则又反映了竞业限制调整的法律关系及规制对象的不同以及侧重。因此，通过对竞业限制的类型化分析，可以更加准确地理解和把握竞业限制的含义及特征。对于深入研究竞业限制制度的运行及发展规律，也具有积极意义。

（一）法定竞业限制和约定竞业限制

以竞业限制的效力来源为标准，竞业限制可以分为法定竞业限制和约定竞业限制两种类型：法定竞业限制，是指主要基于法律的直接规定，对与特定营业具有特定关系的特定人的特定竞业行为予以合理限制；约定竞业限制，则基于竞业限制关系双方主体的合意，通过签订竞业限制协议或竞业限制条款约定双方的权利义务，在约定范围内，对与特定营业具有特定关系的特定人的特定竞业行为予以合理限制。

---

① 施启扬. 民法总则 [M]. 北京：中国法制出版社，2010：370-373.
② 郑玉波. 民法债编总论 [M]. 台北：台湾三民书局，1998：262.

对于约定竞业限制即竞业限制协议或者竞业限制条款,世界各国大多在雇佣关系存续中或离职后,将其作为保护雇主商业秘密及其他竞争利益所采用的主要法律手段,也是竞业限制制度应予以关注的核心与重点。本书将在第四章对约定竞业限制及法定竞业限制予以详细论述。

(二) 在职竞业限制和离职后竞业限制

以雇佣关系持续的状态为标准,竞业限制可分为在职竞业限制和离职后竞业限制,也可以分别被称为劳动关系存续期间的竞业限制和劳动关系终止之后的竞业限制。在职竞业限制,是指雇佣关系存续期间对雇员的特定竞业行为予以合理限制;离职后竞业限制,是指雇佣关系终止以后对原雇员的特定竞业行为在一定期限内予以合理限制。法定竞业限制主要是针对在职雇员的特定竞业行为予以限制,而约定竞业限制既可以针对在职雇员,也可以针对离职后的雇员,而重点是针对离职以后的原雇员的特定竞业行为进行限制。

竞业限制之所以可以区分为在职竞业限制和离职后竞业限制,是因为二者所依据的理论基础不同。在职竞业限制,主要基于忠实义务的理论,承担的主要是法定的竞业限制义务。离职后竞业限制,则主要基于合理限制竞争理论、禁止权利滥用理论,以及契约自由原则,承担的是约定的竞业限制义务。在职竞业限制与离职后竞业限制的分类,对于清晰界定法定竞业限制与约定竞业限制的界限,深刻认识法定竞业限制与约定竞业限制的实质区别等问题,均具有重要意义。

(三) 同业竞业限制和兼业竞业限制

以竞业限制客体范围的不同为标准,竞业限制可分为同业竞业限制和兼业竞业限制。同业竞业限制,是指竞业限制义务人从事与权利人相同或相类似的营业行为,与权利人生产相同或相类似的产品,提供与权利人相同或相类似的服务等;兼业竞业限制,是指限制义务人在从事本职工作的同时还兼做其他工作即从事第二职业,或者兼任其他公司、企业的合伙人或无限责任股东。

同业竞业限制是竞业限制的主要形式,同业竞业通常比兼业竞业存在的范围要大,类型要多。就劳动关系而言,同业竞业限制既存在于劳动关系存续期间，也存在于劳动关系终止之后。而兼业竞业限制，通常仅存在于劳动关系存续期间。劳动关系终止之后，劳动者要么自主创业，要么另行建立新的劳动关系，从事新的业务，通常不存在兼业的问题。同业竞业限制广泛地存在于代理关系、委任关系、合伙关系、劳动关系以及公司与其董事、经理之间关系等民事关系中，而兼业竞业限制则较多地存在于公司与其董事、经理之间关系中，以及劳动关系存续期间。兼业竞业限制，主要是对董事、经理及在职雇员的法定竞业限制。因此，兼业竞业限制义务主要表现为法定竞业限制义务。如前所述，《德国公司法》第88条、《法国公司法》第127条、《日本商法典》第41条以及我国《公司法》第149条及《劳动合同法》第39条等法律规范，都对董事、经理及在职雇员的兼业行为作出了明确的限制性规定。

另外，同业竞业行为一般都会侵害权利人的竞争利益，而兼业行为并不必然地导致权利人竞争利益的损害，即兼业并非必然竞业。只有当义务人的兼业行为，与权利人产生了实际的竞争状况，或者义务人由于兼业而导致自身履行本职工作能力的下降，已经影响到了权利人的现实经济利益或其他竞争利益或者对该类利益有损害之虞时，义务人的兼业行为才构成竞业行为。如，我国《特种设备安全法》第36条、《草原法》第8条、《老年人权益保障法》第46条、《律师法》第12条、《预防未成年人犯罪法》第9条等法律规范，以及众多的行政法规、部门规章，都对合法的兼职行为及其人员作出了明确的授权性规定。因此，兼业行为是否构成竞业行为不能一概而论，只有当该兼业行为造成对权利人竞争利益、信赖利益的现实损害或有损害之虞时，该兼业行为才构成竞业行为。对该兼业行为的限制，即为兼业竞业限制。

第二节　竞业限制之正当性分析

一、劳动权保障及经营权维护

劳动权保障及经营权维护是竞业限制予以规制的重要内容之

一，亦属竞业限制之正当性之一。对于劳动权内涵的界定，无论在理论上还是实践中，基本已无太多分歧。至于经营权，传统民法中并没有这一概念。对其含义及其界定，我国学界对此是众说纷纭，莫衷一是。刘凯湘教授认为经营权作为新型他物权具有限制物权的性质，其具有以下特征：其一，经营权的主体是经济组织，尤以企业法人为主；其二，经营权的客体包括几乎全部的有形物质财产和无形财产，统称为资产；其三，经营权的行使是现代广义的资产经营行为等。① 杨立新教授指出，经营权是指企业在法律规定的范围内从事经营活动的权利，是商主体依法享有的一种行动权。该权利具体包括两方面的含义：一是权利的主体必须具有商主体的资格；二是该商主体实施商事法律行为的范围必须受到法律的限制。② 王保树教授则将经营权概括地称之为企业的经营权利。③ 也有学者认为，作为民事权利之一的经营权，在我国特指国有企业的财产经营权。④ 可见，在我国理论界中，多数学者基本都将经营权的主体局限为企业这一单一商事主体。这一现象与我国现行立法的相关规定不无关系。

我国《全民所有制工业企业法》第 2 条规定："经营权是指企业对国家授予其经营管理的财产享有占有、使用、收益和依法处分的权利。"本书认为，经营权作为现代民法概念，其主体应当具有多元性，不应仅局限于企业，更不应仅局限于全民所有制企业，应包括自然人、合伙组织、公司等一切民商事主体。经营权的客体应包括与三体经营行为相关的一切财产，具体包括有形财产和无形财产，如权利等一切财产。就其内容而言，经营权源于财产所有权，

---

① 刘凯湘. 经营权与国有企业产权性质 [J]. 中外法学, 1997（2）: 91-92.

② 杨立新, 蔡颖雯. 论妨害经营侵权行为及其责任 [J]. 法学论坛, 2004（2）: 15.

③ 王保树. 关于建立经营法学的一些思考 [J]. 中国法学, 1990（1）: 84-89.

④ 鲍荫民. 简论经营权之渊源 [J]. 中央社会主义学院学报, 1998（5）: 46.

是与财产所有权密切相关的一项重要的他物权。由此，经营权是指经营者，如公司、合伙组织、个人等民商事主体，所享有的以占有、使用、收益及依法处分为主要特征的各类财产权。本书所称的经营权，则多指作为知识产权类型之一的商业秘密权以及其他竞争利益，而不限于以上知识产权及其他竞争利益。此处"依法处分"的"法"，主要是指与经营权保护密切相关的特别法或者一般法中的特别规范。

（一）劳动权保障

竞业限制是对特定人的竞业行为予以限制的制度，是对特定人原本合法行为的限制。该制度表现于劳动关系中，即为对劳动者劳动权的限制。但是，如果该限制限于合理、适当的范围之内，并给予被限制的劳动者以合理的经济补偿，该限制即为合法的限制。另外，竞业限制是对竞业限制法律关系双方主体的限制，并非仅限于特定的竞业行为人，既限制劳动者，也限制经营者。对经营者的限制，主要表现为对经营者支付竞业限制经济补偿金的方式、金额以及其他约定内容的限制。由此可见，竞业限制在限制劳动者竞业行为的同时，也对经营者的相应权利予以限制。其对经营权的限制，从另一角度观之，即为对劳动权的保障。

劳动权保障之正当性，已显而易见。众所周知，劳动是一切财富的源泉。但是劳动的作用还远不止于此。它是一切人类生活的第一个基本条件，在某种意义上说，劳动创造了人本身。[1] 近代以来的各国宪法之所以纷纷规定了劳动的权利和义务，正是因为劳动对人的生存和发展所具有的如此重大的意义。如1919年德国《魏玛宪法》第163条首次以宪法的形式规定了公民的劳动权，即德国人民应有可能之机会，从事经济劳动，以维持生计。无相当劳动机会时，其必需生活应筹划及之。[2] 意大利制宪会议于1947年12月

---

[1] 马克思恩格斯选集（第四卷）[M]．北京：人民出版社，1995：373-374.

[2] 卡尔·施米特．宪法学说[M]．刘锋，译．上海：上海人民出版社，2005：436.

通过的《意大利共和国宪法》第1条也规定："意大利是基于劳动的民主共和国。"第4条规定："共和国承认所有公民都有劳动权，并且促进使此项权利实现的各种条件。"① 此外，《日本国宪法》第27条也作出了关于公民劳动权的宣誓性规定，即"全体国民都有劳动的权利与义务"②。

从国际公约来看，联合国大会1948年通过的《世界人权宣言》第23条第1款规定："人人有权工作、自由选择职业、享受公正和合适的工作条件并享受免于失业的保障。"1976年生效的《经济、社会及文化权利国际公约》进一步确认了《世界人权宣言》中规定的工作权。该公约第5条第1款规定："本公约缔约各国承认工作权，包括人人应有机会凭其自由选择和接受的工作来谋生的权利，并将采取适当步骤来保障这一权利。"③

我国《宪法》第42条也规定："中华人民共和国公民有劳动的权利和义务。国家通过各种途径，创造劳动就业条件，加强劳动保护，改善劳动条件，并在发展生产的基础上，提高劳动报酬和福利待遇。"可见，各国宪法以及国际公约都对公民的劳动权给予了充分的保护，将各国公民的劳动权置于至高无上的地位。这是由劳动权作为人的生存权这一基本权利所决定的。

然而，权利从来都不是绝对的，权利和自由都是相对的，是有限度的。黑格尔（Georg Wilhelm Friedrich Hegel）指出，表面看来，无限优越于有限。而事实上，只有限度才是真理。有限的是限度、比例、尺度，是内在的自由的规定，有了限度并且在限度之中也就有了自由，同时自由也就得到了存在。④ 法国著名思想家孟德

---

① 潘汉典译. 意大利共和国宪法［J］. 环球法律评论，1982（6）：48.

② 伊藤博文. 日本帝国宪法义解［M］. 牛仲君，译. 北京：中国法制出版社，2011：85.

③ 葛明珍.《经济、社会和文化权利国际公约》及其实施［M］. 北京：中国社会科学出版社，2003：181，185.

④ 格奥尔格·威廉·弗里德里希·黑格尔. 哲学史讲演录（第2卷）［M］. 贺麟，王太庆，译. 北京：商务印书馆，2009：226.

斯鸠（Charies Louis de Secondat Montesquieu）认为："自由是做法律所许可的一切事情的权利；倘若一个公民可以做法律所禁止的事情，那就没有自由可言了，因为，其他人同样也有这个权利。"①诺贝尔经济学奖得主美国经济学家罗纳德·哈里·科斯（Ronald H. Coase）也断言："对个人权利无限制的制度实际上就是无权利的制度。"②

劳动权也不是绝对的，无限制的劳动权绝不会成为法律或制度意义上的劳动权。劳动权作为个人享受国家积极给付的一种权利，不能是无限的。因为，要求另一个人给付的权利会受到限制，至少所有的人要求国家给付的权利会受到限制。该类权利预设了享有权利的个体被嵌入其间的国家组织。于是，个体的权利就被国家化了。这种权利要受到制约，确切地说，要受到一个组织的制约。这个组织统摄了个体，给他指定一个位置，以定量分配和配给的形式满足他的要求。如果一部宪法宣誓了"劳动权"，这不可能是指一种原则上不受限制的权利。这种"劳动权"只能存在于系统中，涉及组织、信息、医疗检查、工作介绍、工作条例、完成所分配的工作的义务，其所采取的形式是有组织的救济，或者职业介绍或者失业保险。③

法律赋予每个公民劳动权作为其基本权利之一，同时又对该权利予以合理限制，这是劳动权作为宪法权利的真正体现。在劳动关系领域，竞业限制在保护劳动权的同时，又对其加以合理限制。可见，竞业限制制度作为劳动权保护的重要法律制度之一，其立法宗旨正契合了劳动权应予合理限制的内在需求。竞业限制对劳动权的合理限制，正是法律为确保劳动权这一宪法权利得以真正贯彻实施的制度保障，也是一国劳动保护政策在法律上的直接体现。该劳动

---

① 查理·路易·孟德斯鸠. 论法的精神（上卷）[M]. 许明龙，译. 北京：商务印书馆，2009：184.
② 罗纳德·哈里·科斯. 论生产的制度结构 [M]. 盛洪，陈郁，译. 上海：上海三联书店，1994：190.
③ 卡尔·施米特. 宪法学说 [M]. 刘锋，译. 上海：上海人民出版社，2005：181.

保护政策具体表现之一则为，竞业限制制度对劳动契约内容的规制，如对劳动者不忠实竞争行为的防止（Prevention of Disloyal Competition）。劳动者除了应承担积极的劳动义务之外，尚有消极的不作为义务。这些不作为义务主要是指劳动者在劳动关系终止后，应严守雇主的商业秘密，不得利用其于劳动关系存续期间掌握或知悉的秘密信息或其他竞争优势实施竞业行为。①

竞业限制对上述竞业行为的限制，形式上虽为对劳动权的直接限制，但实质上却属对劳动权的间接保护，这正是合理限制竞争原则、禁止权利滥用原则等法律原则的内在价值所在。限制的目的是为被限制对象提供更为有效的保障。

（二）经营权维护

经营权维护与资本的增长或扩张密不可分。马克思（Karl Heinrich Marx）曾断言："如果说资本增长得迅速，那么工人之间的竞争就增长得更迅速无比，就是说，资本增长得愈迅速，工人阶级的就业手段即生活资料就相对地缩减得愈厉害；虽然如此，资本的迅速增长对雇佣劳动却是最有利的条件。"② 马克思的这一断言，实际上提出了在资本增长与劳动权保障之间如何进行利益平衡的问题。该问题属于一国劳工政策重点关注的基本问题之一，就其本质属于一国劳工政策的价值取向问题。其中，劳动优先与资本扩张是一国劳工政策的光谱两端。劳动优先经常被视为是对资本扩张的一种限制，如果劳工政策过于强调劳动优先，那么便会阻碍资本扩张的步伐，限制企业的经营权，最终将成为一国经济发展的瓶颈。反之，在资本扩张的过程中，劳动力往往被视为一种商品，如果缺乏法律的必要限制，劳资冲突乃至劳动犯罪将在所难免，社会正义的实现也只能成为一种梦幻。形而观之，资本扩张与劳动优先二者之间的矛盾不可调和。因为，资本扩张通常会导致劳动权保障乏力

---

① 马超俊，余长河．比较劳动政策［M］．北京：商务印书馆，2013：447-448.

② 卡尔·马克思．雇佣劳动与资本［M］．北京：人民出版社，1965：43.

而劳动优先将势必拖慢资本扩张的步伐。事实上,无论是资本扩张抑或是劳动优先均可以借助于法律规范的建构,使两者在利益博弈中实现互利共赢。① 竞业限制制度正是建构此类规范的法律制度之一。

劳工政策的价值取向,也与一国在某一特定历史发展时期所面临的社会主要矛盾息息相关。就我国而言,"党的十八大报告指出:'人民日益增长的物质文化需要同落后的社会生产之间的矛盾这一社会主要矛盾没有变'。正是这一主要矛盾,决定了我们必须始终坚持以经济建设为中心,不断解放和发展社会生产力。"② 资本扩张又承载着经济建设与发展社会生产力的中心任务,这就要求我国现阶段的劳工政策在价值目标的确定或选择中,应继续强化"资本扩张"的价值诉求。

此外,逐利性是资本的本质属性。英国著名的工人运动领导人托马斯·约瑟夫·登宁(Thomas Joseph Dunning)在其《工联和罢工:他们的理念与意图》(Trades' Unions and Strikes: Their Philosophy and Intention)一书中写道:"资本害怕没有利润或利润太少,就像自然界害怕真空一样。一旦有适当的利润,资本就胆大起来。如果有10%的利润,它就保证到处被使用;有20%的利润,它就活跃起来;有50%的利润,它就铤而走险;为了100%的利润,它就敢践踏一切人间法律;有300%的利润,它就敢犯任何罪行,甚至冒绞首的危险。如果动乱和纷争能带来利润,它就会鼓励动乱和纷争。"③ 可见,资本逐利的这一本性,决定了"扩张性"是"资本"的内在属性。

由此可见,强化"资本扩张"的价值诉求不仅具有正当性(如在我国社会主义初级阶段),而且也是由资本逐利的本性所决

---

① 姜涛.劳动刑法制度研究[M].北京:法律出版社,2013:282-293.

② 郑志国.如何理解我国社会主要矛盾没有变[N].人民日报,2013-5-27(7).

③ 托马斯·约瑟夫·登宁.工联和罢工[M].1860:35-36.转引自马克思恩格斯全集(第23卷)[M].北京:人民出版社,1972:829.

定的。强化"资本扩张"的价值诉求,不仅是经营权保护的内在根据,也为经营权保障的正当性提供了伦理学及政治经济学依据。

对于资本扩张,不仅由竞业限制制度提供法律保障,以借助于法律规范的建构对资本扩张予以合理限制,而且,如前所述,资本扩张的劳工政策与劳动优先的劳工政策二者之间其实并不存在不可调和的矛盾。不仅如此,二者之间还具有内在的一致性。"劳动优先是历史唯物主义的根本观点和核心概念。"① 劳动优先的重要内涵之一,就是劳动权如何保障的问题。而对劳动权的保障,又是资本扩张的内在需要。因为,资本扩张所需要的劳动力即"可变资本",在价值增值过程中的作用是创造更多的价值,即一部分是"剩余价值"或称"利润";另一部分则是劳动力价值,用于劳动者在生产之外的消费,该劳动力价值正是资本得以扩张(或称扩大再生产)的前提和要件。

另外,劳动力作为资本既是生产过程的前提,也是生产过程的结果。因为,在生产过程中,正是有了劳动力的参与,才使物质生产资料成为价值增值的不变资本,该不变资本与可变资本(劳动力)的结合才有了利润(或称"剩余价值")及新劳动力价值的再生。正是基于劳动力在生产过程中所具有的如此重要及特殊的地位,才使劳动权保护成为资本扩张得以实现的第一需要。

足见,劳动权保障是资本扩张的前提和保证,二者具有内在的一致性。劳动权保障与资本扩张的一致性,也就决定了作为劳工政策的光谱两端——劳动优先与资本扩张,二者不仅不具有不可调和的矛盾,而且具有内在的一致性。二者正是借助于法律规范的建构,在利益博弈的过程中,实现了资本扩张与劳动优先的统一。竞业限制制度作为规范上述劳工政策的重要法律制度之一,无论对于经营权维护还是对于劳动权保障,都具有鲜明的正当性。

---

① 侯惠勤. 马克思主义的指导是构建社会主义核心价值体系之根本[J]. 毛泽东邓小平理论研究, 2007 (3): 1.

二、依法规制市场竞争秩序

(一) 对市场主体自由竞争行为的规制

自由竞争是市场经济的基本特征。① 在市场经济中，每个人都在追求自己的利益。该利益是广义的，既可能是自己的财富，也可能是自己的名声。市场中有一只看不见的手，使你在追求自己利益的时候，为别人创造的价值，比你主观上想着为社会作贡献时所创造的价值更大。② 正是市场中这只看不见的手，推动着市场主体在各自利益的驱动下展开角逐和自由竞争。

自由市场总是具体的、人性化的，从来都不是十全十美的。相反，现实中的市场到处充斥着不完善和非均衡，正因如此，才使得市场能够在现实经济生活中得以运行。③ 市场中的不完善和非均衡，更多地昭示着市场的真实存在及市场竞争的残酷与无情，但是，这并不意味着市场是完全的自由放任及无序竞争。

现代经济学的鼻祖亚当·斯密曾提出著名的"无形之手定理"，也称"斯密定理"（Smith theorem），即个体在没有被干预的情况下自由进行贸易和买卖会产生最佳的社会状况。现代经济理论也已基本证实，在特殊的情况下，自由市场决定的结果是帕累托最优（Pareto Optimality），故上述理论在一定意义上是合理的。然而，现代经济学家在证明"无形之手定理"的同时也发现，只有在十分有限的条件下，这一定理才是真命题。这一十分有限的条件，主要是指上述自由市场不存在外部效应。然而，在现实中，外部效应的存在是颇为普遍的现象。该外部效应，使得"无形之手定理"变为无效或失灵。④ 由此，规则与制度对自由市场的干预便

---

① 朱满良. 社会主义民主政治的发展路向 [J]. 理论视野，2003 (1): 10.

② 张维迎. 市场的逻辑 [M]. 上海: 上海人民出版社，2010: 1, 15.

③ 埃蒙·巴特勒. 爱上自由经济——关于市场最好的书 [M]. 欧阳珑, 译. 上海: 东方出版社，2012: 5.

④ 安德鲁·肖特. 自由市场经济学: 一个批评性的考察 [M]. 叶柱政, 莫远君, 译. 北京: 中国人民大学出版社，2012: 24-25.

变得不可或缺，其中最为重要的规则和制度便是来自于法律上的规则与制度。可见，自由竞争一词不应与纯粹和完全竞争的经济概念相混淆，它是指法律上无法以禁止行为阻止的竞争。①

对于自由的含义，英国著名经济学家和政治哲学家弗雷德里希·奥古斯特·冯·哈耶克（Friedrich. A. von Hayek）指出，一个人不受其他某人或某些人武断意志的强制，这种状态常被看作"个人的"或"人身的"自由。可见，自由是一种状态，一个生活在人群之中的人，只能希望逐渐接近这种状态，而不能完全达到它。经济活动的自由，是法律之下的自由（Freedom under the law）。② 自由与法治密不可分。实质的法治国家"不仅是防卫堡垒，而且是自由的法律化身"。哈耶克认为，自由的、实质的法治国家与把法律定义为普遍的法律规则相一致。该法律规则是由普适性的、抽象的规定所组成的。特殊对待是不允许的。法律面前人人平等的原则必须在形式上和实质上都得以实现。法律面前人人平等又意味着把普适性的、抽象的法律运用到所有人身上。作为行为准则的法律规则，除了具有普适性的特点之外，其另一重要特点就是禁止。法律的禁止性规则其实质也是保护规则，法律规定的应该是行为的界限，而不是行为的内容。这就使得，每个人都能在这些界限之内运用自己的知识追求自己的目标。③

竞业限制对特定的竞业行为予以合理限制，正是在为特定人的自由竞争行为划定清晰的界限，令特定的行为人在这些界限之内与权利人及其他市场主体展开自由竞争。该限制规则，其实质上也是对特定行为人的保护规则，保护行为人在合理的限度内运用自身知识与技能与其他竞争主体展开自由竞争，从而到达自己的预期

---

① 贝尔纳·克莱芒. 自由竞争 [M]. 黄传根, 译. 北京：商务印书馆, 2001：1.
② 弗雷德里希·奥古斯特·冯·哈耶克. 自由宪章 [M]. 杨玉生等, 译. 北京：中国社会科学出版社, 1999：28-29, 349.
③ 克里斯托夫·蔡特勒. 自由和法治国家 [A]. 格尔哈德·帕普克主编. 知识、自由与秩序：哈耶克思想论集 [C]. 黄冰源等, 译. 北京：中国社会科学出版社, 2001：148-149.

目标。

(二) 对市场竞争秩序的规制

市场经济的竞争秩序,是指在以市场机制为基本调节方式的经济体系中,市场主体在一定的竞争规则及竞争政策的约束下,以利益最大化为目标的行为关系及其整体性表现。市场竞争秩序是市场经济秩序的核心内容。市场竞争秩序既有有效率的竞争秩序,也有无效率的竞争秩序。就有效率的竞争秩序而言,其既具有现实意义上的客观规律性,更具有规范意义上的有效性。[①] 可见,遵循等价交换、公平竞争及帕累托最优等市场竞争原则,寻求和把握市场竞争秩序的内在规律,以克服或避免无效率的竞争为目标,以实现规范高效的市场竞争秩序为目的,构建规制理性竞争的法律及经济制度,是经济学及法学理论研究共同面临的课题。规范高效的市场竞争秩序,不仅应该是有效率的,而且还应该是规范的,即规范性及有效性的统一。

市场竞争秩序的规范及有效率,均离不开市场竞争规则的参与。市场主体所从事的市场竞争行为总是在一定规则之下进行的,没有规则就没有秩序。因此,从一定意义上说,竞争秩序就是竞争规则的体现。而竞争规则当中既有"显规则"又有"潜规则"。所谓竞争秩序的"显规则",主要是指由法律规则、法律原则或法律制度确认或认可的规范市场经济运行及其竞争秩序的竞争规则。而竞争秩序的"潜规则",则是不成文的、非正式的、主要存在于法律规范之外的"灰色地带"。

因此,建构规范、高效的市场竞争秩序的法律保障,其目标之一,就应是充分张扬竞争秩序的"显规则",最大限度地避免乃至消除有害于竞争秩序的"潜规则"。因为,当显规则不太完善的时候,潜规则就会发挥很强的作用。即使在显规则比较完善的条件下,潜规则依然具有十分重要的影响。主要在于,显规则永远都不可能将市场竞争的所有细节都予以明确规定,使所有行为都具有泾

---

① 金碚主编.竞争秩序与竞争政策 [M].北京:社会科学文献出版社,2005:4.

渭分明的标准。况且,显规则的执行也永远不可能硬性到没有任何弹性。通常,凡是显规则不尽完善之处,往往就是潜规则大行其道之所。①

作为规范市场竞争秩序的法律制度之一,竞业限制制度对市场竞争秩序的规制,主要体现在对竞争主体所从事竞业的时间期限、地域范围、行业及岗位等特定竞争范围的限制。竞业限制并非绝对禁止竞业,相反,该制度对特定竞争主体的特定竞业行为予以适当限制的主要目的,就是为了依法规制合理竞争。通过对市场竞争秩序的规制,形成规范有效的竞争秩序,以强化市场在资源配置中的决定性作用,从而达到帕累托最优状态及利润最大化,最终达到效率与公平的统一。

三、小结

竞业限制调整的主要社会关系,通常是以代理为特征的民事法律关系,如劳动关系、公司与其董事和经理之间的关系、合伙关系及营业转让等法律关系。其中,雇佣劳动关系中的竞业关系,是竞业限制重点调整的社会关系。而劳动权保障及经营权维护,又是雇佣劳动关系的主要内容。因此,劳动权保障及经营权维护问题,是竞业限制所应解决的主要问题。在当代,劳动权作为人的生存权和发展权,已基本成为各国宪法及主要国际公约确认和保护的基本人权。就经营权而言,经营权维护与资本扩张密不可分。资本扩张与劳动优先又为劳动政策之光谱两端。作为劳动优先政策主要内容的劳动权保障,是资本扩张的前提和保证,而资本扩张又是劳动权保障的物质条件。

由此可见,劳动权保障与经营权维护具有天然的一致性。劳动权保障及经营权维护的正当性,就决定了以劳动权保障及经营权维护为主要内容的竞业限制具有鲜明的正当性。除此之外,竞业限制依法规制经营者与劳动者的市场竞争行为,从而形成规范有效率的

---

① 金碚主编. 竞争秩序与竞争政策 [M]. 北京:社会科学文献出版社,2005:6-7.

市场竞争秩序，这也是劳动权保障及经营权维护得以实现的保证。至此，竞业限制给予劳动权保障、经营权维护，以及对市场竞争秩序的规制诸方面，其正当性已显而易见。劳动权保障与经营权维护的一致性，就成为竞业限制之正当性的共同基础。这一研究结论，对深入研究及探寻劳动权与经营权之权利冲突及化解路径问题，将具有重要的理论意义。

第三节 竞业限制之局限性分析

竞业限制对劳动权保障、经营权维护以及依法规制市场竞争秩序等方面，均具有鲜明的正当性。之所以如此，是因为竞业限制是对劳动权及经营权的行使予以适当限制，也是对市场竞争秩序的合理规制。该合理限制，是竞业限制作为一项法律制度，对私权（如劳动权、经营权）及社会公共利益（如规制市场竞争秩序）保护的内在价值诉求。然而，凡事皆有度。竞业限制对劳动权行使的限制或对市场竞争秩序的规制如果超出了必要的限度，则会构成对私权及社会公共利益的不合理限制。但又由于对竞业限制合理性标准的确定，历来是各国理论及实践都难以破解的难题，因此，对竞业行为的不合理限制往往难以避免。该不合理限制，正是竞业限制之局限所在。该不合理限制主要表现在，竞业限制对人才流动的不合理限制，以及对劳动权的不合理限制。竞业限制对劳动权的不合理限制，主要又表现为经营权与劳动权的冲突。

一、对人才流动的不合理限制

知识经济就是人才经济。随着知识经济时代的到来，人才逐渐成为第一资源。当今世界竞争的核心是关于人才的竞争。中国改革开放的总设计师邓小平同志就极为重视人才问题，他提出："靠空讲不能实现现代化，必须有知识，有人才。没有知识，没有人才，怎么上得去？"不仅如此，邓小平同志还将人才问题作为中国面临的一个严重问题提了出来。他强调："现在我们国家面临的一个严重问题，不是四个现代化的路线、方针对不对，而是缺少一大批实现这个路线、方针的人才。道理很简单,任何事情都是人干的,没有大批的人才,我们的事业就不能成功。"他进一步强调:"改革经济体制,最重要的、我最关心的,是人才。改革科技体制,我最关心的,还是人才。"① 足见,邓小平同志对于人才问题所重视的程度。

我国《国家中长期人才发展规划纲要(2010—2020年)》(简称"人才纲要")对人才这一概念给出了科学的界定,即人才是指具有一定的专业知识或专门技能,进行创造性劳动并对社会作出贡献的人,是人力资源中能力和素质较高的劳动者。"人才纲要"还指出,人才是我国经济社会发展的第一资源。在人类社会发展进程中,人才是社会文明进步、人民富裕幸福、国家繁荣昌盛的重要推动力量。当今世界正处在大发展、大变革、大调整时期。世界多极化、经济全球化深入发展,科技进步日新月异,知识经济方兴未艾,加快人才发展是在激烈的国际竞争中赢得主动的重大战略选择。② 可见,加快人才发展,鼓励人才流动已经上升为我国的长期国策。

在市场经济条件下,市场在人力资源配置中发挥着决定性作用,这就决定了人才流动是市场配置人力资源的必然结果。影响人才流动的因素是多方面的,有政治、经济、文化乃至社会心理等诸多层面的因素。而从国家宏观调控政策及制度层面来看,主要有区域经济政策及发展水平、产业结构的布局及调整、人才供求信息、自然、人文及其他综合社会环境的影响因素,以及法律保障与制度安排等各种因素,其中,法律制度给予人才提供的制度保障尤为重要。③ 竞业限制制度就是这样的法律制度之一。设计周全、运行合

---

① 中华人民共和国人事部编著. 邓小平人才人事理论学习纲要 [M]. 北京:人民出版社,1997:10-11.

② 中共中央,国务院. 关于印发《国家中长期人才发展规划纲要(2010-2020年)》的通知 [EB/OL] (2010-4-1) [2016-2-25]. http://szlawyers.chinalawinfo.com/newlaw2002/slc/slc.asp?db=chl&gid=133549.

③ 陈六主编. 我国人才流动宏观调控机制研究 [M]. 北京:中国人事出版社,2011:28.

理的竞业限制法律制度，对人才的培养、流动及可持续性开发利用等都可以起到合理限制的作用，该制度就是人才保障制度。然而，如果竞业限制制度本身设计得不合理、不周延，该制度则会成为阻碍、限制人才流动乃至抑制科技创新的制度障碍。该制度自身设计的不合理、不周延之处，即是竞业限制之局限所在。

（一）限制人才流动

竞业限制的主要目的是维护经营者的商业秘密及其他竞争利益。对经营者的商业秘密及其竞争利益的维护，是经营权维护的主要表现。如前所述，经营权维护又是竞业限制之正当性之所在。竞业限制的内容通常包括以下几个方面：（1）在职期间雇工不得在竞争单位兼职或任职；（2）在职期间雇工不得自主经营并与雇主展开业务竞争；（3）在职期间或即将离职之前雇工不得利用本人在原单位积累的客户资源与雇主争夺客户；（4）在职期间或离职后雇工不得引诱其他雇员离职；（5）离职后于特定期限及特定领域、区域、行业或岗位内，雇工不得以自营或受雇于竞争单位等方式，与原雇主实施竞争。可见，竞业限制维护经营者的商业秘密及其他竞争利益，所采取的主要手段，往往是限制劳动者在特定的期限、特定的行业或岗位等各种特定的限定范围内，采取自营或者服务于其他经营者的方式，与原经营者进行竞争。这一限制的直接结果，便导致了对人才流动的限制。

实践中，人才流动的确是商业秘密泄露的主要渠道。纵观国内外，商业秘密纠纷主要表现为雇员带走雇主的商业秘密，然后与雇主展开不正当竞争，目前已成为商业秘密泄露的主要途径。因为，商业秘密的"人格化"特征使得人才流动往往伴随着商业秘密的流失。所谓商业秘密的"人格化"，是指商业秘密主要以人为载体，通常是由商业秘密的权利人或秘密信息的持有人持有和使用。仅仅存在于人的大脑之中的"祖传秘方"，即是商业秘密人格化的典型表现。因此，为了保护经营者的商业秘密及其他合法竞争利益，对人才流动予以适当限制的确具有一定的合理性。但是，如果该限制超过了合理的限度，毫无疑问就会造成人才浪费，造成对就业市场的垄断。如，限制期限过长、限制的地域范围太广，或者对全体员工不加以区分的一律限制等,都会造成对人力资源的过度限制,导致人才浪费。

(二) 抑制科技创新

科技创新是指科学技术活动中的创新,包括科学创新和技术创新。① 鼓励人才流动与推动科技创新两者密不可分。据统计,我国地区和城镇人力资源发展很不平衡。从就业人口布局来看,2009年的数据显示,东部地区的城镇就业人口,约占全国城镇总就业人口的49%,而中部、西部和东北部地区就业人口所占比例分别约为19.9%、21.3%、9.7%。从人力资源开发的投入来看,2008年,华东地区的教育经费约占总量的30%,而华北、华中、华南、东北、西南和西北所占的比例分别约为14%、15%、12%、8%、12%和8%。华东地区的教育经费基本是其他地区的2~3.75倍。② 我国人力资源发展的不平衡状态,还会随着地区经济发展水平差距的加大越来越突出,从而使得人才的大量流动难以避免。

科学技术是第一生产力。人才是推动科技进步最主要的推动力之一,是生产力中最为活跃的因素,是先进思想及先进文化的创造者和传播者。人才又是科学技术的重要载体及传播媒介之一。因此,人才开发及人才流动是实现科技创新的关键。科技创新人才作为人力资本的重要组成部分之一,具有资本的一切特性,也包括资本的流动性。由于科技创新人才的稀缺性及高技能性,又使得该类人才与其他普通人力资源相比具有更为突出的流动性。③ 科技人才是国家人才资源的重要组成部分,是科技创新的关键因素,是推动国家经济社会发展的重要力量。确立市场在科技人才流动和配置中的决定性作用,健全科技人才流动和利益保障机制,对于加快科技

---

① 文魁等. 激励创新:科技人才的激励与环境研究 [M]. 北京:经济管理出版社,2008:16.

② 吴江,田小宝主编. 中国人力资源发展报告(2011—2012)(人力资源蓝皮书)[M]. 北京:社会科学文献出版社,2012:35-36.

③ 于慈等编著. 科技创新人才战略 [M]. 南京:东南大学出版社,2011:69.

进步和创新,建设人才强国和创新型国家具有重大意义。①

可见,人才流动与科技创新密不可分。限制人才流动将直接抑制科技创新。因为,限制人才流动必将造成人力资源的积压和浪费,滋生惰性、弱化效率。然而,人才流动的盲目和无序,以及对权利人商业秘密的严重侵害,势必造成商业道德的沦丧,公平竞争秩序的瓦解,抑制经营者投资创新的积极性。鼓励人才流动是鼓励科技创新的内在要求,而对权利人商业秘密的保护却是鼓励科技创新的必要保障,正如我国台湾学者徐玉玲所言:"保护营业秘密之泄漏,以促进企业主有兴趣投资于高科技之发展,有其功能。"②

我国目前经济发展水平还比较滞后,科技资金投入相对匮乏。科技资金投入的匮乏又反过来制约着经济的发展。只有大力鼓励投资创新,充分发展经济,创造丰富的就业岗位,人才方有用武之地。但是,如果过分强调对雇主等权利人商业秘密的保护,以牺牲人才合理流动为代价,将会导致人才市场的僵化乃至人力资源浪费,还会侵害宪法所保障的雇员之生存权、择业自由权,最终构成对雇员基本人权的侵害乃至对社会公共利益的危害。

二、对劳动权的不合理限制

竞业限制主要是通过对劳动权的合理限制,实现其对经营权的保护。但由于竞业限制之合理性标准向来难以确定,又使其对劳动权的不合理限制往往难以避免。对劳动权的不合理限制,主要表现为经营权与劳动权的冲突。

劳动权是一项具有宪法权利性质的基本人权,以公民享有就业权为核心和基础,同时又包括择业自由权、职业培训权等权利。③除此之外,劳动权还是实现生存权的一般手段。因为,劳动者的生

---

① 科技部,人力资源和社会保障部,教育部,中国科学院,中国工程院,国家自然科学基金委员会,中国科协.关于印发国家中长期科技人才发展规划(2010—2020年)的通知[EB/OL](2011-7-26)[2016-2-25]. http://szlawyers.chinalawinfo.com/newlaw2002/slc/slc.asp?db=chl&gid=157152.

② 徐玉玲.营业秘密的保护[M].台北:台湾三民书局,1993:146.

③ 李步云.论人权[M].北京:社会科学文献出版社,2010:297.

存决定着全社会的生存。生存权问题最早是由劳动者引起的,解决了劳动权问题也就等于解决了社会多数人的生存权问题。① 因此,竞业限制对劳动权的不合理限制,既是对劳动者生存权的不合理限制,也是对劳动者的择业自由权的不合理限制。

(一) 对生存权的不合理限制

美国著名社会心理学家亚伯拉罕·哈洛德·马斯洛(Abraham Harold Maslow)在《人的动机理论》(*A Theory of Human Motivation*)一文中将人的基本需要界定为五种,即生理需要、安全需要、爱的需要、尊重的需要及自我实现的需要,同时指出,言论自由、行动自由、公平、正义、诚实及在集体中遵守纪律等这些条件是满足以上基本需要的先决条件。② 然而,马斯洛对于满足人的基本需要的先决条件的这一认识,并不十分全面。事实上,人的生存本身才是满足以上基本需要的最具有决定意义的先决条件,即生存才是人类的第一需要。对于一个连自身生命都无法被保障的人,其他一切需要都会显得没有那么重要了。

日本早稻田大学教授大须贺明认为,作为生存权这种基本权利之一的劳动权,是一种具体性权利,是一种国民可以向国家请求像获得劳动机会之类的一定给付的权利。一般说来,在社会权性质侧面的劳动权之根底下,蕴存着生存权。这就是要在劳动的领域中,实现生存权的基本目的,要确保人在社会生活中的应有尊严,即确保人确实能够像人那样生活。③ 可见,大须贺明先生不仅将劳动权视为一种具体的权利,而且还指出劳动权保障的基本目的就是实现生存权,并确保人能确实像人那样生活。人能够依靠自己的劳动成果生活,并能够把生活剩余的钱存起来留给子女或自己的晚年,这都是人的尊严的内在因素。如果剥夺了人的这一劳动权,也就剥夺

---

① 韩德培主编. 人权的理论与实践 [M]. 武汉:武汉大学出版社,1995:387.
② 马斯洛等著,林方主编. 人的潜能和价值 [M]. 北京:华夏出版社,1987:162-169.
③ 大须贺明. 生存权论 [M]. 林浩,译. 北京:法律出版社,2001:209-217.

了他的人格尊严的基本组成部分乃至其生存权。①

可见，竞业限制限制劳动者在特定的时间、地域、行业或岗位等特定范围内不得与经营者竞争，如果该限制超出了适当限度，就构成对劳动权的不合理限制，也就构成对劳动者生存权的不合理限制。劳动对于人类的生存之如此重要，也正如英国哲学家约翰·洛克（John Locke）所言：如果说在有利于人类生存的土地产品中，十分之九是劳动的结果，这仍不过是一个极为保守的计算。如果我们正确地把供我们使用的东西加以估计并计算一切有关它们的各项费用，哪些纯粹是来自然的，哪些是经过劳动得来的，我们就会发现，在绝大多数的东西中，百分之九十九全然要归于劳动。② 足见，劳动权与生存权密不可分。公民的劳动权是其获得生存权的必要条件。没有了劳动权，人们的生存权也就没有了保障。竞业限制对劳动权的不合理限制，其实质就是对劳动者之生存权的不合理限制。

（二）对择业自由权的不合理限制

法国哲学家克洛德·阿德里安·爱尔维修（Claude Adrien Helvetius）认为，劳动可以使人幸福。他说："劳动是件好事。好些发了财的工匠还在继续干他们的营生，年纪大了干不动时还非常遗憾！在执行公务、做手艺、操持行业、发挥才能的时候，那从事审判的官员，打铁制锁的匠人，奔走传达的门房，填词作曲的诗人和音乐家，全都尝到几乎同样的快乐，在不同的工种中发现同样的办法来排除厌倦的恶果。有事做的人是幸福的。"③ 现代"经济学之父"亚当·斯密则指出劳动权是最神圣的财产权，"一个穷人所有的世袭财产，就是他的体力与技巧。不让他以他认为正当的方

---

① 托马斯·佛莱纳．人权是什么？[M]．谢鹏程，译．北京：中国社会科学出版社，2000：41.
② 约翰·洛克．洛克说自由与人权[M]．高适编，译．武汉：华中科技大学出版社，2012：115.
③ 黄枬森，沈宗灵主编．西方人权学说（上）[M]．成都：四川人民出版社，1994：175-176.

式，在不侵害他邻人的条件下，使用他们的体力与技巧，那明显地是侵犯这最神圣的财产"①。可见，劳动既可以满足人们对拥有财富的物质需要，也可以满足人们追求幸福的精神需求，这是由劳动权作为基本人权的性质所决定的。

作为劳动权的一项重要内容，择业自由权一般是指劳动者依照自己的个人意愿自主选择职业的权利，包括是否从事劳动的自由、从事何种劳动的自由以及何时何地于何单位从事劳动等各方面的选择权。② 择业自由权是一项世界各国均已普遍承认的基本人权。《世界人权宣言》及《经济、社会及文化权利国际公约》等国际公约，都对公民的择业自由权作出了明确规定。如前所述，《世界人权宣言》第 23 条第 1 款规定："人人有权工作、自由选择职业、享受公正和合适的工作条件并享受免于失业的保障。"《经济、社会及文化权利国际公约》第 6 条第 1 款规定："本公约缔约各国承认工作权，包括人人应有机会凭其自由选择和接受的工作来谋生的权利，并将采取适当步骤来保障这一权利。"

择业自由权不仅与劳动者的个人发展权密切相关，也是其享有人身自由权的重要表现。就发展权而言，劳动者享有和行使择业自由权可以使其获得更好的工作及待遇。首先，基于个体的差异性，每个劳动者都有其自身的竞争优势及劣势，只有扬长避短才能最大限度地发挥自身潜能，也才最有利于人才资源的开发与利用。其次，每个人接受的教育及可能获得的知识总是有限的，尤其在当今知识经济时代，社会分工越来越细，专业化程度越来越高，职业种类也越来越多，所谓上知天文下知地理的全知全觉的通才几乎是不存在的。再次，在我国，如温家宝所言："中国有 13 亿人口，虽然经济总量已经位居世界前列，但人均收入水平仍排在世界 100 位之后，城乡发展和区域发展很不平衡，农村特别是西部地区农村还

---

① 亚当·斯密. 国民财富的性质和原因的研究（上卷）[M]. 郭大力，王亚南，译. 北京：商务印书馆，1972：115.

② 王全兴. 劳动法 [M]. 北京：法律出版社，2004：288.

很落后，还有数以千万计的人口没有解决温饱。"① 这一现状说明，我国目前的经济发展水平还很不平衡，目前的贫困人口，尤其是农村贫困人口众多，整体就业形式十分严峻。由此可见，劳动者的择业自由权不仅直接影响着个人发展，也是决定整个社会发展的关键因素。

　　竞业限制限制了雇员的自由择业权，极易导致雇员生活水平的下降，同时也限制了雇员的进一步发展。知识经济时代，雇员的知识、经验和技能是其生存、发展的手段，因此，竞业限制在一定意义上也是对雇员知识、经验和技能的使用自由所进行的限制。纵然，这并非竞业限制的初衷。因为，竞业限制的目的原本是对于雇员泄露雇主商业秘密的可能性予以提前防范而进行的必要限制。事实上，无论这种目的多么正当，也改变不了竞业限制对雇员实际竞业行为予以限制的客观事实。对雇员竞业行为的限制，事实上就是要求雇员放弃自己熟悉或擅长的行业和工作，去选择陌生的行业或不擅长的工作。虽然我国《劳动合同法》第24条规定，竞业限制的人员限于用人单位的高级管理人员、高级技术人员和其他负有保密义务的人员。然而，恰恰正是这些高级管理和科学技术人员，在自主择业的过程中更加依赖其自身掌握的专门知识和特殊技能。

　　自由是人们能够过自己愿意过的那种生活的"可行能力"（capability）。劳动者的个人发展权是促进劳动者个人乃至社会群体较好生存及追求自由的核心与关键，而对劳动者人身自由权的保障与扩展更是劳动者个人乃至社会享有发展权的首要目的与不可缺少的重要手段。正如诺贝尔经济学奖得主印度经济学家阿马蒂亚·森（Amartya Sen）所言："自由不仅是发展的首要目的，也是发展的主要手段。""个人自由就其实质而言是一种社会产品，这里存在一种双向的关系：（1）通过社会安排来扩展个人自由；（2）运用个人自由来不仅改善单个个人的生活，而且使社会安排更为恰当

---

①　温家宝. 坚持改革开放 坚持和平发展（2008年9月24日温家宝在第63届联合国大会一般性辩论上的发言）[N]. 人民日报，2008-9-25（3）.

和富有成效。"① 可见个人自由不仅是个人发展的主要手段,也是社会进步的重要手段,还可以使社会安排更为恰当与负有效率。正因如此,国际劳工组织费城宣言也强调:"国际劳工组织之庄严义务在于世界各国间推进各种方案,俾得完成下列各项:充分就业与提高生活标准;工人就业时,务使其所就之职业可充分发挥其技能与造诣,俾其对大众幸福可作最大之贡献;为达到此项目的及予一切有关者以适当保证,须有训练与转业之设施,所谓转业,系包括移地就业及移地居住而言。"②

三、小结

自由竞争是市场经济的精髓。市场经济又称为自由市场经济,可见,自由竞争也是市场经济的基本特征。因为,只有坚持以市场为导向,鼓励市场主体自由竞争,才能使市场在资源配置中发挥其决定性作用,令市场机制的运行效率达到帕累托最优状态,从而使生产者实现利润最大化,使消费者实现效用最大化,最终实现全体社会成员的福利最大化。竞业限制制度作为规制市场经济运行的重要法律制度之一,其主要功能就在于对市场竞争主体的自由竞争行为予以适当限制,也称合理限制。竞业限制对于自由竞争的合理限制,具有鲜明的正当性。

然而,对于竞业限制之合理性标准的确定,向来是难以破解的难题。由此,竞业限制对于自由竞争的不合理限制,实属难以避免。此即竞业限制之局限。该局限性,主要表现在竞业限制对人才流动的不合理限制以及对劳动权的不合理限制两个方面。对人才流动的不合理限制,会导致人才市场的僵化及人力资源的浪费;对劳动权的不合理限制,会侵害宪法所保障的雇员的生存权与择业自由权,构成对人权的侵犯及对社会公共利益的危害。

---

① 阿马蒂亚·森.以自由看待发展[M].任赜,于真,译.北京:中国人民大学出版社,2013:7,23.
② 国际劳工局中国分局编著.国际劳工组织与中国[M].上海:国际劳工局中国分局,1948:13.

第二章 竞业困局之根由：经营权与劳动权的冲突

第一节 竞业抵牾之生发机理：经营权与劳动权的冲突

一、经营权与劳动权的冲突

美国著名社会学家库利（Charles Horton Cooley）指出：社会冲突是不可避免的；在社会冲突中，新的更人道的、更理性的、更富于合作精神的社会组织形式得以产生，从而推动社会进步。① 社会冲突的客观存在，决定了权利冲突并非一个伪命题。探求法定权利冲突之真正成因，寻找权利冲突化解之理想路径，一直是理论界孜孜以求的重大命题。经营权与劳动权的冲突，是一般法定权利冲突的典型形态之一。② 经营权与劳动权的冲突，又是竞业限制制度理论研究的核心与关键。因为，竞业限制是对特定竞业行为的限制。该被限制的特定竞业行为虽然也包括董事、经理、代理人等的竞业行为，而在当下，对雇佣劳动关系的调整以及对雇佣劳动关系中雇工与雇主竞业行为的法律规制问题，才是竞业限制法律制度亟

---

① "First, that conflict is inevitable, and, second, that it is capable of a progress under which more humane, rational, and co-operative forms supplant those which are less so." Charles Horton Cooley, Social Process, Charles Scribner's Sons (1918), p 35.

② 如无特别说明，本书所称的"权利"均指法定权利或称法律权利，非指道德权利或称自然权利。所谓的"权利冲突"也指法定权利冲突。

待解决的课题。而在雇佣劳动关系中，劳动权与经营权的冲突及化解问题，既是竞业限制制度所面临的核心问题，也是竞业限制制度所面临的难题之一。

在公司法领域，竞业限制制度除保护公司的经营权，也保护公司的财产权。对公司经营权的保护，主要体现为对公司商业秘密及其他竞争利益的保护；对公司财产权的保护，主要表现为公司所享有的"归入权"。①

在劳动法领域，竞业限制的直接目的是限制劳动者对经营者的商业秘密及其他竞争利益的非法使用或侵害。该被限制的对象，不仅是经营权维护的主要内容，也是雇工基于劳动关系而形成的自身竞争优势的主要依托。可见，经营权维护的过程中将难以避免地伴随着对劳动权的限制。如前所述，劳动优先经常被视为是对资本扩张的一种限制，如果劳工政策过于强调劳动优先，便会阻碍资本扩张的步伐，限制企业的经营权。反之，在资本扩张的过程中，劳动力往往被视为一种商品，如果缺乏法律的必要引导与适当限制，劳资冲突将在所难免，产业的发展及社会的进步都会受到不同程度的影响乃至阻碍。

可见，经营权维护是资本扩张的主要内容，劳动权保障又是劳动优先的核心与关键。对经营权与劳动权冲突及其化解理论的深入研究，就是为劳动优先与资本扩张即劳动政策之光谱两端所面临的困境寻求出路，也为探究竞业冲突之生发机理奠定理论根基。因此，探求经营权与劳动权冲突的成因，并为此冲突寻找化解路径，

---

① 公司归入权是指公司对因公司的利益相关者违反法律规定或者公司章程的规定实施的某些交易而取得的溢出利益，享有主张收归公司所有的法定权利。任秀芳. 论我国公司归入权的适用规则及其完善 [J]. 政治与法律，2009（4）：69. 我国《公司法》第148条第1款规定："董事、高级管理人员不得有下列行为：……（五）未经股东会或者股东大会同意，利用职务便利为自己或者他人谋取属于公司的商业机会，自营或者为他人经营与所任职公司同类的业务……"；第2款规定：'董事、高级管理人员违反前款规定所得的收入应当归公司所有。"该规定，即为因董事、经理的竞业限制行为而使公司享有公司归入权在我国《公司法》上的具体体现。

将是破解劳资冲突的关键。这对于确定竞业限制之合理性标准，将具有极其重要的理论价值和意义。

二、经营权、劳动权冲突与一般权利冲突

由于经营权与劳动权冲突是法定权利冲突类型中最为典型的问题之一，因此，竞业限制之经营权与劳动权冲突成因及其化解路径等相关理论问题，与一般法定权利冲突的成因及其化解路径等理论问题密不可分。二者之间是包含与被包含的关系，前者包含于后者之中，是后者的典型表现。就是说，竞业限制之经营权与劳动权的冲突虽具有自身的某些特性，而究其实质依然属于一般法定权利之间的冲突。为正本清源，欲探明竞业限制之经营权与劳动权冲突成因及其化解路径等问题，理应澄清一般法定权利冲突的成因及其化解路径问题。

对于法定权利冲突的成因及其化解问题，学界虽观点不一，但权利平等原则及权利限制理论已基本被国内外学者广泛接受，其对于解决权利冲突及其化解问题不仅在理论上具有科学性及合理性，而且在实践中也具有可操作性。如，在经济学领域，美国著名经济学家哈里·科斯认为，权利的法律界限为权利通过市场交易重组提供了起点；法律体系的目标之一就是建立清晰的权利界限，使权利能在此基础上通过市场进行转移与重新组合。[1] 可见，依经济学理论，权利界定越清晰对交易的实现越有利。

在法学领域，英国人权学者米尔恩认为，法律面前一律平等和依法自由原则，是以"公平对待"为具体形式的公正和不受专横干涉。在米尔恩看来，法律面前一律平等主要表现为"公平对待"。[2] 这就使得权利平等原则与公平正义密不可分。也正如德国著名法哲学家考夫曼所言，即法律最高的价值是正义，正义的核心

---

[1] 罗纳德·哈里·科斯. 论生产的制度结构 [M]. 盛洪, 陈郁, 译. 上海: 上海三联书店, 1994: 71, 92.

[2] A.J.M. 米尔恩. 人的权利与人的多样性 [M]. 夏勇, 张志铭, 译. 北京: 中国大百科全书出版社, 1995: 133.

则是平等。平等是正义的形式，法律的安定性才是正义的作用。①美国学者辛格也认为权利平等并不仅仅是主体的平等地位，还包括平等对待，这"承认人们拥有相同的权利和负有尊重他人的相同义务"②。辛格指出，就平等权而言，无论是平等的地位或是平等的对待，正是支配有关各方关系的规范，而非他们在任何特定方面的平等，是此种权利的来源。③ 美国人权斗士、著名法学家德沃金（Ronald Dworkin）教授也认为，对于相同的情况应给予相同的处理，而且不允许矛盾的判断；所有社会成员生而平等，他们有权利受到平等的关心和尊重。④ 在我国，刘作翔教授及其他学者对权利平等原则，也都提出了类似观点。⑤

以权利平等原则为基础的权利限制理论认为，法定权利是有明确界限的，该权利的界限虽然是相对的，但权利总是具体的，相对清晰的权利界限总是存在的，否则权利也就不能称其为权利。因此，权利应受到限制。如，美国学者霍尔姆斯（Holmes, S.）与桑斯坦（Sunstein, C. R.）认为，在现实中，权利总是可能被滥用，为了防止导致错误的结果，权利必须受到限制。⑥ 德国著名法哲学家罗伯特·阿列克西（Robert Alexy）在其权利限制的"内在理论"中指出，一项权利本身即有特定的范围，该特定的范围就是对权利的限制。⑦ 对此，法国著名法学家路易·若斯兰（Louis

---

① 阿图尔·考夫曼. 法律哲学 [M]. 刘幸义等，译. 北京：法律出版社，2011：175-176.

② 贝思·J. 辛格. 实用主义、权利和民主 [M]. 王守昌，等，译 上海：上海译文出版社，2001：148-149.

③ 贝思·J. 辛格. 可操作的权利 [M]. 邵强进，林艳，译. 上海：上海人民出版社，2005：198.

④ 罗纳德·德沃金. 认真对待权利 [M]. 信春鹰，吴玉章，译 上海：上海三联书店，2008：中文版序言16.

⑤ 刘作翔. 权利冲突中的几个理论问题 [J]. 中国法学，2002（2）：62，66.

⑥ 史蒂芬·霍尔姆斯，凯斯·R. 桑斯坦. 权利的成本：为什么自由依赖于税 [M]. 毕竞悦，译. 北京：北京大学出版社，2011：71.

⑦ Robert Alexy. A thory of constitutional rights, translated by Julian Rivers [M]. Oxford University press, 2002. pp. 178-179.

Jossenrant）也认为，一种权利的客观范围是很明确的，非经过立法的手续，不易改变，简而言之，即"一切权利的内容皆有限制"。①

因此，所谓"优先存在"的权利及权利位阶，其实并无绝对的排序。只有在特定情景之下的优先，并无天然的高低、轻重及先后之别，而且该特定情景之下的优先也只能由立法机关进行价值判断并通过立法手段予以实现，而不应由司法机关进行个案决断，更不能交由权利人自己予以主观意断。否则，法治的根基就会动摇，权利的大厦将会坍塌。因此，对于我国部分学者所主张的"权利位阶"及"优先权"理论，应有进一步深入研究之必要，以该理论为基础所提出的劳动法"倾斜保护原则"同样也须重新检视和反思。

对劳动者合法权益的倾斜保护，虽有利于矫正劳资双方主体地位的实质不平等，一定程度上可以改善劳动者的弱势群体地位，但是如果倾斜保护背离权利平等原则，忽略立法倾斜保护与司法倾斜保护的差异，以及超过倾斜保护的合理限度，则会导致对劳动者倾斜保护原则的滥用。实践中，倾斜保护原则也的确经常被误读、曲解、扭曲，甚至造成该原则的泛化或被滥用。此外，倾斜保护也有违法制统一的立法原则，而法制统一则是一个国家法治原则的基本要求。因此，可将倾斜保护作为一定时期内的立法政策予以对待，不宜作为一项法律原则普遍适用，更不应将倾斜保护作为司法原则运用于司法活动之中。即便如此，对倾斜保护也应在立法中作出严格的限制，使其始终以实现劳动关系的"相对平等"为限度。否则，不仅易致倾斜保护原则的泛化或被滥用，也将由于法官自由裁量尺度的难以统一，势必会加剧司法活动的不确定性，形成新的利益失衡或不公。

诚然，倾斜保护原则的本意的确是为通过对劳动契约自由的限制，以矫正劳资双方地位的不平等，从而实现劳动契约正义。但

---

① 路易·若斯兰. 权利相对论 [M]. 王伯琦，译. 北京：中国法制出版社，2006：211.

是，由于倾斜保护原则在理论上的不和谐，以及实践中凸显的诸多问题或弊害，使其难如诚实信用、公序良俗等法律原则那样，作为劳动契约自由之法律限制的手段或表现，而成为劳动契约自由原则之限制制度的内在构成。因为，规范合理的劳动契约自由之限制制度，不仅可以体现和保障劳动者的合法权益，而且能兼顾经营者的合法利益，有利于构建和谐稳定的劳动关系及实现劳资双方的互利双赢。因此，作为合理规范的劳动契约自由之限制制度，只能秉持平等保护的理念，在此理念之下，通过明确具体的立法规定给予劳动契约自由以适当限制，以期实现劳动契约正义。对于劳动关系中的竞业限制问题，亦如此。

因此，对一般法定权利冲突尤其是对经营权与劳动权冲突及其化解理论的探讨或研究，将会为竞业限制理论的深入研究、立法完善等方面奠定坚实的理论根基，有助于将权利平等性、权利界限的相对清晰性以及权利限制性等理念贯彻到竞业限制制度的理论研究及其法律制度的运行实践之中去，有助于人们对劳动权优先理论、权利位阶理论、权利相互性理论重新审视，也有助于人们对竞业限制契约自由原则及其限制制度等诸多理论问题进一步深入理解与全面把握，最终将有利于竞业限制制度的完善与发展。为此，本书将在后续章节中对一般权利冲突及其化解问题，展开深入探讨与分析。因为，一般法定权利冲突及其化解的相关理论，也适用于对经营权与劳动权冲突的解决。

第二节 权利相互性理论及利益冲突论检讨

欲探求权利冲突成因问题，首先应认清什么是权利。对于权利的界定问题，一直是人类所面临的一个十分复杂但又必须面对的难题。德国著名法学家鲁道夫·冯·耶林（Rudolf von Jhering）将权利称之为 Rechte。耶林认为："之于为法权而斗争我们必须遵循的两个方向，是通过 Recht 这个词的双重意义所标明的——客观意义的法（das Recht im objektiven Sinn）和主体意义的权利（das Recht im subjektiven Sinn）。据其前一方向，斗争伴随着历史上的抽象法的产生、形成和进步；据其后一方向，斗争是为了实现具体的权利（Rechte）。"① 在耶林看来，权利之本质即法律所保护的利益。② 而法学家阿道夫·默克尔（Adolf Merkel）则指出"权利之本质乃享受特定利益的法律上之力也"③。可见，权利、利益及法律几个概念在内涵上密切相关。利益是有限的，权利主体的需要及欲望却是无限的。有限的利益面对无限的欲望和需求，才令权利冲突显得难以克服或避免。对于权利冲突的成因，有学者主张权利冲突即是权利的相互性，④ 也有一些学者认为权利冲突的根本原因就在于利益的冲突。⑤

一、权利相互性理论检讨

权利相互性理论主要由我国著名学者朱苏力教授较早提出并加以论述。该理论认为，权利的相互性是权利冲突的原因。权利的相互性是指，一项权利的实现必然意味着对另一项权利的侵害。就如贾氏诉《秋菊打官司》剧组案和丘氏鼠药案中所出现的情况一样，"表面看来，是被告的行为侵犯了原告的权利；但如果换一个角度，并且不预先假定哪一方的权利更为重要，我们就会发现如果我们满足原告的请求，就侵犯了或要求限制被告的权利。因此，无论法院的最终决定如何，它保护一种权利的时候，实际上必然侵犯另

---

① 鲁道夫·冯·耶林. 为权利而斗争 [M]. 郑永流, 译. 北京：法律出版社, 2007：86-87.
② Wenar, Leif, "Rights", The Stanford Encyclopedia of Philosophy (Fall 2011 Edition), Edward N. Zalta (ed.), URL = http://plato.stanford.edu/archives/fall2011/entries/rights/; Matthew H Kramer, 'On the Nature of Legal Rights' (2000) 59 Cambridge Law Journal 473.
③ 郑玉波. 民法总则 [M]. 北京：中国政法大学出版社, 2003：61.
④ 苏力. 《秋菊打官司》案、邱氏鼠药案和言论自由 [J]. 法学研究, 1996 (3)：68-69.
⑤ 李友根. 权利冲突的解决模式初论 [J]. 公法研究, 2004 (1)：288.；刘作翔. 权利冲突的几个理论问题 [J]. 中国法学, 2002 (2)：58-60.

一种权利。这就是权利的相互性"。同时苏力教授认为，该权利相互性理论是诺贝尔经济学奖获得者美国经济学家罗纳德·哈里·科斯（Ronald Harry Coase）的一个重要发现，并引用了科斯关于"公害"案的相关论述。①

（一）权利的相互性是否如苏力所言是科斯的重要发现，尚待考证

事实上，科斯教授在其《社会成本问题》（*The Problem of Social Cost*）一文中并未提及"权利的相互性"（The Reciprocal Nature of the Right），所提出的仅是"问题的相互性"（The Reciprocal Nature of the Problem）。科斯所指的"问题的相互性"，显然不同于"权利的相互性"。该"问题的相互性"中的"问题"（如糖果制造商的机器引起的噪声和震动干扰了某医生的工作、走失的牛损坏邻近土地的谷物等案例所提出的具有相互性的问题），是指并未经由法律制度对其予以调整的"问题"。进而言之，该"问题"是指并未经由法律制度所调整的法定权利对其予以清晰界定的，且与权利无关的并具有相互性的"问题"。因为，哈里·科斯认为："由法律制度调整权利需要成本。"换句话说"无成本即无权利"。而对上述具有相互性的"问题"的论述，科斯教授是基于其论证方法上的需要，将这一论述已经建立在"假定交易成本为零"这一预设前提之上了。因此，依科斯教授的观点，既然产生该具有相互性的"问题"时，已经假定交易成本为零，那么，由法律制度调整的"权利"

---

① 苏力教授称权利相互性是科斯教授的一个重要发现，其参考文献来自于罗纳德·哈里·科斯.社会成本问题（1960）[A].罗纳德·哈里·科斯.论生产的制度结构 [M].盛洪，陈郁，译校.上海：上海三联书店 1994：142.其所引译文为："传统的方法掩盖了不得不作出的选择的实质。人们一般将该问题视为甲给乙造成损害，因而所要决定的是：如何制止甲？但这是错误的。我们正在分析的问题具有相互性，即避免对乙的损害将会使甲遭受损害，必须决定的真正问题是：是允许甲损害乙，还是允许乙损害甲？"苏力.《秋菊打官司》案、邱氏鼠药案和言论自由 [J].法学研究，1996（3）：68-69.

自然也就不存在了,至于"权利的相互性"更无从谈起。①

(二) 如以权利的相互性理论解释权利冲突,理论上尚存缺陷

首先,权利相互性理论认为,保护一种权利的时候,必然会造成对另一种权利的侵害,从而将特定情形之下的权利相对性主观臆断地普遍化了,这与实践情形并不符合。比如,法律在保护一个人的生命权的时候,其实通常并不妨碍对另一个人的生命权的同等保护。如果有妨碍,那也一定是在非常特殊的情形之下。如有5个人或者更多人需要海上救助的情况下,却只有一只救生艇提供救援,且该救生艇只能容纳4人以下这样一种极为特殊之情形。此类特殊情形,则属于特定情形之下的权利冲突之极端表现,毫无疑问不具有普遍性。

其次,权利相互性理论虽然认为权利的边界是模糊的,却完全否定权利边界的相对确定性及清晰性,进而认为权利应当在冲突中重新配置、重新划定权利界限。这就忽视了权利的边界既具有模糊性也具有清晰性这一双重性质,即忽视了权利边界的模糊性及清晰性均具有相对性。事实上,权利的边界既不存在绝对的模糊性,也不存在绝对的清晰性。

权利所具有的确定性,是权利之所以成为权利的内在根据。就

---

① 对于交易成本为零的假定,科斯在《社会成本问题》一文"对市场交易成本的考察"部分强调:"迄今所阐述的观点都假定(这在第三、四节很明显,第五节也暗含了这一观点),在市场交易中是不存在成本的。当然,这是很不现实的假定。为了进行市场交易,有必要发现谁希望进行交易,有必要告诉人们交易的愿望和方式,以及通过讨价还价的谈判缔结契约,督促契约条款的严格履行,等等。这些工作常常是花费成本的,而任何一定比率的成本都足以使许多无需成本的定价制度中可以进行的交易化为泡影。"对于权利的界定也是有成本的这一问题的论述,科斯在"权利的法律界定及有关经济问题"部分提出:"在由法律制度调整权利需要成本的世界上,法院在有关妨害的案件中,实际上做的是有关经济问题的判决,并决定各种资源如何利用。……权利的界定也是法律制定的结果,我们还发现了对问题的相互性的评价的证据。"罗纳德·哈里·科斯. 社会成本问题(1960)[A]. 罗纳德·哈里·科斯. 论生产的制度结构[M]. 盛洪,陈郁,译校. 上海:上海三联书店,1994:157,172.

某一项具体权利而言，譬如隐私权。"如果无法对隐私下任何精确的定义，那么它就是一种不能也不应由法庭来判断的权利。没有确切的定义不仅将会导致法律应当保护什么这个问题上的含糊，而且，对于法律制度来说，更重要的是还会导致法律应当禁止什么样的侵犯隐私行为这个问题上的不确定性。除非给权利下一个精确的定义，否则，对它应当采取何种程度的限制，就是一件由人随意决定的事情，因此也必然是一件武断专横的事情。"① 因此，如果权利完全没有清晰的、确定的边界，那么，它就不能被称其为一种权利。

（三）将权利冲突直接视为"权利的相互性"，尚存逻辑上的矛盾

众所周知，权利冲突问题是指在一法律体系之中各种法定权利之间的冲突问题，即存在于制定法（或实在法）之中的问题。而在制定法中，法定权利是有明确界限的（从严格意义上说，这里的"明确界限"只是相对的），超越法定权利的界限之外行使权利，便构成权利滥用，也将构成对法定义务的违反，将会依法承担相应法律责任。因此，法定权利在逻辑上不具有所谓的"相互性"。②

如前所述，假定交易成本为零，权利也就不存在，产生的"问题"具有相互性。该具有相互妨害性的"问题"之所以具有相互性，也正由于权利的不存在，使"问题"产生的"损害"缺乏统一的计量标准及法律上的正当性依据。如科斯教授列举的糖果制造商的机器引起的噪声和震动干扰了某医生的工作、走失的牛损坏邻近土地的谷物等案例，由于已经假定交易成本为零而使权利不存在，因此糖果制造商和某医生、走失的牛的主人和邻近土地的谷物的主人都不享有法定权利，因此就无法确定"谁损害了谁"，才使

---

① 彼得·斯坦，约翰·香德. 西方社会的法律价值 [M]. 王献平，译，郑成思，校. 北京：中国法制出版社，2004：265.

② 王克金. 权利冲突的概念、原因及解决——一个法律实证主义的分析 [J]. 法律与社会发展，2004（2）：45.

得"问题"具有相互性。因为,如果可以确认"甲损害了乙",这本身就已经预设了乙享有权利,甲不享有该权利。

足见,对于权利相互性理论,称其以科斯教授的交易成本理论为理论基础,恐有牵强附会之嫌。再者说,就该权利相互性理论本身而言,也还存在诸多偏颇乃至缺陷之处。因此,将权利的相互性视为权利冲突的成因,值得商榷。

二、利益冲突论检视

对于权利冲突的成因,利益冲突论者认为,权利冲突的根本原因就在于利益的冲突。该说认为,权利是法律所确认和保护的合法利益,因此权利冲突在实质上就是法律所保护的利益之间的冲突,进而权利冲突的原因可以归结为利益冲突的原因。① 利益冲突论者认为权利是法律所保护的利益,可见,其理论基础源于权利的本质之"利益说"。

(一)"利益说"之局限性分析

权利的本质之"利益说"认为,权利之本质即法律所保护的利益(精神的或物质的)。② 此说以德国法学家鲁道夫·冯·耶林为代表。"利益说"的缺点在于认为权利的主体与受益的主体为同一主体。其实法律对于人们利益的保护,未必皆以赋予权利的方式予以表现,其以反射作用,使人受有利益的,也不在少数。例如法律使人遵守交通规则,结果人人皆得享受交通安全之反射利益;此项利益就不是权利,因为利益的承受者无权向他人请求履行该利益。可见"利益说"误认权利之目的为权利之本质,因此是欠妥的。③

---

① 李友根. 权利冲突的解决模式初论 [J]. 公法研究, 2004 (1): 288.; 刘作翔. 权利冲突的几个理论问题 [J]. 中国法学, 2002 (2): 58-60.

② Wenar, Leif, "Rights", The Stanford Encyclopedia of Philosophy (Fall 2011 Edition), Edward N. Zalta (ed.), URL = http://plato.stanford.edu/archives/fall2011/entries/rights/; Matthew H Kramer, 'On the Nature of Legal Rights' (2000) 59 Cambridge Law Journal 473.

③ 郑玉波. 民法总则 [M]. 北京: 中国政法大学出版社, 2003: 61.

美国著名法学家凯尔森（H. Kelsen）教授也认为，将法律权利界定为法律所保护的利益或法律所承认的意志，同样是不正确的。这两种理论所共有的基本错误在利益论中也许是最明显的。因为，"一个人可能对另一个人的一定行为具有权利但却对这一行为并无利益；一个人也可能虽有利益但却并无权利。……立法者之所以给予债权人以收回自己的钱的权利，给所有权人以处分自己财产的权利，就因为他推定一个债权人照例对收回他的钱是有利的，而所有权人的利益按例就是别人不应干预他对其财产的处分。立法者推定人们在某些条件下有某些利益，而他想要保护其中某些利益。但是一个权利，即使在——与立法者的推定相反——不存在实际利益的那些情况下，也还存在着。所以，权利一定不在于假设有的利益，而却在于法律保护。立法者给予一种利益的保护就在于确立某种重大意义的法律规则。所以，债权人的权利就是债务人因而负有归还借款义务的法律规范；所有人的权利就是他人负有不干预前者处分自己财产的义务的法律规范。总之，法律权利就是法律"①。

（二）"法力说"之合理性证成

"利益说"将权利视为法律保护的利益，落脚点重在利益，忽略乃至混淆了法定权利与道德权利的本质区别。而权利的本质之"法力说"则认为："权利之本质乃享受特定利益的法律上之力也。"该说以德国法学家梅克尔氏（Merkel. Adolf）为代表，是目前比较有力的学说。"法力说"特别强调了权利的法律效力，即"法律上之力"②。对于"法力说"，自奥古斯丁以来，英国分析法学家们普遍地将法律权利界定为能力或者权力。奥古斯丁指出，法律权利就是"强制某人或者其他人作为或者不作为的能力或者权力"③。可见，"法力说"所称的'力'，是指构成权利之效力即权

---

① 凯尔森. 法与国家的一般理论 [M]. 沈宗灵，译. 北京：中国大百科全书出版社，1996：90-91.

② 郑玉波. 民法总则 [M]. 北京：中国政法大学出版社，2003：62.

③ 1 Jurisprudence (5 ed. 1885) 398. But first in I ed. 1861. 转引自罗斯科·庞德. 法理学（第4卷）[M]. 王保民，王玉，译. 北京：法律出版社，2007：54.

利之权能的法律上的强制力。"权利具有法律的强制力,表现为主体对客体的支配力,此即权利的效力。"①

可见,法定权利是法律的强制性与特定利益性的统一。"当有效的法律体系把利益视为是运用集体资源加以保护的权利时,利益就具有了权利的资格。作为一种由政府创设和维持以防止伤害或补偿伤害的能力,权利在法律意义上被界定为法律的产物。"② "将一项法律权利作为一种能力的思想正是源于一种将一项自然权利看作是一种品质的思想。通过政治组织而形成的社会的支持,一种道德品质变成了一种法律权力或能力。"③

对于权利是"法律的产物"这一观点,海因里希·德恩堡(H. Dernburg)教授却有着不同的看法,他认为:"权利在历史上早在具有周密法律的国家出现以前就已存在。……所以推定说权利不过是法律的产物,无论在历史上和逻辑上都是不正确的。法律秩序保证法律权利并使之定型,但却并不创设法律权利。"④ 这一观点,不仅否认了权利的法律本质,而且在逻辑上也是不成立的。因为,对于法律上的权利而言,法律毫无疑问是法律权利得以存在的先决条件,没有法律何来"法律权利"。正如凯尔森教授所言:"从逻辑的以及从心理学的观点来看,不难明白这种权利居先存在的理论是站不住脚的。现象的法律性质不是用感官可以感受到的。个人有权或无权拥有物品的事实是不能被人见到、听到或摸到的。个人有权或无权拥有物品的陈述,只是在这一陈述的人预定一个关

---

① 李锡鹤. 法律债,还是人情债?——自然债性质探讨 [J]. 人大法律评论, 2013 (1): 8.; 王启富, 马志刚. 权利的法律结构分析 [J]. 中央政法管理干部学院学报, 1999 (2): 4.

② 史蒂芬·霍尔姆斯, 凯斯·R. 桑斯坦. 权利的成本:为什么自由依赖于税 [M]. 毕竞悦, 译. 北京:北京大学出版社, 2011: 4.

③ 罗斯科·庞德. 法理学 (第4卷) [M]. 王保民, 王玉, 译. 北京:法律出版社, 2007: 55.

④ 海因里希·德恩堡. 罗马法制度 [M]. 1911: 65. 转引自凯尔森. 法与国家的一般理论 [M]. 沈宗灵, 译. 北京:中国大百科全书出版社, 1996: 493.

第二节 权利相互性理论及利益冲突论检讨

于所有权的一般规范的存在（意思就是效力）时，才是一个逻辑上以致心理学上有可能的价值判断。……一个一般规则的观念到底如何出现是我们在这里并不必须要回答的问题。我们只需要确认，不预订一个调整人的行为的一般规范，关于权利的存在与否的陈述是不可能的。如果有法律权利问题的话，就一定要预设一个法律规则。在有法律之前就不能有什么法律权利。"①

其实，对于所谓的"权利居先存在"的理论，英国法学家威廉·布莱克斯通（William Blackstone）早在其论著《英国法释义》中就有过精辟的论述："社会的首要目标就是要在个人行使上述绝对权利时为他们提供保障，因为，虽然这种权利是永恒不变的自然法赋予每个人的，但如果没有各个友好的社会团体间的相互帮助和交往，人们不可能顺利地行使这些权利，因此人法的首要目的显然就是维护并规范个人的绝对权利。绝对权利虽然是社会权利即相对权利的起源，但却是在国家和社会形成之后才产生的，因此，该如何维护并规范此类权利，显然应该是在国家和社会形成之后才需要考虑的事。"②

足见，布莱克斯通教授所称的"居先存在的权利"显然是指自然法上的绝对权利，并非海因里希·德恩堡教授所称的法律权利。布莱克斯通认为："绝对权利虽然是社会权利即相对权利的起源，但却是在国家和社会形成之后才产生的。"就是说，虽然绝对权利是相对权利（法律权利）的起源，但绝对权利和相对权利（法律权利）均产生于国家和社会形成之后。由此可见，法律权利依然产生于国家和社会形成之后，并是法律的产物。如德沃金所言："权利是来源于政治道德原则的法律原则。"③

"法力说"在着重强调权利的"法力性"的同时，并未忽略权

---

① 凯尔森. 法与国家的一般理论 [M]. 沈宗灵，译. 北京：中国大百科全书出版社，1996：89.
② 威廉·布莱克斯通. 英国法释义（第一卷）[M]. 游云庭，缪苗，译. 上海：上海人民出版社，2006：144.
③ 德沃金. 认真对待权利 [M]. 信春鹰，吴玉章，译. 上海：上海三联书店，2003：中文版序言 21.

利的另一重要特性即"利益性"。因为没有利益的权利,就如无源之水、无本之木。而未经法律保护的权利,则不具有"法律上之力",将不能被称为法律权利从而不具有法律效力。不具法律效力的权利,只能是道德权利或称为自然权利,而非法定权利。而道德权利毫无疑问不能等同于法律权利,诚然,法律权利也离不开作为基础支撑的道德权利。如加拿大著名哲学家萨姆纳所言:"我有道德权利的前提是我所拥有的、相应的世俗权利在道义上能得以成立。"①

(三) 权利的社会性及"法力性"分析

众所周知,法律具有社会性,而法定权利又是"法力性"与"利益性"的统一。所谓权利的"法力性",是指权利的"法律上之力",即权利在法律上的强制性;所谓权利的"利益性",是指构成权利之核心内容的"特定的利益"。由于法律具有社会性,因此,法定权利的"法力性",也就决定了法定权利的社会性。该社会性主要表现在:(1) 作为权利主体的人(尤其是自然人)具有社会性。正如马克思所言:"人的本质不是单个人所固有的抽象物,在其现实性上,它是一切社会关系的总和。"② 可见,作为权利主体的人之社会性是人的本质属性。(2) 权利本身就是一个关系性范畴。权利关系体现为人与人之间的权利义务关系,即权利内容也具有社会性。权利只能存在于社会关系之中,是人与人之间的利益关系在法律上的确认或体现,即如前所述乃"享受特定利益的法律上之力"。由此可见,权利的社会性与权利的本质之"法力性"亦相契合。

法定权利的社会性,主要源于其法律属性,而"利益的内容、形成、实现,既有主观因素,具有主观形式,又有客观性,受客观

---

① 萨姆纳所称的"世俗权利"此处是指法定权利。如,萨姆纳认为:"法律规则是世俗规则,法定权利是世俗权利。"L. M. 萨姆纳. 权利的道德基础 [M]. 李茂林,译. 北京:中国人民大学出版社,2011:64,124.

② 马克思恩格斯选集(第1卷)[M]. 北京:人民出版社,2012:135.

因素的制约。利益是主观与客观两种因素的辩证统一体,具有二重性"①。但就利益与权利的关系而言,必须经由法律参与调整或规制的利益关系,才能上升为权利关系。也就是说:"法定权利的存在必须经过法律体系的官方认可。法律体系的存在则是由遵从并接受其规则的一般社会实践决定的。实践一方面创立并形成体系的特定规则,另一方面维护体系的整体性。因此,法定权利的存在条件包括不同的社会实践层次;在这个意义上,法定权利自身就是社会事实。""因此,法定权利是社会的产物。"②

对于权利的社会性和"法力性",德国古典哲学的开创者和奠基人伊曼努尔·康德(Immanuel Kant)教授也认为,权利"只涉及一个人对另一个人的外在的和实践的关系,因为通过他们的行为这件事实,他们可能间接地或直接地彼此影响"。"从科学的理论体系来看,权利的体系分成自然的权利和实在的权利。自然的权利以先验的纯粹理性的原则为根据;实在的或法律的权利是由立法者的意志规定的。"③ 可见,权利的社会性才是其基本属性。正当的利益正是因为有了法律的确认或保护,才使得利益主体享有了法定权利。因此,法律不仅是利益与权利之间的媒介,更是利益主体享有法定权利的前提和基础。未经法律确认或保护的利益,最多只能称为道德权利或自然权利,绝非法律意义上的权利,因为道德权利不具有"法律上之力"。

美国著名法学家庞德指出,利益是人类社会中的个人提出的请求、需求或需要——如果文明要得以维持和发展、社会要避免无序和解体,法律就要为利益提供支持。随着科学的进步,人们也许可以预见到一个物质极大丰富的时代。然而,在科学进步的同时也会唤起人类新的追求和欲望。该人类追求和欲望增加的速度,也许会

---

① 王伟光.利益论[M].北京:中国社会科学出版社,2010:78-79.
② L. W. 萨姆纳.权利的道德基础[M].李茂林,译.北京:中国人民大学出版社,2011:61-62.
③ 伊曼努尔·康德.法的形而上学原理——权利的科学[M].沈叔平,译.北京:商务印书馆,2009:41,52.

和可利用的财富的增加速度一样,甚至超过现存的可利用的财富的增长速度。因为,人的欲望总是无限的。因此,就我们现已达到的对人类内在本性的控制而言,即便是在一个物质财富极大丰富的时代,可能也为个人的期望、需求和欲望限定条件,以处理利益冲突和重叠现象。① 可见,利益是人类一切社会活动的动因,利益冲突是利益主体基于利益差别和矛盾而产生的利益纠纷和利益争夺。② 利益冲突的真正根源,既不是人的自私自利,也不是利益对象有效供给之不足,而是根源于利益主体与利益对象相结合的人类社会制度安排的内在缺陷。③

三、对权利冲突相关成因理论的反思

(一) 对权利相互性理论的反思

如前所述,权利相互性理论所主张的,即一项权利的实现必然意味着是对另一项权利的侵害。

首先,该理论认为权利冲突现象是伴随着权利的实现或行使所必然发生的现象,无法避免与克服。它不仅从本质上否定了法定权利的合法性,而且混淆了应然与实然的关系。

其次,如前所述,以权利相互性理论解释权利冲突,在理论上尚存诸多缺陷,如:(1) 权利相互性理论将特定情形之下的权利冲突主观臆断地普遍化了,这与实践不符;(2) 权利相互性理论仅认识到权利边界的模糊性,却忽略了权利边界既具有模糊性也具有清晰性这一双重性质。

再次,权利相互性理论将权利冲突直接视为所谓的"权利的相互性",存在逻辑上的矛盾。因为,权利冲突通常存在于制定法(或实在法)之中,而在制定法中法定权利通常是有明确界限的,

---

① 罗斯科·庞德. 法理学(第3卷)[M]. 廖德宇,译. 北京:法律出版社,2007:16-18.
② 王伟光. 利益论[M]. 北京:中国社会科学出版社,2010:35,165.
③ 张玉堂. 利益论——关于利益冲突与协调问题的研究[M]. 武汉:武汉大学出版社,2001:66-67.

越界行使权利则会构成权利滥用或对法定义务的违反。可见,法定权利在逻辑上不存在所谓的"相互性"。

最后,权利相互性理论也并非美国经济学家科斯的发现。科斯在其《社会成本问题》一文中并未提及"权利的相互性",仅提到"问题的相互性"。该"问题的相互性"的前提是假定交易成本为零。基于科斯"由法律制度调整权利需要成本"即"无成本即无权利"的断言,假如交易成本为零,权利就不存在,所谓的"权利的相互性"自然也不存在,可能存在的仅是科斯所指的"问题的相互性"。① 可见,权利相互性理论就其理论根基而言,就存在"先天不足",就其理论本身而言也存在诸多缺陷,因此,无法成为分析权利冲突成因的理论依据。

(二) 对利益冲突论的反思

利益冲突论者则认为权利冲突的根本原因就在于利益的冲突。依此理论,权利是法律所确认或保护的利益,基于人的贪欲的无限性与利益的有限性,法律将永远难以满足贪婪的人们对利益的过分奢望与渴求,因此,权利冲突现象不仅难以避免,甚至无法减缓。事实上,在法定权利的构成要素中,权利的"法律强制性"这一要素作为"法律上之力",才是其具有决定意义的要素,是权利得以存在的根本;"利益"要素也固然重要,是权利的"血肉"或内容,但其只能属于法定权利的非决定性要素,正如凯尔森所言:"一个权利,即使在——与立法者的推定相反——不存在实际利益的那些情况下,也还存在着。所以,权利一定不在于假设有的利益,而却在于法律保护。"② 可见,利益冲突论者仅以"权利是由法律所确认或保护的合法利益"为由,认为权利冲突的根本原因就在于利益的冲突,失之偏颇。这一观点不仅在于其理论基础就存在一定的缺陷,即将法定权利直接视为特定的利益,从而将权利主

---

① 罗纳德·哈里·科斯. 论生产的制度结构 [M]. 盛洪,陈郁,译. 上海:上海三联书店,1994:142,157,172.

② 凯尔森. 法与国家的一般理论 [M]. 沈宗灵,译. 北京:中国大百科全书出版社,1996:91.

体与受益主体视为同一主体,而且也忽视了法定权利的社会性,尤其是其"法力性"。该"法力性"才是权利得以存在的基本属性。正因如此,凯尔森才指出:"法律权利就是法律。"①

(三) 对其他权利冲突成因理论的反思

对于权利冲突之成因理论,在我国除了权利相互性理论及利益冲突论之外,也有学者从宏观层面,将权利冲突的原因归结为经济发展因素、法治发展因素和公民权利意识因素。② 还有学者认为,欲探寻权利冲突的原因,还应将法律冲突与具有充分主观能动性的人结合起来。③ 此类学说,要么过于宏观不利于探究权利冲突的本质原因,要么将权利冲突直接等同于权利创设基础(法律)的冲突,势必会导致权利冲突的原因与权利冲突本身难以区分。④

至于我国另有部分学者所提出的"权利位阶"理论、"优先权"理论⑤,事实上,所谓"优先存在"的权利及权利位阶,其实并无绝对的排序。只有在特定情景之下的优先,并无天然的高低、轻重及先后之别,而且该特定情景之下的优先也只能由立法机关进行价值判断并通过立法手段予以实现,而不应由司法机关进行个案决断,更不能交由权利人自己予以主观臆断。否则,法治的根基就会动摇,权利的大厦将会坍塌。

四、经营权、劳动权冲突与权利相互性理论

竞业限制法律关系中的经营权、劳动权冲突,是法定权利冲突

---

① 凯尔森. 法与国家的一般理论 [M]. 沈宗灵,译. 北京:中国大百科全书出版社,1996:90-91.
② 刘作翔. 权利冲突的几个理论问题 [J]. 中国法学,2002(2):60-61.
③ 范忠信,候猛. 法律冲突问题的法理认识 [J]. 江苏社会科学,2000(4):64.
④ 张平华. 私法视野里的权利冲突导论 [M]. 北京:科学出版社,2008:16-17.
⑤ 张平华. 司法视野里的权利冲突导论 [M]. 北京:科学出版社,2008:66;王进,林波. 权利的缺陷:中国司法期待解决的问题 [M]. 北京:经济日报出版社,2001:234.

的基本类型之一。这种经营权、劳动权冲突，主要是指法律在保护经营者的商业秘密及其他竞争利益即经营权的同时，往往会限制乃至侵害劳动者的劳动权乃至生存权。因为，劳动优先与资本扩张为一国劳工政策之光谱两端。劳动优先经常被视为是对资本扩张的一种限制，而在资本扩张的过程中，劳动力往往又被视为一种商品，如果缺乏法律的必要限制，劳资冲突将在所难免。

竞业限制对劳动权的合理限制，属竞业限制之正当性表现；而竞业限制对劳动权的不合理限制乃至侵害，则为竞业限制之局限所在，并非竞业限制制度之本意，更非法定权利之本质。可见，竞业限制旨在实现对劳动权的合理限制，而非意在对劳动权的侵害。对劳动权的合理限制才是竞业限制制度的本质属性，而对劳动权的不合理限制乃至侵害，则属竞业限制制度的缺陷或不足，并非竞业限制所保护的经营权的本质所在。正如德国法学家梅克尔氏所言："权利之本质乃享受特定利益的法律上之力也。"① 可见，合法性才是法定权利的本质属性。

竞业限制在保护经营权的同时，何以会限制劳动权甚至造成对劳动权的侵害，究其本质就在于该经营权承载了两类相互矛盾或冲突的不同利益，即经营权在保护商业秘密及其他竞争利益的同时，却限制了劳动者的择业自由。竞业限制对劳动权的合理限制，属竞业限制制度之内的价值诉求，属应然范畴；而其对于劳动权的不合理限制乃至侵害，则属竞业限制制度之局限或不足，属实然范畴。

权利相互性理论却认为，一项权利的实现必然意味着对另一项权利的侵害。② 首先，该理论不仅从本质上否定了法定权利的合法性，而且混淆了应然与实然的关系。其次，如前所述，以权利相互性理论解释权利冲突，在理论上存在诸多缺陷，如，（1）权利相互性理论将特定情形之下的权利相对性主观臆断地普遍化了，这与实践不符；（2）权利相互性理论仅认识到权利边界的模糊性，却

---

① 郑玉波. 民法总则 [M]. 北京：中国政法大学出版社，2003：61
② 苏力.《秋菊打官司》案、邱氏鼠药案和言论自由 [J]. 法学研究，1996（3）：68-69.

忽略了权利边界既具有模糊性也具有清晰性这一双重性质。再次，权利相互性理论将权利冲突直接视为所谓的"权利的相互性"，存在逻辑上的矛盾。因为，权利冲突通常存在于制定法（或实在法）之中，而在制定法中法定权利通常是有明确界限的，越界行使权利则会构成权利滥用或对法定义务的违反。可见，法定权利在逻辑上不存在所谓的"相互性"。最后，权利相互性理论也并非美国经济学家科斯的发现。科斯在其《社会成本问题》一文中并未提及"权利的相互性"，仅提到"问题的相互性"。该"问题的相互性"的前提是假定交易成本为零。基于科斯"由法律制度调整权利需要成本"即"无成本即无权利"的断言，假如交易成本为零，自然就不存在所谓的"权利的相互性"。①

权利相互性理论就其理论根基而言，就存在"先天不足"，就其理论本身而言也存在诸多缺陷，因此，无法成为分析权利冲突成因的理论依据，也与经营权与劳动权冲突的前述理论及实践不相符合。

第三节 利益有限性与权利多样性的矛盾

一、利益的有限性与权利的多样性

利益是人类赖以生存和发展的物质生活条件，该物质生活条件具有有限性。利益的有限性主要是指利益对象的有效供给不足，或者用以满足人们生存竞争及在满足期待与愿望过程中的竞争所需求的现存资源有限。② 该利益对象的有效供给不足或现存资源有限，又分为绝对不足或有限和相对不足或有限。如果利益对象的有效供

---

① 罗纳德·哈里·科斯. 论生产的制度结构［M］. 盛洪，陈郁，译. 上海：上海三联书店，1994：142，157，172.

② 张玉堂. 利益论——关于利益冲突与协调问题的研究［M］. 武汉：武汉大学出版社，2001：66. ；罗斯科·庞德. 法理学（第3卷）［M］. 廖德宇，译. 北京：法律出版社，2007：16.

给绝对不足或者现存资源绝对有限,将会导致人类的生存危机;若利益对象的有效供给相对不足或者现存资源相对有限,则将阻碍或者延缓人类社会的发展。利益对象及现存资源的相对不足或有限,又通常与人类欲望或渴求的无限性密切相关。就此而言,权利对于利益的确具有一定的依赖性,换句话说权利是具有成本的。正如霍尔姆斯与桑斯坦教授所言:"权利之间的一些冲突根源于全部权利对有限的预算费用的一般依赖性。单是财政限制就排除了所有基本权利在同一时间被最大限度执行的可能性。权利总是需要或者包含着金钱性质的权衡,并且开支模式在某种程度上是由政治决定的。关注成本有助于解释为什么财产权会与财产权相冲突,为什么地方警察局已经派它唯一的巡逻队保卫张三豪华的宅院后就不能充分保护李四荒废的家宅。"①

如前所述,随着现代科学技术的迅猛发展,人们也许可以预见到一个物质极大丰富的时代。然而,在科学进步的同时也会唤起人类新的追求和欲望。该追求和欲望增加的速度,也许会和可利用的财富的增加速度一样,甚至超过现存的可利用的财富的增长速度。可见,利益对象供给之增加也并不必然会缓解人们之间的利益冲突②,从而说明利益的有限性并非主要源于利益对象的有效供给不足,也并非主要源于用以满足人们生存竞争及在满足期待与愿望过程中的竞争所需求的现存资源有限,而是源于人的欲望的无限性,归根结底取决于利益的二重性,即利益是主观与客观的辩证统一体。就利益的客观性或称物质性而言,由于"具体的物质形态在时间和空间上都是有限的,都具有或大或小的体积和规模,都有其产生、发展和灭亡的或长或短的过程"③。这就决定了,作为具体的物质形态的利益自然也是有限的。就利益的社会性而言,由于作

---

① 史蒂芬·霍尔姆斯,凯斯·R. 桑斯坦. 权利的成本:为什么自由依赖于税 [M]. 毕竞悦,译. 北京:北京大学出版社,2011:73.

② 张王堂著. 利益论——关于利益冲突与协调问题的研究 [M]. 武汉:武汉大学出版社,2001:66.

③ 萧前,李秀林,汪永祥主编. 辩证唯物主义原理 [M]. 北京:北京师范大学出版社,2012:57.

为利益主体的人的欲望的无限性，更进一步加剧了利益的相对有限性。

权利的"法力性"才是其基本属性。如前所述，正如德国法学家梅克尔氏所言："权利之本质乃享受特定利益之法律上之力也。"就法定权利而言，法律的确认或保护才是权利得以存在的前提和基础。因此，权利冲突的原因并非主要归结于权利要素中具有物质性的利益的有限性，而应主要归结于权利要素中具有社会性的法律规制水平的有限性，即应更多地归结于法律规制的欠妥当或不周延。在由法律调整或规范的并具有多样性的权利与具有有限性的利益这一矛盾中，权利的多样性才是矛盾的主要方面。权利的多样性主要包括权利主体的多样性与权利内容的多样性。该具有多样性的权利的多元需求，与人类有限的可有效支配的利益对象及资源之有效供给不足之间的矛盾，即利益的有限性与权利多样性之间的矛盾，是权利冲突的主要原因之一。

二、权利主体的多样性

权利主体与人权主体是两个不同的概念。相对而言，权利主体是一个宽泛的概念，是指包括人权在内的各种权利的享有者和承担者。基于权利的性质、种类及类型的不同，权利的主体也不尽相同。概括起来，权利的主体有个人、团体（政党、社团、企事业单位等政治法人、社团法人、财团法人等）、民族、国家、政府、国际组织等。① 可见，权利的主体具有多样性，该多样性表现为权利的主体依其性质及其类型不同而各有不同。权利主体的多样性，首先就是权利主体的普遍性，其次应承认权利主体的独特性，以及权利主体对权利的差异性要求。权利主体的普遍性也就意味着权利主体具有多样性，权利的多样性既包括权利主体性质的多样性也包括权利主体类型的多样性。

"权利主体是逐步扩大的，即一部分人先享有法定权利，然后

---

① 张文显. 人权的主体与主体的人权［J］. 中国法学，1991（5）：26.

推而广之及于其他人。"① 权利主体从有限主体到普遍主体，从其主体的有限性到多样性，是一个历史演变的过程。在奴隶社会，奴隶只是奴隶主的私人财产，还不是法律关系的主体，更谈不上是权利的主体，只有少数奴隶主才是权利的主体。由于当时商品经济的欠发达，除了人权主体之外，也鲜有其他类型或性质的权利主体。在封建社会，作为权利主体的类型之一——个人即人权主体，农奴开始有了一定的人身自由，也就拥有了一定的主体资格。其他类型的权利主体，如手工业行会、宗教团体等社团法人也开始出现。

进入资本主义社会后，资产阶级启蒙思想家所提出的古典人权理论认为，人权的主体具有普遍性，但是这种被宣称的普遍性其实在实践中并没有得到真正的实施，实际上依然是有限的。这一时期，作为财团法人的东印度公司，作为国际组织的欧洲的莱茵河、易北河等国际河流委员会，及此后的国际电信联盟（1865）、万国邮政联盟（1875）乃至后来的联合国等，以及政党等政治法人也都相继出现并成为权利的主体。但是，仅就人权主体而言，直到1948年12月，联合国大会通过了《世界人权宣言》，才标志着人权主体普遍性在理论上的确立，也标志着权利主体多样性在理论上的确立。②《世界人权宣言》第2条规定："人人有资格享受本宣言所载的一切权利和自由，不分种族、肤色、性别、语言、宗教、政治或其他见解、国籍或社会出身、财产、出生或其他身份等任何区别。"③

由于人权包含于权利之中并属权利的重要内容，因此，"人权主体"的普遍性是"权利主体"普遍性的重要体现。虽然权利主体的"普遍性"并不等同于权利主体的"多样性"，但是二者密切相关。权利主体的"普遍性"在一定意义上也同时意味着权利主

---

① 郝铁川. 权利实现的差序格局［J］. 中国社会科学，2002（5）113.

② 徐显明. 权主体界说［J］. 中国法学，2001（2）：53-55.

③ 葛明珍.《经济、社会和文化权利国际公约》及其实施［M］. 北京：中国社会科学出版社，2003：177.

体的"多样性"。因此,"人权主体"从有限性到普遍性乃至多样性的历史演变过程,也基本可以印证"权利主体"从有限性到多样性的历史演变过程。

依马克思的唯物史观,在作为人类社会最初形态的初民社会,并不存在法律上的权利或法定权利。因为,"法律是统治阶级意志的表现"①。如在原始社会,由于没有国家和法律,因此,原始社会也就没有经法律所确认和维护的法定权利。法定权利和义务是一个历史范畴。然而权利并不仅限于法定权利,法定权利只是权利的一种形式,除此之外,还有道德权利和习惯权利。道德权利反映一种正当性的伦理价值诉求,由哲学、宗教的道德原则作为支撑。习惯权利则表示一种制度事实的存在,由约定俗成的生活习俗来支撑。道德权利和习惯权利都可以上升为法律权利,但它们本身并不依赖于法律而存在。在原始社会,由于哲学、宗教与政治均不够发达,因此原始权利主要表现为习惯权利。由于没有法律,自然也就不存在由法律确认或保护的法定权利。② 就此而言,法定权利主体的历史演变过程,不仅是从有限到多样的过程,准确地说应当是从无到有,再到多样的过程。

在原始社会,虽然当时的生产力极度的不发达,人类征服自然的能力极其低下,人类基本处于衣不蔽体、食不果腹,甚至连生命经常都难以自保的状态之下,利益及资源是极度地匮乏和有限。但是,原始社会关系是建立在共同所有、共同劳动、共同分配的经济基础之上的,它借助于公共设施及神灵权威予以认可、维护和强化,表现为社会的公共意志。因此,体现这种公共意志的权利(习惯权利)义务关系是平等的。虽然这种平等并非精心设计的结果,并非属于真正意义上的制度上的平等,但是,首先,该原始习惯权利的诉求是个别的。这种诉求主要为满足基本的生存需要,所指向的主要是自然界和生存意义上的敌人。其次,初民的权利意识

---

① 列宁全集(第15卷)[M].北京:人民出版社,1959:146.
② 夏勇.人权概念起源——权利的历史哲学[M].北京:中国社会科学出版社,2007:13-14.

是模糊的。一方面没有明确的权利要求，另一方面没有明确的权利义务概念。之所以如此，主要是因为处于初民社会的"人类还没有太多的堕落与邪恶，因而，个人没有太多的需要通过设定和维护权利来抵抗别人，尤其是权势者和有组织的国家暴力对自己作为人的尊严和价值的侵渎"①。正是由于原始习惯权利存在以上特征，才使得初民社会不仅不存在法律上的权利冲突，而且来自于原始习惯上的权利冲突和矛盾也是非常有限的。

回望当代，随着科学技术的不断进步和发展，人类征服自然的能力已经有了极大的改观，可供人类支配的物质资料及其他有效供给的总量相对而言也已经比较丰富。也就是说，与初民社会相比，可供当代人类支配的利益的有限性已经得到了极大地缓解。但是，众所周知，当今之人类，不仅依然面临着来自自然的生存危机，如非洲的干旱、饥饿与疾病，而且面临着来自人类自身的更加严峻的生存危机和挑战，如核武的威胁、地区及国家之间的武装冲突与暴乱等，都是当今世界权利冲突日益加剧的最佳明证。足见，在利益有限性与权利主体多样性的矛盾中，权利主体的多样性才是矛盾的主要方面。

三、权利内容的多样性

权利是一个极其抽象与复杂的概念。自从古罗马人在其"私法"中使用"权利"这一概念至今，有多少人给权利下过定义，又下过多少次定义，似乎难以考证，但就目前学界所掌握的现有资料而言，仅从国外引进的并为大家所耳熟能详的权利概念或定义来看就不下十余种。② 如康德教授所言：问一位法学家"什么是权利？"就像问一位逻辑学家一个众所周知的问题"什么是真理？"同样使他感到为难。他的回答很可能是这样，且在回答中极力避免同义语的反复，而仅仅承认这样的事实，即指出某个国家在某个时

---

① 夏勇. 人权概念起源——权利的历史哲学 [M]. 北京：中国社会科学出版社，2007：20-21.

② 范进学. 权利概念论 [J]. 中国法学，2002（2）：15.

期的法律认为唯一正确的东西是什么，而不正面解答提出来的那个普遍性的问题。对于权利的类型，从科学的理论体系来看，康德将权利的体系分成自然的权利和实在的权利。权利在与他人的关系中，提供一种法律上的行动权限。从这一角度来看，康德又将权利分为天赋的权利和获得的权利。在对于权利科学的次一级的分类中，康德将权利分为两个次一级的权利，即私人权利（司法）和公共权利（公法），前者由自然权利构成，后者为文明权利。私人权利与公共权利，基本上构成了权利的全部。前者诸如物权、人身权等，后者诸如国家的权利、民族的权利以及人类的普遍的权利等。① 康德以上论及的权利虽未仅限定于法定权利，但法定权利显而易见已成为其讨论的主要内容，而且该法定权利内容的多样性也已显而易见。法定权利又可分为以下几大类：宪法上的权利；民法上的权利；公法上的权利。

（一）宪法上的权利

权利内容种类繁多、范围广泛，既有基本权利，也有一般权利。宪法作为国家的根本大法，不可能、也没有必要对权利主体的各种权利一一加以规定。因此，宪法所确认的只能是一些基本权利。该类基本权利决定着权利主体在国家中的法律地位，是权利主体为满足生产、生活以及其他正当需要所应必须享有的权利。② 所谓基本权利，主要是指那些对于人不可缺少的、不可取代的、不可转让的、稳定的并具有母体性的、平等的共同权利。基本权利之所以必须由宪法认可和规定，根本的原因就在于基本权利所具有的"基本"属性。宪法如果离开了基本权利就是没有灵魂的宪法，基本权利如果离开了宪法则成为被抽掉了脊梁的基本权利。③

宪法上的权利，或称基本人权具有复杂的多样性。其分类方法

---

① 康德. 法的形而上学原理——权利的科学 [M]. 沈叔平译. 北京：商务印书馆，2009：41，52-55，78，142-143.

② 李龙. 宪法基础理论 [M]. 武汉：武汉大学出版社，1999：155-156.

③ 徐显明. "基本权利"析 [J]. 中国法学，1991（6）：28.

也是多种多样的，既有学理分类，也有注释宪法学意义上的分类。在学理分类中，较早的见之于德国19世纪宪法学集大成者耶利内克"公民对国家的地理理论"中的经典分类。耶利内克认为，公民对国家分别存在四种不同的地位，由此相应地派生出四种不同的权利或义务，即公民的义务、公民的自由权（如人身自由、精神自由和经济自由等）、公民的受益权（如诉讼权、请愿权等）及公民的参政权（如选举权和被选举权等政治权利）。近代出现的"二分法"的分类模式中，英国哲学家柏林（Berlin）将自由分为"消极自由"（negative liberty）和"积极自由"（positive liberty）两种类型。在当代又出现了"三代人权分类法"，即第一代的"三大自由"（人身自由、精神自由和经济自由）、第二代的社会权和第三代的"集体权利"（如生存权、发展权和民族自决权等）。

学理分类虽在认识论上具有重要意义，但是较易偏离实在的宪法规范本身所确立的权利体系。因此，各国宪法基本都采取了尊重本国宪法所确立的权利规范体系的分类方法，即注释宪法学意义上的分类法。在该分类方法中，我国宪法学界有较早出现的十大分类法，还有此后出现的四大与五大分类法及其他分类方法。无论在哪一种宪法权利分类中，均涵盖于平等权、人身权、精神自由权、社会经济权利、政治权利及获得权利救济的权利等基本权利之中。[①]如劳动关系中的经营权与劳动权，就包含在上述的社会经济权利之中。

除上宪法确认的基本权利之外，另一大类极为重要的权利就是由依据宪法而产生的一般法律所规定的权利。宪法权利是母权利，由一般法律规定的权利是子权利。宪法权利是抽象权利，而一般法律权利则是具体权利。但是，宪法权利与一般法律权利并非是截然分开的两类权利。事实上，宪法和一般法律同时保护某个具体权利的情形是经常存在的。也就是说，宪法规范和一般法律规范同时对某个权利给予保护，并且不存在分歧，只是，这两种法律规范在保

[①] 韩大元，林来梵，郑贤君.宪法性专题研究[M].北京：中国人民大学出版社，2008：300-305.

护该权利时是有所差异的,并且可能出现冲突。如前者给予权利抽象保护,而后者给予权利的保护则属具体保护。前者的保护效力高于后者,当二者发生冲突时,必须以宪法的规定为准,一般法律对该权利的保护效力必须服从于宪法对该权利的保护效力。①

(二) 民法上的权利

就普通的法律权利而言,其最为重要的权利就是由民事法律所确认或保护的民事权利。史尚宽先生认为:"权利云者,依法律之担保,得贯彻主张某利益之可能性也。"史先生将民法上的权利分为公权和私权。以政府生活上的利益为内容的,称为公权;以社会生活上的利益为内容的,称为私权。对于私权,史先生提出了"五分法":基于权利主体之分类,有身份权、专属权;基于权利效力所及之范围而为之分类,有绝对权和相对权;基于权利标的之分类,可分为人格权、财产权、物权、能权、债权、亲属权、继承权、无体财产权及社员权;基于权利作用之分类,有支配权、形成权、期待权、请求权和抗辩权;基于权利相互关系之分类,有原权利和救济权,主权利和从权利等。②

王泽鉴提出了民事权利分类的"四分法":首先,在以权利标的为标准的分类中,将各类权利归纳为非财产权和财产权。其次,提出以权利成立全部要件已否具备为标准,分为既得权和期待权。其余分类方法,与史先生略同。③

郑玉波也将权利分为公权和私权。对于私权的分类,郑玉波认为可以先由权利所含有的两种因素上分析,即先由"特定利益"上着眼,也就是依其标的而区分,是为静的观察;然后由"法律上之力"着眼,也就是依其作用而区分,是为动的观察;最后再由其他种种标准加以区别。如依标的区分有财产权和非财产权,以

---

① 莫纪宏.现代宪法的逻辑基础[M].北京:法律出版社,2001:436.

② 史尚宽.民法总论[M].北京:中国政法大学出版社,2000:18-29.

③ 王泽鉴.民法总则[M].北京:北京大学出版社,2009:69.

作用区分有支配权、请求权、变动权（如形成权、抗辩权及可能权等），以及以其他标准区分还有绝对权和相对权、主权利和从权利、专属权与非专属权、既得权与期待权等。①

谢怀栻则将我国的民事权利体系概括地划分为以下五个大类：人格权、亲属权、财产权、知识产权、社员权。对于一些不具独立性质的权利（如选择权、解除权）、一些期待权（如继承开始前的继承权），虽然从实质上看，与一些独立的、实定的权利不同，仍将之归入整个民事权利体系之中。② 谢先生将知识产权从传统的财产权（无体财产权）中独立出来，并将其单独作为民事权利的一大类型，对于深入探寻民事权利的形成及发展规律，以及加强知识经济条件下的知识产权保护，无疑具有重要意义。

（三）其他公法上的权利

其他公法上的权利，是指除宪法之外的其他公法上的权利，如刑法、行政法等国内公法以及国际公法上的权利。依照德国法学家奥托马·比勒尔（Ottmar Bühler）教授给公法权利所下的定义，所谓公法权利是指"人民基于法律行为或以保障其个人利益为目的而制定之强行性法规，得援引该法规向国家为某种请求或为某种行为之法律地位"③。公法权利存在于公法之中，德国法学家格奥格·耶利内克（Georg Jellinek）认为，客观公法制度是主观公法权利的基础。公法权利与私法权利密不可分，没有公法权利也就没有私法权利。公法权利是以权利人的人身属性为基础的权利，在本质上不是法律上的交易和私人处分的对象。至少在原则上，公法权利不能直接从一个具有人格的人移转到另一个具有人格的人身上。在国家身上则存在着这一原则的例外。国家既可以在国际交往中向他国移转权利，也可以在内部向服从国家的个人和团体移转权利。同

---

① 郑玉波.民法总则[M].北京：中国政法大学出版社，2003：64-72.
② 谢怀栻.论民事权利体系[J].法学研究，1996（2）：69-70.
③ 奥托马·比勒尔.公法权利及其在德国行政裁判上之保护（Ottmar Bühler, Die subjektiven Ê̈ffentlichen Rechte und ihr Schutz in der deutschen Verwaltungsrechtsprechung, Berlin：Kohlhammer 1914, S. 224.）.转引自徐以祥.耶里内克的公法权利思想[J].比较法研究，2009（6）：109.

时，耶利内克还依不同标准将公法权利分为个人的公法权利、国家的公法权利及团体的公法权利。其中团体的公法权利又分为私法团体的公法权利、公法团体的公法权利、市镇的公法权利、国家联合体成员的公法权利及国际联合体中的国家权利等。①

真正意义上的公法包括宪法、刑法和行政法等国内公法以及国际公法。公法权利自然也可分为宪法上的权利、刑法上的权利、行政法上的权利及国际公法上的权利等。科耶夫教授认为，行政法以及一般意义上的公法只有在冒名顶替的统治者侵害到被统治者利益的条件下，才是法律。在这个意义上，可以说公法确定了被统治者的权利即公法权利。该公法权利不仅包括实体性公法权利，也包括程序性公法权利。这种程序性公法权利，可以让人们认识到第三方的冒名顶替行为，认识到其并没以国家的名义、作为公务员或公民而行为，而是作为私人而行为。此外，刑法之所以经常被纳入公法，主要在于犯罪侵害的是国家自身，因此，这里涉及的是罪犯与国家的关系问题。可见，刑法上的公法权利，它所牵涉相互作用发生在社会本身及其某个成员之间，而私权所牵涉的相互作用则发生在社会的两个或两个以上社会成员之间。②

纯粹法学派的首创人凯尔森将公法权利称为"政治权利"，他认为：如果从一个动态的观点来看，权利的性质是参与法律创造的能力，那么"私法"权利即所谓"私权利"和公法权利即所谓"政治权利"之间的区分，就不像通常所推定的那样重要。政治权利就是公民具有参加政府、参加国家"意志"形成的可能性。简而言之，这就意味着公民可以参与法律秩序的创造。作为公民的政治权利，选举权、被选举权和立法权是民主制度的象征。而从全部法律创造活动中的功能角度来看，私权利和政治权利之间并无实质上的差别。两者都允许权利持有者参加法律秩序、"国家意志"的

---

① 格奥格·耶利内克. 主观公法权利体系 [M]. 曾韬，赵天书，译. 北京：中国政法大学出版社，2012：8-11, 293-310.

② 亚历山大·科耶夫. 法权现象学纲要 [M]. 邱立波，译. 上海：华东师范大学出版社，2011：422, 438, 447-448, 452, 458.

创造。私权利最终也是政治权利（公法权利）。一旦人们理解到以私权利授予个人是民法的特种法律技术，而民法又是政治制度的特种法律技术时，那么，私权利的政治性质就变得越发显著了。①

可见，无论是刑法上的权利、行政法上的权利以及包括宪法在内的其他公法上的公法权利，还是民法上的私法权利，当它们共同地归结为国家法律的创造时，就都或多或少地具有了公法的性质。正是这些种类繁多、性质各异的多样权利，构成了权利的多样性。其具有多样性的权利的多元需求，与人类有限的可有效支配的利益对象及资源之有效供给不足之间的矛盾，即利益的有限性与权利多样性之间的矛盾，是权利冲突的主要原因之一。

第四节　权利平等性与其内容多样性的冲突

一、权利平等性与其内容多样性的矛盾

彼此平等且具有多样性的权利是建立在共同福利的不同要素之上的。如果完全准确地加以限定，各种权利必定可以形成一个和谐的体系。然而这种状态是不容易达到的。因为，没有人可以确切地知道在所有情景中共同福利的所有条件。这就使得各种权利和义务可能是彼此冲突的。因为，一种特定的规则是在十分确切地规定什么是在一种关系中需要的，就是说，单就该关系而言，什么是我们的权利和我们的义务，而另一种规则或许是在同样真实地规定，单就另一种关系或另一种条件而言什么是所需要的。然而，社会生活中的各种关系并不是平行并列的，而是相互交错的，因此，根据一种关系所订立的规则有时会和根据另一种关系所订立的规则发生冲突，进而使得由此类规则设定的权利可能发生冲突。②

----

① 凯尔森. 法与国家的一般理论 [M]. 沈宗灵, 译. 北京：中国大百科全书出版社, 1996：98-100.

② 伦纳德·霍布豪斯. 社会正义要素 [M]. 孔兆政, 译. 长春：吉林人民出版社, 2006：22-23.

权利冲突又可分为同类型的权利冲突和不同类型的权利冲突。该分类方法作为科学的权利划分方法之一已经被相关立法所承认,如,我国《澳门地区民法典》第327条规定:"在相同或同类权利上出现冲突时,各权利人应尽量妥协,使有关权利能在不对任一当事人造成较大损害之情况下同样产生效力;权利不相同或其所属类别不相同时,以在具体情况下应被视为较高之权利为优先。"

二、同类型权利之间的冲突

同类型权利之间的冲突又可分为两种情形:第一种被称为狭义的同类型权利之间的冲突,是指权利性质完全相同的两种或两种以上权利之间的冲突,如生命权与生命权之间的冲突、名誉权与名誉权之间的冲突等。第二种被称为广义的同类型权利之间的冲突,除了包括权利性质完全相同的权利冲突之外,还包括权利属性基本为同一类型的权利之间的冲突,如生命权之间的冲突、人格权之间的冲突、公权力(利)之间的冲突、私权利之间的冲突等。权利冲突的类型化分析离不开公权与私权或公法与私法这一权利或法律部门的基本分类方法。①

公权力(利)与私权利的分类源于公法与私法的划分。公权力(利)也可称为公法上的权利(力),主要由以宪法为首的行政法、刑法以及国际公法等公法予以调整,如宪法基本权利及行政命令就是典型的公权利(或公权力)。可见,在公法领域,"权力"与"权利"二者在概念上虽有所区分但其内涵有时会交叉或重叠,因为二者的来源具有相似性,即均来源于私权利。此外,虽然公法"权力"通常强调支配、控制与服从,而公法"权利"则通常与公法义务相对应。但是,二者也具有内在一致性,二者内在统一于利益,都以追求一定的利益为目的,都是为维护特定利益的"法律上之力"。某些"权利"的实现往往依赖于"权力"的行使。因为,"权力"的背后往往是"利益"。

---

① 郭明瑞.权利冲突的研究现状、基本类型与处理原则[J].法学论坛,2006(1):7.

无论是同类公权力还是同类私权利,由于权利的平等性与其内容的多样性之间的矛盾或不和谐,均可能发生冲突。具体而言,无论是在同类公权力之间或者在同类私权利之间其权利在性质上都是平等的,而每一同类权力或权利之中,均包含多种具体性质或内容并不完全相同或具有一定差异性的具体权利(力)。如公权力之行政权力之中还包含行政命令权力、行政处罚权力及行政拘留权力等,私权利之人身权之中还包含人格权、身份权等,人格权之中又有生命权、健康权及名誉权等。这些权利从某一较大范围来看性质上属于同一类权利,但是如果从另一较小范围或者更为具体的范围来看,各个具体权利之间就具有一定的差异性。如商标权、专利权和版权均属于知识产权同一类型之中,但是商标权、专利权及版权各个具体权利之间依然具有一定的差异性,或者说各个权利的性质或内容并非完全相同,因而时常也会发生冲突。如权利人因具有独创性的商标标识而享有的商标权也可能会与他人的美术作品等著作权发生冲突。

可见,同类权利无论在类别上、性质上、内容上也都具有一定的多样性。同类权利之间正是由于该多样性与平等性之间的矛盾和冲突,才导致了同类型权利之间的矛盾和冲突。

三、不同类型权利之间的冲突

对于不同类型权利之间的冲突,既有公权力与私权利之间的冲突,也有不同类型的私权利与私权利之间的冲突。① 公权力与私权利冲突又可分为宪法基本权利与私权利的冲突以及行政权力与私权利之间的冲突等。宪法权利与私权利之间的冲突,如新闻自由权与个人的名誉权和隐私权之间的矛盾和冲突、公民劳动权和一般商事主体的经营权之间的冲突、教育及受教育权利和义务与公民的人身自由权之间的冲突(如个别公民不愿意接受教育)等。行政权力

---

① Stijn Smet, "Freedom of Expression and the Right to Reputation: Human Rights in Conflict." (2010) 26, American University International Law Review 183.

与私权利之间的冲突，如城市拆迁中的行政权力与私权利冲突、城管行政执法权力与商贩的自主经营权之间的冲突、道路交通秩序执法权（如交通管制权）与个人正当的通行权之间的冲突等。①

公权与私权之间的冲突，只是公权与私权在事实上的冲突，而非公权力与私权利在法律上或逻辑上的冲突。公权与私权，正如公法与私法一样，是两道平行线，在逻辑上是不可能发生冲突的，因为所谓法律关系之间在逻辑上的冲突必然是涉及相同的两个法律主体并指向同一行为的两个法律关系之间的冲突。而公法与私法所规定的是不同法律主体之间的关系，它们不是"同类"，所以不可能出现形式逻辑上的"A与非A"的矛盾关系。但是，只要是不同的法律规范对同一法律主体的同一行为作出了相反的或者不同的规范，而无论其是私法规范还是公法规范，均构成法律在事实上的冲突，也就同时构成了权利在事实上的冲突。②

公权中的宪法基本权利冲突，是指复数的基本权利主体为实现相互冲突的利益，向国家主张相互对立的基本权利的适用。如果将宪法基本权利纯粹理解为国家公权的话，不可能出现基本权利冲突现象。但是，当我们把基本权利理解为既是公权又是"法秩序整体的原则规范"（基本权利二重性）时，作为"客观秩序"的基本权利对私人间的关系发挥直接或间接的影响（基本权利的第三者效力）。当依据基本权利可以实现私人间对立的利益时，基本权利之间的冲突以及宪法基本权利与私权利之间的冲突就转化为私人权利之间的冲突，由此使得宪法基本权利之间的冲突、基本权利与私权利之间的冲突成为宪法的内容。③ 贾桂花诉北京电影学院青年电

---

① Ofer Raba, "Conflicts of Rights: When the Federal Constitution Restricts Civil Liberties" (2012) 64, Rutgers Law Review 381.
② 王涌.权利冲突：类型及其解决方法 [A].中国政法大学民商法教研室主编.民商法纵论：江平教授70年华诞祝贺文集 [C].中国法制出版社，2000：125.
③ 权宁星.基本权利的竞合与冲突 [J].韩大元，译.外国法译评，1996（4）：78.

影制片厂侵害肖像权案,即是宪法基本权利之言论自由权与私权利之人格权冲突的典型案例。①

公权中的行政权具有强制性、支配性、执行性与公共性等特点,而且行政权的扩张与膨胀,已经成为当今世界各国一个不争的事实。② 因此,即便在现代民主制度下,行政权与行政相对方权利(相对于公权也可被称为私权)之间,除了存在一致性之外,依然存在着经常的,有时甚至是复杂激烈的矛盾与冲突。因为,作为法律资源的行政权和私权,在目前总量较为有限、稀缺的情况之下,主体双方均难达到充分满足,以及行政权本身就具有扩张性、侵犯性、任意性的内在基因,使得不断的矛盾和冲突,成为行政权和私权两者关系中最为明显、突出的表征。③

不同类型私权之间的冲突更为广泛,如知识产权与人格权冲突、知识产权与物权冲突以及人身权与身份权冲突等。知识产权与人格权之间的冲突,主要表现为知识产权与姓名权、肖像权、名誉权等人格权的冲突以及著作权与隐私权冲突等。在我国,较早体现知识产权与人格权冲突的案例有 1987 年"杨沫名誉权侵权纠纷案"以及 1988 年人体模特控告中央美术学院"人体艺术展"举办者侵犯他人名誉权案。④ 至于人格权与身份权之间的冲突,所谓的"婚内强奸"及妻子拒绝怀孕或者生产等情形,就是该权利冲突的典型案例,反映了妻子的人身自由权与丈夫的同居权及生育权之间的冲突等。

---

① 北京市海淀区人民法院(1993)海民初字第 3991 号《民事判决书》及北京市第一中级人民法院(1995)中民终字第 797 号《民事裁定书》。
② 沈亚平等. 公共行政研究[M]. 天津:天津人民出版社,2013:245-246.
③ 罗豪才. 论行政权、行政相对方权利及相互关系[J]. 中国法学,1998(3):6.
④ 李永明,张振杰. 知识产权权利竞合研究[J]. 法学研究,2001(2):89.

第五节　权利界限的模糊性与交叉性共存

一、规则精确制定的相对性

对于权利冲突，英国著名学者 A. J. M. 米尔恩教授认为法定权利不可能存在冲突。道德权利基于：（1）限定的局限；（2）特定道德里不同价值之间所固有的不和谐；（3）社会利益的要求与对社会成员的某些权利的尊重之间的不和谐等原因，会相互冲突。基于"规则必须制定得足够精确"这一前提，米尔恩认为，法定权利通常不可能相冲突，因为实在法不允许它们之间发生冲突。所有的法定权利要服从于司法的界定和解释，并且由法院决定特定的法定权利授权权利主体享有什么。一份支持一方反对另一方的司法判决，便消除了各方法定权利冲突的可能性。当然，实在法并不限于通过司法界定和解释来限制既存权利。新的权利还可以由立法即通过制定授予权利并规定相应义务的规则来创立。此外，立法还可以通过废除或更改授权规则而废除或更改既存权利。米尔恩进一步强调，不过，无论是创设权利还是废除或者更改既存权利，在所有的立法中，规则必须制定得足够精确以使法院能够确定所规定的义务在具体的场合是否可以被有效履行。①

足见，对于法定权利不可能相冲突的判断，米尔恩是建立在"规则必须制定得足够精确"这一假定基础之上的。而在现代法治条件下，这一假定基本上是难以实现的。因为，人类社会和自然界一样都有其发展、变化的客观规律，都是一个自然演进的发展过程。人类对于该客观规律的认识也是一个发展、渐进的历史过程，即人类的认识能力总是有限的，还无法完全本真地将法律规则和权利本身的"真面目"及其运动规律充分地展示在人们面前。在当代，甚至于更长一段时期，立法者创制法律、制定规则、界定权利

---

① 米尔恩. 人的权利与人的多样性——人权哲学 [M]. 夏勇，张志铭，译. 北京：中国大百科全书出版社，1995：148-149，174.

的水平依然有限，要求"规则必须制定得足够精确"还需要人类社会长期不懈的努力，欲在短期内实现这一目标，还只能是人类的法律理想。因此，法定权利于事实上存在冲突将是人类社会无法回避的客观法律现象。

米尔恩在论述道德权利时认为：存在人的权利发生冲突的情况。在大多数场合，虽然不是在所有的场合，这种情况展现在某人所承担的与每一项权利相应的义务之间的冲突之中。他不可能同时履行它们，这意味着他必然要不尊重其中的一项权利。如一个人对他的同事承若将代表他们去出席一个重要会议，但是，他在半路上因为一起交通事故受阻并且因此需要救助一个受伤严重的妇女。他的同事对其享有代表出席会议的履约请求权，受害妇女对其则享有的救助请求权，这时，他必须在守约而牺牲受害妇女接受救助的请求权和帮助受害妇女而牺牲同事对他的履约请求权之间作出选择。米尔恩原本认为权利冲突的来源是共同道德，事实上，他所列举的案例涉及的履约请求权基于当事人的约定理应可以产生并上升为具有法律效力的履约请求权，受害妇女的救助请求权既可以源于道德上的请求权，也完全可能基于义务人的主观过错等情形而使受害妇女享有法律上的救助请求权。对于米尔恩所列举的另一案例，即官方就安全事务进行公共调查时享有询问记者的权利，记者负有与这一权利相应的回答询问的义务。但是，新闻记者又负有不泄露消息来源的义务。这时，官方询问的权利就可能与提供消息者的保密请求权发生冲突。虽然米尔恩也认为该案例中的权利冲突也来源于共同的道德，但是，其已经承认"官方的权力权虽然包含在社会责任原则中，但也是一项法定权利"。只是，米尔恩以"法律至上原则要求法定权利优先于道德权利和习俗权利"为由，依然认为"就所涉及的法律而论，不存在什么冲突"①。

可见，米尔恩认为权利冲突来源于共同道德，道德权利才会冲突，是因为道德规则具有抽象性和模糊性。其认为法定权利不可能

---

① 米尔恩. 人的权利与人的多样性——人权哲学 [M]. 夏勇，张志铭，译. 北京：中国大百科全书出版社，1995：145-148.

发生冲突，因为法律规则可以制定得足够精确，具有确定性、具体性等特征。然而，法律规则所具有的确定性或精确性总是相对的、具体的，并非绝对的。例如，作为法律规则的诚实信用原则，既是市场经济活动的一项基本道德准则，也是现代法治社会的一项基本法律原则。众所周知，诚信原则作为法律规则其性质具有高度的抽象性，该高度的抽象性自然地将会产生一定的模糊性和不确定性。可见，想当然地认为法律规则都是精确的、具体的，失之偏颇。

事实上，在米尔恩所列举的以上案例中，法律对于履约请求权与救助请求权、安全事务调查权与保密请求权等规则若果真可以"制定得足够精确"，也许就不再存在权利冲突的现象。然而，这一假定在现实中是难以实现的。由此反推，法定权利于事实上存在冲突是可能的。该权利冲突正是源于法律规则的非足够精确（或不确定性）以及法定权利界限的非完全清晰界定。法定权利界限之所以难以完全清晰界定，除由于法律规则的不确定性之外，还源于权利界限的模糊性与交叉性。

二、权利界限的模糊性

（一）法律规则的不确定性与权利界限的模糊性

权利界限的清晰界定，往往十分困难且极其复杂，并非仅凭简单的数字演算或者严密的逻辑推理就可以轻松解决的。如美国联邦最高法院大法官霍姆斯（Oliver Wendell Holmes）所言："证明体系的逻辑一致性要求某些特定的结论是一回事，但这并不是全部。法律的生命不是逻辑，而是经验。……法律蕴含着一个国家数个世纪发展的故事，我们不能像对待仅仅包含定理和推论的数学教科书一样对待它。"① "法律的确像任何其他事物一样，是一个合乎逻辑的发展过程"，但是如果以为法律"能够像数学那样从某些行为的一般公理中推导出来"，甚至认为"在法律发展中唯一发挥作用的

---

① 小奥利弗·温德尔·霍姆斯著. 普通法 [M]. 冉昊，姚中秋，译. 北京：中国政法大学出版社，2006：1.

力量是逻辑",乃是一大"谬误"。①

现代法治社会要求人类应服从于社会普遍规则的治理。而具有普遍性的社会规则本身却又暗含着一个极其重要的逻辑前提,那就是该社会规则的普遍性与确定性,即该社会普遍规则应当是一个具有普遍性、确定性以及逻辑上和谐一致的法律规则。然而,在现实中,如前所述,以为法律"能够像数学那样从某些行为的一般公理中推导出来",甚至认为"在法律发展中唯一发挥作用的力量是逻辑",这样的观念乃是一大"谬误",这样的期盼也只能是人类的法律理想。况且,法律规则的"确定性"本身并不排斥规范的模糊表达,它只要求规范足够精确而且在根本上是适用的,亦即能够按照行为的引导性规则那样行为。②

可见,足够精确的法律规则的制定,及法律在逻辑上的完满状态,在现实中是难以实现的,从而使得,对权利界限绝对的清晰界定基本上是不可能的。换句话说,法律规则的不确定性以及法律在逻辑上的非完满状态,决定了权利界限清晰界定的相对性。正是该相对性,才导致了权利界限的模糊性及不确定性。因此在实践中,在权利界限的模糊地带,事实上的权利冲突也就难以避免。

(二) 法律语言的模糊性与权利界限的模糊性

由于人们对事物认识的模糊性、用于思维的概念所缺乏的稳定性,以及有限的语言所要表达的社会现象的无限性等,而不得不使得法律具有概括性,从而使得法律语言的确定性是相对的,模糊性则是绝对的。③ 法律语言的模糊性正是"法律确定性"领域的一个难题,即法律的"基本概念是复杂的或者含混的"④。

---

① 小奥利弗·温德尔·霍姆斯. 法律的道路 [A]. 斯蒂文·J. 伯顿主编. 法律的道路及其影响——小奥利弗·温德尔·霍姆斯的遗产 [C]. 张之梅、陈绪刚,译. 北京:北京大学出版社,2012:330.
② 马克·范·胡克. 法律的沟通之维 [M]. 孙国东,译. 北京:法律出版社,2008:133.
③ 宋北平. 法律语言 [M]. 北京:中国政法大学出版社,2012:69.
④ 布赖恩·比克斯著. 法律、语言与法律的确定性 [M]. 邱昭继,译. 北京:法律出版社,2007:192.

第二章 竞业困局之根由：经营权与劳动权的冲突

　　法定权利的界限主要是通过法律上的逻辑语言予以表达及确认的，如制定法本身就离不开法律语言的立法表达，司法判决所使用的语言也主要是与法律相关的逻辑语言，该法律语言本身就具有一定的模糊性。① 霍姆斯大法官在批判概念法学派时指出："逻辑方法与形式迎合了人们渴望确定性和存在于每一个人心灵中的恬静感受。然而，确定性一般来说是一个幻觉，而心灵的恬静并非人之天命。在合乎逻辑的形式的背后，存在着对于相互竞争的立法根据的相对价值和重要性的判断，这个判断常常是一个无从言喻且未自觉意识到的判断，这是真实存在的，而且还是整个秩序的根基和关键。你们可以为任何结论找到一个合乎逻辑的形式，你们可以总是找出某一合同中的默示条件。但你们为什么默示设定这一条件？这是因为它是有关社会或某一阶级的习惯做法的某些信条，或是因为有关政策的某些意见，或者简言之，是由于针对某一事物并不具备确切的数量上的计量时，因此不具备有确切的合乎逻辑的结论根据时你们的某种态度。"②

　　可见，法律语言并不是绝对高度精确的。"精确"的确是法律文件的独有特征得以形成的驱动力量，但是，"精确"不一定就意味着极度清晰——它也可能包括采用适当的模糊性或灵活性。③ 实践中，法律语言在表达立法及创设或确认权利时，其所表达的实质内容并非像其外在形式那样，即实现了法律规则制定得足够精确并达到了法律、权利界定等在逻辑上的完满状态。

　　权利界限的模糊性除了源于法律规则的不确定性及模糊性，还

---

　　① Daniel H. Erskine, "Judgments of the United States Supreme Court and the South African Constitutional Court as a Basis for a Universal Method to Resolve Conflicts Between Fundamental Rights"（2008）22，Saint John's Journal of Legal Commentary 595, 638.

　　② 霍姆斯. 法律的道路 [A]. 斯蒂文·J. 伯顿主编. 法律的道路及其影响——小奥利佛·温德尔·霍姆斯的遗产 [C]. 张之梅，陈绪刚，译. 北京：北京大学出版社，2012：330-331.

　　③ 约翰·吉本斯. 法律语言学导论 [M]. 程朝阳，毛凤凡，译. 北京：法律出版社，2007：45.

源于法律语言的模糊性。牛津大学法学院院长、法哲学教授蒂莫西·A.O.恩迪科特（Timothy A. O. Endicott）认为："模糊性以及因模糊性而产生的不确定性是法律的基本特征。""模糊性是法律不确定性的典型来源，也是其十分重要的来源。同公开承认法官享有自由裁量权以及传统上赋予法官以创造法律的权力一样，模糊性也是司法自由裁量最重要的来源之一。但是和不确定性的其他来源譬如歧义不同，模糊性是法律的一个必要特征。"与"极端的不确定性"论者有所不同，作为"不确定性"论者，恩迪科特同时强调："虽然并非所有的法律都是模糊的，但是在不同的法律制度中必然包含模糊的法律。当法律模糊的时候，其结果是人们的法律权利、义务和权力在某些案件中（并非在所有案件中）变得不确定。"①

三、权利界限的交叉性

权利界限的模糊性相对于权利界限的清晰性。具有清晰性的两项或者两项以上的权利之间，由于其边界或界限是清晰的，不同的权利人彼此于各自的权利界限范围内行使权利、承担义务，"楚河汉界、互不干涉"，因此通常不存在冲突。众所周知，由于法律规则具有不确定性，绝对清晰的权利界限在实践中是不存在的。因此，在实践中，权利的界限具有模糊性是绝对的，清晰性是相对的。权利界限的模糊性就决定了权利越界的必然性。如美国著名法学家卡多佐（Benjamin nathan Cawdoyo）所言："格断的墙壁必须稳固牢靠，分界必须清楚明了，否则就会出现重叠、侵占，伴随着不和谐与冲撞。"② 在权利边界的模糊地带，不同的权利主体之间面对共同的权利对象，如各种利益，具有同等的权利诉求，这就出现了权利边界的相互交叉或重叠。在权利边界交叉或重叠的地区，

---

① 蒂莫西·A.O.恩迪科特. 法律中的模糊性［M］. 程朝阳, 译. 北京: 北京大学出版社, 2010: 1, 3.
② 本杰明·N.卡多佐. 法律的成长 法律科学的悖论［M］. 董炯, 彭冰, 译. 北京: 中国法制出版社, 2002: 135.

当不同的权利主体共享某一具体利益之时，权利冲突自然就难以避免。可见，权利界限的模糊性与交叉性密切相关，权利界限的交叉性本身就是权利界限具有模糊性的重要表现。

  权利界限的交叉性与重叠性使得权利冲突具有积极的互动性。由于权利的边界冲突原本就具有交叉渗透的相互作用性，加之，各自不同的权利主体所享有的无论是同类型的权利还是不同类型的权利，该权利之间都既具有差异性又具有共同的平等性、合法性及正当性等特征。因此，当各类（种）权利主体面对同一或同类权利客体，而且该权利客体所指向的具体利益又具有一定的有限性时，权利行使的相互作用性便又或多或少地增添了一定的敌对性。由于法律上的强制性又是法定权利的基本特性，因此，彼此具有敌对性的权利主体各方，由于权利界限的交叉性与重叠性，导致其在交叉与重叠的权利行使过程中，必然会产生显著的对抗性。

第三章　经营权与劳动权冲突化解的理论进路

在我国，多数劳动法学者从保护弱者或者其他角度，主张倾斜保护原则是我国劳动（合同）法的基本原则之一。① 与此同时，权利位阶及优先权论者，又依权利位阶理论强调了劳动权在权利位阶中具有作为基本人权的优先地位，当它与其他权利产生矛盾或冲突时，应受到法律的优先保护。② 该权利位阶及优先权理论一方面强化了倾斜保护原则的合理性及正当性，而另一方面，又有意或无意地回避或忽略了倾斜保护原则的局限性及不确定性。这就使得人们辨别劳动权与经营权权利冲突之真正成因，以及探寻该权利冲突

---

① 如常凯教授认为，依照劳权保障原则，劳动关系双方的权利在劳动法中是不对等的，劳动法所强调的是劳动者的权利。劳权本位是劳动法律体系构筑的基点和核心。常凯主编．劳动法［M］．北京：高等教育出版社，2011：26；黎建飞、关怀等教授指出，充分体现宪法原则，突出对劳动者权益的保护是劳动法的基本原则之一。黎建飞．劳动与社会保障法教程［M］．北京：中国人民大学出版社，2010：16；关怀，林嘉主编．劳动法［M］．北京：中国人民大学出版社，2012：34；董保华教授认为，劳动合同立法应当从倾斜保护出发来认识其立法宗旨。倾斜保护渐成劳动法界的通论。董保华．论劳动合同法的立法宗旨［J］．现代法学，2007（5）：74；王全兴教授则直接提出应优先保护劳动者的利益，他认为，保护劳动者权益原则是劳动法的基本原则之一，而优先保护原则又是保护劳动者权益原则的重要内容。王全兴，黄昆编著．中国劳动法［M］．北京：中国政法大学出版社，2008：21.

② 许建宇．劳动权的位阶与权利（力）冲突［A］．叶静漪，周长征主编．社会正义的十年探索：中国与国外劳动法制改革比较研究［C］．北京：北京大学出版社，2007：71-72. 主张权利位阶及优先权理论的其他学者观点及其辨析，详见本章第一节"权利位阶及优先权理论检讨"部分。

之有效化解路径的视线或方向,变得更加模糊。可见,认清倾斜保护原则、权利位阶及优先权理论之相关弊害,对于辨明竞业限制之经营权与劳动权冲突的真正成因,寻找经营权与劳动权冲突化解的理论进路,均具有重要意义。

第一节 权利位阶及优先权理论检讨

一、"权利位阶"、"优先权"理论及其辨析

权利位阶论者指出,权利有位阶即权利体系中的各个权利种类之间有高低、主次、轻重之分;优先权论者认为,各个权利种类之中有优先存在的权利,即在权利发生冲突时,有一些权利种类相对于另一些权利种类就显得重要,因而优于另一些权利。正如苏力教授所认为的那样,权利之间是有差别的。①

(一)以苏力、王利明、杨立新等为代表的优先权理论及其辨析

(1)苏力的优先权理论及其辨析。

苏力教授认为在法定权利制度化的配置中,存在言论自由这样的优先权。② 他认为:"在现代社会,权利相互性是一种极其普遍的法律现象,科斯所说的公害和污染的现象是这样的,而我们日常生活也经常遇到这种情况。"在苏力教授看来,正是由于该权利相互性的普遍存在,才使得生活中的权利冲突现象是极为普遍的。在阐述权利配置的具体方法时,苏力教授提出了他的核心观点,即

---

① 刘作翔. 权利冲突的几个理论问题 [J]. 中国法学, 2002 (2):65.
② 在苏力教授看来:"社会权利的配置有两种基本的方式,一种是制度化的方式或规则的方式。这种方法既存在于普通法国家,也存在并且更多存在于大陆法国家。这种权利配置以宪法或其他成文法的规则形式将权利规定下来,或通过司法而确立为原则,并通过法学家的理论阐述来限定和解释。例如,言论自由在许多国家,无论是普通法国家还是大陆法国家,都被规定为公民的基本权利,优先于其他权利。"苏力.《秋菊打官司案》、邱氏鼠药案和言论自由 [J]. 法学研究, 1996 (3):70.

"在法定权利制度化的配置中,存在像言论自由这样的优先权"①。

从上述逻辑思路可以看出,"权利相互性理论"是苏力教授论证其"优先权理论"的逻辑起点。而被苏力称为"科斯的重要发现"的所谓的"权利的相互性",其实是其对科斯观点的"绑架"。因为就苏力先生所引用的科斯的《社会成本问题》(1960)一文来看,科斯并未在该文中提出过所谓的"权利的相互性"。所提出的仅是"问题的相互性"。苏力先生从科斯的"问题的相互性",直接推出"权利的相互性"的观点,掩盖了科斯所指称的"问题"所具有的"不法性"。况且,科斯所指称的"问题的相互性",是以假定"市场交易成本为零"作为预设的前提而提出来的。依照科斯"由法律制度调整权利需要成本"的观点,在交易成本为零的情况下,法定权利是不存在的。因此所谓的"权利的相互性"自然也就不存在。②

在现代法治社会中,市场交易是有成本的,由法律制度调整的法定权利同样也是存在的。法定权利由于具有相对清晰的边界,更由于权利本身所固有的属性即确定性,使其不可能具有相互性。一项权利的行使总是对应着另一项义务的履行,而非"权利相互性"

---

① 苏力.《秋菊打官司案》、邱氏鼠药案和言论自由[J].法学研究,1996(3):69-72.

② 对于交易成本为零的假定,科斯在《社会成本问题》一文"对市场交易成本的考察"部分强调:"迄今所阐述的观点都假定(这在第三、四节很明显,第五节也暗含了这一观点),在市场交易中是不存在成本的。当然,这是很不现实的假定。为了进行市场交易,有必要发现谁希望进行交易,有必要告诉人们交易的愿望和方式,以及通过讨价还价的谈判缔结契约,督促契约条款的严格履行,等等。这些工作常常是花费成本的,而任何一定比率的成本都足以使许多无需成本的定价制度中可以进行的交易化为泡影。"对于权利的界定也是有成本的这一问题的论述,科斯在"权利的法律界定及有关经济问题"部分提出:"在由法律制度调整权利需要成本的世界上,法院在有关妨害的案件中,实际上做的是有关经济问题的判决,并决定各种资源如何利用。……权利的界定也是法律制定的结果,我们还发现了对问题的相互性的评价的证据。"罗纳德·哈里·科斯.论生产的制度结构[M].盛洪,陈郁译,校.上海:上海三联书店,1994:157,172.

论者所称的那样,即一项权利的行使总是意味着对另一项权利的侵害。①

还需指出,苏力在论证其优先权理论时采取的是双重标准。主要体现在,对于言论自由权,他认为言论自由具有"一种逻辑上的先在";而对于保护"弱者",他认为:"即使是保护弱者也不应超越法律",也不应通过调整法律规则来迁就弱者,而应遵循法律面前人人平等,应"强调一般性,而较少考虑特殊性",这是"同等法律保护的精髓"。②

的确,法律最高的价值是正义,正义的核心则是平等。平等是正义的形式,法律的安定性则是正义的作用。③ 形式正义意味着对所有人平等地执行法律和制度。形式正义虽不能保证实现实质正义,但是,却可以消除某些非正义。④ 因此,作为形式正义的平等及法律面前人人平等原则,反映了法本身的规律性。法之所以为法就在于,它把同一尺度适用于不同的人,任何人在同样条件下,权利、义务是平等的。法律面前人人平等原则既体现在法的创制中

---

① 苏力.《秋菊打官司案》、邱氏鼠药案和言论自由[J].法学研究,1996(3):68-69.

② 苏力认为:就言论自由而言,"尽管言论自由不是唯一的表达途径(人们的社会生活的行为本身往往就在表达、认定和确立这种权利的相互性),但言论自由往往是表达的一种最重要、最便利的方式。因此,在这个意义上,言论自由可以说本身就是这样一种公共选择或社会选择得以进行的先决条件和前提条件;因此具有一种逻辑上的先在。"而就弱者保护而言,"即使是保护弱者也不应超越法律。……而法律所要保护的不仅是'弱者'的权利,而是一切公民的合法权利。……因为真正作为制度性的'法律',而不是作为一种纠纷解决办法的'法律',从来都是强调一般性,而较少考虑特殊性。这就是法律面前人人平等的精髓,这就是同等法律保护的精髓。如果不注意在法律限度之内保护弱者,而片面地强调法律应当保护弱者,其结果必然是把法律仅仅作为一种可以在个案中随意更改以满足情感直觉的工具,不仅作为制度的法治不可能建立,而且正在形成的法治也会因此被破坏。"苏力.《秋菊打官司案》、邱氏鼠药案和言论自由[J].法学研究,1996(3):72,77.

③ 阿图尔·考夫曼.法律哲学[M].刘幸义等,译.北京:法律出版社,2011:175-176.

④ 沈宗灵主编.法理学[M].北京:高等教育出版社,2004:55.

(不承认身份的特权),也体现在法的适用中(适用法律平等)。①

苏力在论证对弱者的保护时,所依据的是权利平等性理论,但在论证言论自由的优先权时,却认为言论自由具有一种逻辑上的先在(即优先权)。那么,依苏力先生此双重标准论,言论自由等"优先权"是否就可以超越法律呢?或者说是否就可以作为"同等法律保护"的例外呢?

从苏力的上述文章(即《〈秋菊打官司案〉、邱氏鼠药案和言论自由》一文)来看,答案似乎是否定的。那么,苏力先生所主张的"优先权"欲通过何种手段予以实现呢?他主张通过制度化的权利配置,即"这种权利配置以宪法或其他成文法的规则形式将权利规定下来,或通过司法而确立为原则,并通过法学家的理论阐述来限定和解释"②。然而,苏力先生并未系统地给出,其实根本就无法给出绝对的权利排序。因为,所谓权利的优先性并没有一种普遍的或者共同的排序,而只是一种在特定情景之下的价值判断。③

可见,苏力欲通过权利的制度化配置的方式,创设诸如言论自

---

① 孙国华,朱景文主编.法理学[M].北京:中国人民大学出版社,2010:101.

② 苏力.《秋菊打官司案》、邱氏鼠药案和言论自由[J].法学研究,1996(3):70.

③ 如美国学者贝思·J.辛格所言:"在与其他权利或价值有冲突的情况下,作为实现它们的前提条件,保护维持生命必需条件的权利,几乎一成不变地应被判定为超越于其他权利。然而,与任何其他价值的冲突一样,这是一个特定情景与观念所决定的判断,在每一情况下都需要证明(justification),这样以来,甚至这些个人权利都不能被先验地假定为绝对。例如,我们应该严肃地考虑,对于某个持久处于植物人状态者,他已经完全丧失,并不能期望其回复生命行为所必需的能力,是否应该考虑,作为纯粹有机体存活的权利,比之于并不试图维持其生命而允许其结束,有更大的价值。或者在某个完全不同的语境中,存在某些情景,其中社群的持续存在与完整性可能被赋予优先性,甚至优先于其成员持续生存的权利:若某个既定社群受到另一社群的严重威胁,则该社群的某些公民可能判断,他们在道德上有义务冒着生命危险以保卫社群。然而,与前例相同,这并非一条绝对原则,而是一个价值判断。"贝思·J.辛格.可操作的权利[M].邵强林.林艳,译.上海:上海人民出版社,2005:190.

由权等类似优先存在的权利的构想,也只能是法律上的理想。因为,如前所述,权利的优先性"并非一条绝对原则,而是一个价值判断",而且"这是一个特定情景与观念所决定的判断,在每一情况下都需要证明"。这种制度化的权利配置,对于长期奉行制定法传统的大陆法系国家,尤其在我国,实属难以实现。

(2) 王利明的优先权理论及其辨析。

对于优先权理论,王利明在回答记者提问时指出:"法律应优先保护新闻权利,而公民应该忍受轻微的人格权损害。"他主张:"在法律上建立一种忍受轻微损害的义务。这就好像在公共汽车上,总有人会被别人挤撞一下一样,如果这种妨害是轻微的,公民就要适当地忍受。"① 而本书认为,这种对轻微损害的忍受,不应当是公民的义务,只能属于公民对自己合法权利的自愿放弃,且对这种轻微损害的界定由于具有极大的不确定性,只能通过立法手段予以实现。否则,这样的制度只会给强权者提供行使强权或特权的借口,势必造成对普通公民合法权利的侵害。尤其在我国,公民的权利观念历来不发达,且权利受保护的程度或力度也较为有限。如果建立此类优先权制度,将会使公民合法权利的充分保护面临巨大挑战和风险。

对于王利明指出的"忍受轻微损害的义务",英国人权学者米尔恩认为:"如果他觉得不值得制造麻烦,那么,他可以选择忍受较轻微的官方不公正或对其自由的些微侵犯而不要求法律救济。不过,在放弃权利之前,他必须考虑他与所有的伙伴成员所共同承担的在该社会维持法律尊严的责任。只有在不致危及法律尊严时,他才能默许对自己权利的侵犯。"② 显而易见,对于"忍受轻微损害"或称"忍受较轻微的官方不公正或对其自由的些微侵犯",米尔恩认为是对权利的放弃,而王利明则主张"在法律上建立一种忍受轻微损害的义务"。王利明的该主张不仅在理论上尚待进一步论证,在实践方

---

① 王进,林波. 权利的缺陷:中国司法期待解决的问题 [M]. 北京:经济日报出版社,2001:234.

② 米尔恩. 人的权利与人的多样性——人权哲学 [M]. 夏勇,张志铭,译. 北京:中国大百科全书出版社,1995:132.

面也不利于我国公民尤其是对普通公民的人权保障。

（3）杨立新的优先权理论及其辨析。

杨立新虽然也主张存在优先权，但是他与苏力及王利明两位所主张的优先排序有着显著的不同。他认为："自由是一种不受干预的状态，但是行使自由权利不得以侵害他人的权利为代价，因此，自由是相对的。而人格权是绝对的，法律给予这种权利的行使以强制性的保障。在新闻批评和人格权保护之间发生冲突的时候，应该着重保护人格权。新闻记者在采访中，要有强烈地保护人格权的观念，不能以行使新闻自由为借口侵害公民的人格权，尤其是人格尊严、名誉权、隐私权和肖像权。"① 这与苏力、王利明等主张的言论自由权优先于名誉权、肖像权，几乎是针锋相对的。足见，对于权利的排序难以有明确的标准。

（二）以林来梵、张平华、贺卫方等教授为代表的权利位阶理论及其辨析

（1）林来梵的权利位阶理论及其辨析。

林来梵认为，在权利的体系中，权利位阶的存在基本上是一个不争的事实。但是，权利位阶并不具有整体的确定性，不可能形成像"化学元素"那样先在的图谱。② 为证明权利位阶的存在，林教授还引用了美国学者博登海默的一段经典名言，用以证明权利位阶的存在。③

---

① 王进，林波. 权利的缺陷：中国司法期待解决的问题 [M]. 北京：经济日报出版社，2001：232-233.

② 林来梵，张卓明. 论权利冲突中的权利位阶——规范法学视角下的透析 [J]. 浙江大学学报（人文社会科学版），2003（6）：8-9.

③ "如 E. 博登海默所言：人的确不可能凭据哲学方法对那些应当得到法律承认和保护的利益作出一种普遍有效的权威性的位序安排。然而，这并不意味着法理学必须将所有利益都视为必定是位于同一水平上的，亦不意味着任何质的评价都是行不通的。例如，生命的利益是保护其他利益（尤其是所有的个人利益）的正当前提条件，因此它就应当被宣称为高于财产方面的利益。健康方面的利益似乎在位序上要比享乐或娱乐的利益高。"林来梵，张卓明. 论权利冲突中的权利位阶——规范法学视角下的透析 [J]. 浙江大学学报（人文社会科学版），2003：9.

需要指出,博登海默提出的是"利益"之间的位阶及位序安排,并主张通过立法手段来实现。① 而林教授却通过论证"利益"之间存在位阶,进而推导出"权利位阶的存在基本上是一个不争的事实"这一结论。然而,"应当得到法律承认和保护的利益"仅仅只是道德权利,属于尚未法定化的利益,明显有别于法定化的利益即法定权利。众所周知,道德权利转化为法定权利,还需要法律的确定、认可、类型化等法律的创制或认可过程,这一过程也是道德权利(应当得到承认和保护的利益)法定化的过程。因此,林教授凭借转化的逻辑论证方法,直接忽略了利益法定化的过程及法定权利的法律属性,将道德权利直接视为法定权利。该论证方法,通过忽略或无视道德权利与法定权利之间的实质区别,并采取转化的逻辑论证,混淆了"利益位阶"与"权利位阶"的本质差异。权利位阶论者以这种"偷换概念"的逻辑方法论证权利位阶的存在,值得商榷。

对于权利位阶的安排,林教授认为:"权利位阶之所以具有非整体的确定性,主要是因为权利位阶在一定范围内有着部分不确定性,而这又是由于法律价值的位阶秩序具有一定的流动性,必须联系具体的条件和事实才能最后确定,为此导致权利体系的内部结构非常复杂,许多权利因其价值地位的非确定性而处于相应的不确定的位阶之上,往往需要通过个案来把握,而且在一些复杂的案件中,即使是那些较具确定性的权利,为解决它们之间的冲突,也需要在个案中进行具体的考量。"林教授在主张权利位阶存在的同时,又认为权利位阶没有形成可以认识的确定性的位阶秩序整体。"要解决现实中广泛存在的权利冲突,不得不需要就个案进行具体

---

① 博登海默指出:"对相互对立的利益进行调整以及对它们的先后顺序予以安排,往往是依靠立法手段来实现的。然而,由于立法是一般性的和指向未来的,所以一项成文法规可能会不足以解决一起已经发生利益冲突的具体案件。如果这种情况发生,那么就可能有必要确定相关事实并就相互对立的主张中何者应当得到承认的问题作出裁定。"E. 博登海默. 法理学:法律哲学与法律方法 [M]. 邓正来, 译. 北京:中国政法大学出版社, 1999:400.

的价值衡量。"①

林教授从"利益位阶"的论证中,推出"权利位阶"的存在。又因为权利位阶没有形成可以认识的确定性的位阶秩序整体,进而主张解决权利冲突需要就个案进行具体的价值衡量,在个案中进行具体的考量。由此观之,林教授不又在论证方法上犯了"偷换概念"的逻辑谬误,而且,主张解决现实中广泛存在的权利冲突需要在个案中进行具体的考量。这样,一方面势必会弱化制定法的功能,将动摇立法的权威乃至法治根基;另一方面,势必会过度强化"法官造法"的功能,盲目跟从英美法系的司法能动主义,将加剧司法机关对个案进行自由裁量的不确定性。鉴于我国长期以来奉行制定法的文化传统,并基于我国亟待提升的司法水平,因此,在目前国情之下,解决我国广泛存在的权利冲突等类似问题,若刻意推崇林教授主张的英美式的司法能动主义,恐难与我国目前的法治实践相契合。

(2) 张平华的权利位阶论及其辨析。

张平华是我国较为系统地研究权利冲突及权利位阶理论的学者之一。张教授认为:权利位阶是权利冲突的评价依据,是"所有化解权利冲突之道中最有效而又简捷的思路。因为权利位阶揭示了形式平等的权利间的实质不平等关系,即权利效力上的高低关系或价值上的轻重关系。由权利位阶规则与权利位阶原则构成的二元规范体系为法官提供了可靠的选择机制:优位权利者优先于低位权利者得以实现;低位权利者需容忍优位权利的'侵害'。"② 张教授系统地指出了权利位阶的概念及规范意义,论证了权利位阶的规则及原则。

张教授认为,权利位阶是指不同权利按照某种次序形成的阶梯,权利位阶是法律世界的客观现象,权利位阶构成对权利平等的

---

① 林来梵,张卓明.论权利冲突中的权利位阶——规范法学视角下的透析 [J].浙江大学学报(人文社会科学版),2003:9-11.

② 张平华.权利位阶论——关于权利冲突化解机制的初步探讨 [J].清华法学,2008 (1):49-50.

否定。张教授自称引用了美国学者本杰明·N.卡多佐的相关论述后指出:"权利位阶由权利位阶规则与权利位阶原则组成完备的规范体系。"① 但需指出的是,张教授仅在文章注释中标注该论述参见美国学者本杰明·N.卡多佐著:《法律的成长:法律科学悖论》(2002)一书,却并未指明其页码或其他具体出处,使得难以求证。

在张教授的另一部专著《私法视野里的权利冲突导论》中,笔者却看到了这样的论述,即"法学家经常用价值位阶或利益位阶代替权利位阶。"② 据张教授提供的注释显示,该论述同样参见本杰明·N.卡多佐著:《法律的成长:法律科学悖论》一书,页码为第53页。查阅该著作后发现,从卡多佐的著作该部分却无法解读出"法学家经常用价值位阶或利益位阶代替权利位阶"这一结论。况且,卡多佐仅提到了"各种社会利益及其相对重要性",以及"某一社会利益优先于另一社会利益"。卡多佐指出,法官个人或主观的价值判断应当服从立法的价值判断。当立法没有判断时,"法官作出的价值评判,也应当依据客观的而非主观的标准,依据社会上通行的思想和意愿而非自己独特的行为模式和信仰"③。

---

① 张平华.权利位阶论——关于权利冲突化解机制的初步探讨[J].清华法学,2008(1):53-54.
② 张平华.私法视野里的权利冲突导论[M].北京:科学出版社,2008(1):143.
③ 卡多佐认为:"分析各种社会利益及其相对重要性,是律师和法官在解决问题时必须利用的线索之一……在道德、社会和美学领域评估相对价值,哲学家将这项研究称为价值论(axiology)或有关价值的科学(the science of values)。法官必须不时地借鉴这门科学的结论,然而,借鉴这些结论必须受到某些约束,即限制法官接受或拒绝自由的那些约束。当立法者已宣告某一社会利益优先于另一社会利益时,法官个人或主观的价值评判必须服从这一宣告。他不能因为确信成文法的条款表现了一种错误的价值论,而推翻它或宣布其无效。即使立法者没有宣告,法官作出的价值评判,也应当依据客观的而非主观的标准,依据社会上通行的思想和意愿而非自己独特的行为模式和信仰。"本杰明·N.卡多佐.法律的成长:法律科学悖论[M].董炯,彭冰,译.北京:中国法制出版社,2002:53.

可见，在解读卡多佐的前述论述时，张平华首先将利益的相对重要性或优先性解读为利益的位阶，再从利益位阶直接推出权利位阶，这就同林来梵教授几乎一样，也犯了"偷换概念"的逻辑错误。对于权利位阶如何在法律上予以实现，张平华教授也提出了与林来梵教授几乎相同的主张，即权利位阶原则"没有十分明确的构成要件与法律效果，可以在不同程度上满足，须在个案中就与之对立之原则边际寻求最高的实现"①。同样，这种纯粹的英美式的司法能动主义，与我国的国情相去甚远，与卡多佐对于利益优先性的价值判断主张也明显不同。如前所述，卡多佐的观点是，法官的价值判断应当服从立法的价值判断，当立法没有判断时，法官才以客观的标准，或者依据社会上通行的思想和意愿进行价值判断。

（3）贺卫方的权利位阶论及其辨析。

贺卫方也认为存在权利位阶，至于权利的高低如何平衡，他认为："这种高低完全是从法律角度的一种论证，并不是说权利之间天然就有高低之分。衡量的标准就是看权利涉及到个人的因素多，还是涉及社会的因素多。如果一个权利涉及整个社会的因素更多的话，它就是更高的权利。言论自由就是这样的权利。"② 该权利观，正是公共利益本位思想的体现。公共利益本位，也即公共权利优位的思想。而所谓的公共权利优位，也仅仅是指在立法上的要求，而非执法及司法上的优越。③

（4）许建宇的劳动权位阶论及其辨析。

在劳动法领域，浙江大学许建宇认为："劳动权在我国的权利体系中应是一项具有上位（优位）效力层次的重要权利，当它与其他权利（力）发生矛盾或冲突时，应受到法律的优先保障。"具体而言，许建宇认为：对于劳动权与公权，保障和被保障，服务和

---

① 张平华. 权利位阶论——关于权利冲突化解机制的初步探讨 [J]. 清华法学，2008：54.

② 王进，林波. 权利的缺陷：中国司法期待解决的问题 [M]. 北京：经济日报出版社，2001：222.

③ 叶必丰. 行政法的理论基本问题 [J]. 法学评论，1997（5）：22.

被服务，促进和被促进，强制和自由，应该成为确立公权与劳动权两者间位阶关系的一种合理架构；对于劳动权与私权，劳动权的效力高于物权、债权、知识产权等私权，只有个别的私权（如生命健康权、人格尊严权等）方能与之抗衡；对于劳动权与其他社会权，它们在权利体系中往往和劳动权处于同一位阶，具有大体相同的效力等级。而社会权是指那种兼具公权和私权的性质，又超越了公权和私权界限的以社会公共利益为本位的权利范畴。①

可以看出，许建宇曾试图指出劳动权与公权、私权以及与其他社会权之间的效力层次、价值高低等清晰的位阶秩序关系，并力求找到权利冲突和协调的路径。然而，许建宇最终依然无法给出清晰的权利位阶图谱，其所给出所谓的权利位阶高低、位序依然是极其抽象而模糊的。如他一方面认为劳动权的效力层次高于普通的物权、债权、知识产权等私权，但另一方面又强调只有个别的民事权利（如生命健康权和人格尊严权等）方能与之抗衡。这样的权利位阶位序的安排不仅是抽象的，而且是极其模糊甚至是矛盾的。既然认为劳动权的效力高于私权，却又强调个别私权可以与之抗衡，该"个别"的范围和界限到底在哪里？由谁界定且如何界定（即通过立法还是司法来界定，或者是由作为国家根本大法的宪法予以界定）？如此等等，都具有太多的不确定性。

对于如何协调劳动权与私权之权利冲突问题，许建宇认为：当劳动权与私权产生冲突时，劳动权应处于优位的效力层次，私权受到劳动权克减的情形是较为常见的。只是，当劳动权与私权中的人身权（如人格尊严、人身自由、生命健康权等）发生冲突时，考虑到它们同样具有基本人权的价值，故需斟酌具体情形而确定保护的位序。② 对于如何"斟酌具体情形而确定保护的位序"，许建宇并未给出确切的答案。而当劳动权与同为社会权的其他权利发生冲

---

① 许建宇. 劳动权的位阶与权利（力）冲突[J]. 浙江大学学报（人文社会科学版），2005（1）：170-175.

② 许建宇. 劳动权的位阶与权利（力）冲突[J]. 浙江大学学报（人文社会科学版），2005（1）：172.

突时，他认为在理论上很难确定法律保护的先后次序，只能依据社会公共利益最大化原则，在某一具体个案中决定孰轻孰重，进而决定利益取舍的先后。① 可见，对于权利位阶或位序的法律实现，许建宇的观点依然回归到权利位阶论者所共同秉持的一贯立场，即通过司法在个案中予以决断。

二、权利平等性理论及其评析

法定权利的平等性是现代法治的质的规定性。对于权利的平等性，德国著名法学家鲁道夫·施塔姆勒（Rudolph Stammler）指出："权利平等的法律原则只体现在这样的规则中，即所有受法律支配的人必须以一个相同的方法对待。……同样，所有个体在社会上拥有同等地位这个原则也与法的概念相适应，且必须按系统方式而非任意地从中推演出来。"② 在施塔姆勒看来，法定权利的平等不仅指主体的平等地位，也指平等地对待。

(一) 我国学者刘作翔的权利平等观及其评析

刘作翔认为，权利应当得到平等的保护。该平等保护并非仅仅指权利主体之间的平等保护，因为主体平等保护是宪法的原则、法治的精粹，是毋庸置疑的。权利的平等保护主要是指权利类型之间的平等保护。虽然法律体系的存在本身就预示着一个阶梯体系的存在，但是，这样一个阶梯体系或制度安排是否就表明权利各自的大小和重要性值得质疑。刘先生认为，虽然权利体系的确来源于法律体系，但是，权利体系并不等于法律体系。因为，任何一个国家的法律体系都存在着一个位阶关系，但权利体系并无位阶关系。权利体系内的各权利种类之间应是平等的。刘先生还指出，在具体的事件和个案中，权利都是具体的、现实的，而不是抽象的权利、理念的权利。当具体权利、现实权利发生冲突时，都有具体的情景、具

---

① 许建宇. 劳动权的位阶与权利（力）冲突 [J]. 浙江大学学报（人文社会科学版），2005（1）：175.

② 施塔姆勒. 正义法的理论 [M]. 夏彦才，译. 北京：商务印书馆，2012：110.

体的原因、具体的权利冲突的程度,以及权利冲突各方各自行为的性质、应承担的责任等。因此,我们不能笼统地说,哪种权利优于哪种权利,哪些类型的权利其位阶更高。如果先在地确定哪种权利更重要,从而确定哪种权利应该优先配置,将使各种权利"'先天地'被置于一个等级体系之中,为司法的不平等制造了前提。这样的权利配置思维及理论应有违初衷"①。

一国的法律规范体系的确是有位阶的。如凯尔森所言:"只要一个法律规范决定着创造另一个规范的方式,而且在某种范围内,还决定着后者的内容,那么,法律就调整着它自己的创造。由于法律规范之所以有效力是因为它是按照另一个法律规范决定的方式被创造的,因此,后一个规范便成了前一个规范的效力的理由。调整另一个规范的创造的那个规范和另一个规范之间的关系,用空间比喻语来说,可以表现为高级和低级的一种关系。决定另一个规范的创造的那个规范是高级规范(superior norm),根据这种调整而被创造出来的规范是低级规范(inferior norm)。法律秩序,尤其是国家作为它的人格化的法律秩序,因而就不是一个相互对等的、如同在同一平面上并立的诸规范的体系,而是一个不同级的诸规范的等级体系。"② 我国《立法法》第87条第2项规定,法律、行政法规、地方性法规、自治条例和单行条例、规章,如有"下位法违反上位法规定"情形的,由有关机关依照本法第88条规定的权限予以改变或者撤销。可见,法律不仅有位阶,而且法律位阶理论还是"下位法服从上位法"立法原则的理论基础。

然而,法律规范的位阶并不等同于法定权利的位阶。因为,正如德国法学家阿道夫·默克尔所言:"权利之本质乃享受特定利益的法律上之力也。"③ 权利的"法力性"是法定权利的基本法律属

---

① 刘作翔. 权利冲突的几个理论问题 [J]. 中国法学, 2002 (2): 62, 66.
② 凯尔森. 法与国家的一般理论 [M]. 沈宗灵, 译. 北京: 中国大百科全书出版社, 1996: 141.
③ 郑玉波. 民法总则 [M]. 北京: 中国政法大学出版社, 2003: 61.

性。各不同类型的法定权利，基于其共同的法律属性而具有的法律上的强制力是都是相同的，即该法律上的强制力并无大小、强弱之分。其体现了"对于相同的情况给予相同的处理"这一法治理念，这是法律的核心价值——正义的内在诉求。因为，正义的核心是平等。

但是，对于不同类型的道德权利而言，基于利益的位阶或先后位序，道德规则给予道德权利道德上的强制力可以有先后之分、轻重之别。简而言之，不同类型的道德权利可以有位阶，而不同类型的法定权利由于其具有相同的法律上的强制力，使得法定权利是平等的。该平等性，不仅体现为权利主体上的平等，不同类型的权利或同一类型的不同种类的各不同权利之间也是平等的。

（二）欧美学者米尔恩、辛格、德沃金等教授的权利平等观及其评析

（1）米尔恩的权利平等观及其评析。

英国人权学者A.J.M.米尔恩认为，法律面前一律平等和依法自由原则，是以"公平对待"为具体形式的公正且不受专横干涉。公平对待是以比例平等为根据的对待。在有实在法体系的地方，就会推导出法律面前的平等。就法律所涉及的范围来讲，并无相应的平等。所有人必须平等地服从法律和平等地受法律的保护……受法律平等保护这一权利的终极来源，就是作为"公平对待"的公正这一道德原则，同时，法律下的自由（依法自由）这一权利的终极来源就是不受专横干涉这一道德原则。不管怎样，以"给每人以其应得"为一般形式的公正原则，具有特殊的重要性。它是一切权利所不可或缺的基础。[①]

在米尔恩看来，法律面前一律平等主要表现为"公平对待"。而受法律平等保护的这一权利，其终极来源恰是作为"公平对待"的公平正义这一道德原则。可见，法律面前一律平等或者受法律平等保护的权利，与公平正义这一道德原则密不可分。正如德国著名

---

① 米尔恩.人的权利与人的多样性——人权哲学[M].夏勇，张志铭，译.北京：中国大百科全书出版社，1995：133.

法哲学家阿图尔·考夫曼的经典论断，即法律最高的价值是正义，正义的核心则是平等。平等是正义的形式，法律的安定性才是正义的作用。①

（2）辛格的权利平等观及其评析。

美国著名哲学教授贝思·J. 辛格认为，就平等权而言，无论是平等的地位还是平等地对待，正是支配有关各方关系的规范，而非他们在任何特定方面的平等，是此种权利的来源。然而，一般性平等权是作为根本性一般权利的推论而产生的，是一种作为社群的成员与所有其他成员在平等的基础上被接受的权利；平等权原则可应用于任何可操作性规范在其中存在（或应该存在）的社群的所有成员，它必然来自权利关系的相互特征两者。② 辛格教授的权利平等观，直接承继了实用主义的哥伦比亚学派之代表人物 G. H. 米德教授关于"权利是社会的产物"这一主张，而该主张则又源自卢梭对"普遍意志"的概念的诠释，但米德对这一概念的论述比卢梭要宽广一些。"这个概念的重要性，尤其从权利角度看，不仅体现在泛化的他人的态度对所有共同体成员来说是共同的，而且对所有人，包括对他自己所持的态度也是相同的；这就会对每个人持相同的期望，对所有的人承担相同的责任，承认人们拥有相同的权利和负有尊重他人的相同义务。"③

辛格教授的权利平等观，不仅仅认为权利平等是主体的平等地位，还包括平等对待，如前所述，应"承认人们拥有相同的权利和负有尊重他人的相同义务"。

（3）德沃金的权利平等观及其评析。美国人权斗士、著名法学家德沃金教授将其权利理论首先设定了三个预先假设：第一，一个符合规则的社会具有政治道德的某些观念，也就是说，它承认对

---

① 阿图尔·考夫曼. 法律哲学 [M]. 刘幸义等，译. 北京：法律出版社 2011：175-176.

② 贝思·J. 辛格. 可操作的权利 [M]. 邵强林，林艳，译. 上海：上海人民出版社，2005：198.

③ 贝思·J. 辛格. 实用主义、权利和民主 [M]. 王守昌等，译. 上海：上海译文出版社，2001：148-149.

于政府行为的道德限制；第二，该社会对于政府道德的特定观点——以及源于这种观点的法律判断——是"理性的"，即对于相同的情况给予相同的处理，而且不允许矛盾的判断；第三，该社会相信它的所有成员生而平等，他们有权利受到平等的关心和尊重。① 从德沃金之"对于相同的情况给予相同的处理"、"所有成员生而平等，他们有权利受到平等的关心和尊重"这些论述中，可以看出德沃金的权利平等观与辛格的权利平等观基本一致，即不仅包括主体地位的平等，也包括平等地对待。

德沃金在肯定权利平等原则基础上提出，权利的存在旨在提供一个限制，以防止集体利益过于优先于个人利益。在美国，虽然有一些支持者指出，公民与政治权利的基本作用是防止个人免受社会的侵犯，因此，他们得出结论说，这些权利理论断言个人需要和个人利益应该具有道德优先性——即比他所属于的社会的需要和利益更为重要。事实上，权利理论中没有任何东西表明或暗示应该或者必须给予个人以高于社会的道德优先权。他认为，权利理论与一些公有社会的政治哲学是相融的。权利理论只要求一个社会中的所有人都必须得到同等的关心和对待，所有人都必须成为政治社会真正平等的成员。权利理论确认了某些基本的公民和政治权利，只是因为认识到了这样的事实，这一平等的的某些方面在政府滥用权力的情况下是特别脆弱的。但是，这些基本的个人自由决不可能为个人提供任何高于社会的统治权。②

德沃金还指出，社会的普遍利益不能成为剥夺权利的正当理由，即使讨论中的利益是对于法律的高度尊重。一个国家的确可以根据其他的理由取消或限制权利，因为如果涉及的权利不受到限制，那么，与之冲突的权利就会受到破坏。

为此，德沃金举例进一步论述道，在芝加哥大街上担惊受怕的女士，虽有权利享有现已获得的那种安静，但她并无权利让男青年

---

① 德沃金. 认真对待权利 [M]. 信春鹰，吴玉章，译. 上海：上海三联书店，2008：中文版序言 16.
② 德沃金. 认真对待权利 [M]. 信春鹰，吴玉章，译. 上海：上海三联书店，2008：中文版序言 15-16.

应征入伍，去参加一场她同意了的战争。有些法律为她提供了利益，也许这些法律甚至也有所谓的正当理由，那么，这些正当理由只是多数人的共同愿望，而不是个人的权利。无论如何，如果这些法律确实剥夺了其他人抗议战争的权利，或者他的个人安全的权利，她不能够提出一个证明这种剥夺为合理的对立的权利。她没有权利使这样的法律得到通过，她也没有一个与之对立的权利使这个法律得到实施。为此，虽然政府可以根据一种紧急状态，或者为了防止重大损失的发生，或者，可能是为了保护某些重大的利益来证明剥夺个人权利的合理性。但是，这种紧急状态或者以上其他情形必须是真实的，必须像霍姆斯所描述的那样，是一种明显且即刻的危险，而且，这个危险必须是巨大的。[1]

德沃金教授虽亦认可，在特定情景之下，而且为了普遍的社会利益，存在公共利益优先权。但是，该优先权的行使必须具备严格的前提条件，而且必须履行严格的权利行使程序。虽然德沃金在使用权利这一概念时并非仅指法定权利，还包括道德权利，但是他对这一概念的运用并不影响他对法定权利平等性的论述。因为他认为，权利的平等是原则，特定情景之下的优先是例外。

可见，所谓"优先存在"的权利及权利位阶，其实并无绝对的排序。只有在特定情景之下的优先，并无天然的高低、轻重及先后之别，而且该特定情景之下的优先也只能由立法机关进行价值判断并通过立法手段予以实现，而不应由司法机关进行个案决断，更不能交由权利人自己予以主观臆断。否则，法治的根基就会动摇，权利的大厦将会坍塌。

第二节 倾斜保护原则检视

一、"倾斜保护"之正当性辨析

如前所述，劳动权保障之正当性，显而易见。劳动不仅是一切

---

[1] 德沃金. 认真对待权利 [M]. 信春鹰, 吴玉章, 译. 上海：上海三联书店, 2008：260-261.

财富的源泉，还是人类生活的第一基本条件，可以说，劳动创造了人本身。① 正是由于劳动对人的生存和发展所具有的如此重大的意义，因此，近代以来的各国宪法纷纷规定了劳动的权利和义务。《世界人权宣言》第23条第1款规定："人人有权工作、自由选择职业、享受公正和合适的工作条件并享受免于失业的保障。"除此之外，我国《宪法》第42条也规定："中华人民共和国公民有劳动的权利和义务。国家通过各种途径，创造劳动就业条件，加强劳动保护，改善劳动条件，并在发展生产的基础上，提高劳动报酬和福利待遇。"各国宪法以及国际公约之所以都对公民的劳动权提供了充分的立法保障，将各国公民的劳动权置于了极高的地位，正是由劳动权作为人的生存权这一基本权利所决定的。

然而，劳动权保障的正当性并非为对劳动者"倾斜"保护的正当性依据和理由。因为，如前所述，即便是保护弱者，也不应超越法律，不应通过调整法律规则来迁就弱者即倾斜保护，而应遵循法律面前人人平等原则，应"强调一般性，而较少考虑特殊性"，这是"同等法律保护的精髓"。在我国，保护弱势群体的法律并非仅有劳动合同法极少数部门立法，除此之外，还有妇女权益保障法、未成年保护法、老年人权益保障法、残疾人保障法、消费者权益保护法等一系列针对弱势群体的特别立法。不但如此，在婚姻法、教育法、民法、刑法、行政法等部门法中，甚至包括宪法在内的诸多法律文件，也都有保护弱势群体的具体条款或法律规范。况且，对"弱势群体"或"弱者"概念本身的界定就是一个值得研究的法律问题。正如苏力先生所言："'弱者''强者'之分别并不总是确定的，在社会普遍有保护'弱者'的心态下，弱者未必就弱，强者未必就强。"②

我国著名法学家江平指出："要加强对劳动者权利的保护，这

---

① 马克思恩格斯选集（第四卷）[M].北京：人民出版社，1995：373-374.

② 苏力.《秋菊打官司》案、邱氏鼠药案和言论自由[J].法学研究，1996（3）：77.

个没有问题,谁也不能反对,我们认为必须保护。但也不能过了度,因为反过来说,这会不会有损害企业家利益的地方呢?世界上很多国家的社会福利搞得过分了,经济发展就放缓。我们现在还是一个发展中国家,劳动力价格还比较便宜,劳动保障条件肯定比不上西方国家,如果现在片面强调必须跟那些国家一样高,弄不好可能会造成经济发展的停滞。所以一个法律不仅要兼顾两方面的利益,还要从当前中国的社会发展的水平和历史阶段来考虑。"①

二、"倾斜保护"之局限性分析

劳动关系既具有法律上的平等性,又具有实现这种关系的隶属性。具体而言,劳动关系的双方当事人即劳动者和用人单位,在法律上虽然享有平等的权利,但是二者之间又具有一定的隶属性。②该隶属性主要表现为,在劳动合同的履行过程中,用人单位与劳动者之间通常表现为指挥与被指挥、监督与被监督的关系。该隶属关系继而产生了劳动者的服从义务,进而形成劳动者对用人单位的依附关系,从而使得劳资双方的平等关系逐渐失去了平衡。现实中,由于劳动力市场供求关系的失衡,也使得劳资双方的力量对比总是不平衡的,劳动者在劳动关系中经常处于被动和弱者的地位。而法律的功能之一即是通过"抑强扶弱"而实现法律主体之间的利益均衡。正因如此,如前所述,我国大多数劳动法学者几乎均将倾斜保护原则视为我国劳动(合同)法的基本原则之一。

常凯指出,劳动法的倾斜保护原则强调对劳动者权利的倾斜保护,这种不对等只是就劳动法律体系的构成特点而言的:法律是为劳权保障而订立的,但一部法律或一个部门法的权利不对等,并不表示在整个法律体系中劳动关系主体之间的权利不对等。因为在劳

---

① 江平.法律的本意是公平正义[N].21世纪经济报道,2006-9-4:029.

② 黎建飞.劳动与社会保障法教程[M].北京:中国人民大学出版社,2013:54.;常凯主编.劳动法[M].北京:高等教育出版社,2011:94.

第二节 倾斜保护原则检视

动法律体系中,每部具体的法律都有其特定的调整和保护的对象,劳动力使用权的调整和保护,主要是在有关企业管理的法律法规之中。从总体上来说,法律还是要保持劳资双方的权利对等,劳动法将劳资对等作为原则,正是通过强调劳动者的权利而实现的。①

常凯认为,作为劳动者的权利保护法,劳动法针对劳动的从属性,将形式上平等而实际上不平等的劳动关系,通过法律的规制予以矫正,以实现劳动关系在劳动过程中的相对的平等。②对于《劳动合同法》实施以后几年中执行中的问题以及劳动争议激增的状况,一些学者认为这是由《劳动合同法》中存在的政府干预劳动力市场和过度保护劳动者条款所致,并提出修法的主张。对此,常凯教授依然认为:"不是要'修法'放松管制,而是要进一步完善集体劳动关系立法,以保障个别劳动关系法规定的内容实施。"③

可见,常凯虽然也主张在总体上劳资双方的权利应保持对等即权利平等。但是,他认为"一部法律或一个部门法的权利不对等"并不影响劳资双方的权利在总体上的不对等。该主张显然有违立法原则中之法制统一原则,不利于法律的统一。法制统一原则是现代社会法治国家所共同提倡和遵守的一个重要原则。所谓法制统一原则,就是指一个国家在以宪法为基础和核心的前提下,各个法律部门、各种法律渊源和各个法律文件形成相互协调而不抵触、彼此配合而不重复的一种状态的整个法律体系。该原则要求立法机关所创设的法律应内部和谐统一,做到整个法律体系内各项法律、法规之间相衔接且相互一致、相互协调。具体要求包括:首先是合宪性原则,即应统一立法尺度,一切法律制定都必须以宪法为根据,不能违背宪法,地方法规不与中央法规相抵触;其次,各个部门法之间应相互补充、相互配合,而又不能重复;再次,还应避免不同类别

---

① 常凯. 劳权论——当代中国劳动关系的法律调整研究 [M]. 北京:中国劳动社会保障出版社,2004:105-106.
② 常凯主编. 劳动法 [M]. 北京:高等教育出版社,2011:26.
③ 常凯. 劳动关系的集体化转型与政府劳工政策的完善 [J]. 中国社会科学,2013 (6):98.

法律规范之间的矛盾，或同一类别法律规范之间的矛盾。①

常凯坚持劳权保障（基本等同于倾斜保护）的劳动立法原则，其本意虽为矫正劳动关系上的实际不平等，以实现劳动关系的相对平等。但是，该部门立法原则（即倾斜保护原则）明显违反了我国法制统一的立法原则，不利于我国法律的统一，只会造成利益分配上新的不公。而且，对于倾斜保护原则或劳权保障原则的适用，常凯也未指出其在立法与司法上的区别对待，这就意味着该原则既可以适用于立法活动中也可以适用于司法活动及执法活动中。那么，如果将该倾斜保护原则直接适用于司法，势必会加剧司法活动的不确定性，造成更多的利益关系由于司法活动的不确定性而导致的新的利益失衡。

倾斜保护往往直接被视为对弱者的保护，而对弱者的保护又体现了法律维护公平正义的内在价值诉求。因此，在实践中，倾斜保护原则助长了一部分恶意"劳动者"为一己私利，徇私枉法，以维护公平正义为借口，而行恶意"缠讼"、"滥讼"，乃至侵害用人单位合法权益之作为。可见，如果过度强调对劳动者的倾斜保护，以致超出了必要的限度，就会造成对倾斜保护原则的滥用；即便未超出必要限度（事实上也很难界定何为必要的限度），该倾斜保护原则也是对法制统一这一立法原则的现实违反。劳动立法活动如果违反了我国的法制统一原则，不仅会造成法律的不统一，也会违背劳动立法倾斜保护的初衷，甚至会动摇现代法治的根基。

第三节 权利平等性理论证成

对于权利的平等性，德国著名法学家鲁道夫·施塔姆勒指出："权利平等的法律原则只体现在这样的规则中，即，所有受法律支配的人必须以一个相同的方法对待。……同样，所有个体在社会上拥有同等地位这个原则也与法的概念相适应，且必须按系统方式而

---

① 沈宗灵主编. 法理学 [M]. 北京：北京大学出版社，2009：246.；
王启富主编. 法理学 [M]. 北京：中国政法大学出版社，2013：119.

非任意地从中推演出来。"① 在施塔姆勒看来，权利的平等不仅指主体的平等地位，也指平等地对待。意大利法哲学教授密拉格利亚（MiragliaLuigi）除认为权利包括平等对待之外，还指出，此类平等纯粹是一种形式上的平等，即法律上的平等。基于个体的差异性，个人的实际能力也即获得权利，就有着具体的不平等。在密拉格利亚看来："形式上的平等，此时实居于超越的地位，使具体的不平等蛰伏其下。因之，贫人不能任取富人财产的一部分，此其理由，正与富人不能取贫人所有的一部同。"② 德国著名学者莱因荷德·齐柏里乌斯（Reinhold Zippelius）则进一步指出，纯粹形式和法律上的平等并不是平等原则的全部内容。这一原则还有达致事实上平等的要求。这意味着，基本权利还应该保障人民有权要求国家在这方面履行积极的义务。③

一、法律面前一律平等即为权利平等

自从法国《人权与公民权利宣言》于第 1 条首次提出，"人人生而拥有且保持自由，在权利上一律平等"之后，④ 各国际公约也先后对法律面前一律平等（也称人人平等）即权利平等作出了相应规定。如《世界人权宣言》第 1 条规定："人皆生而自由；在尊严及权利上均各平等。"第 7 条规定："人在法律上悉属平等，且应一体享受法律之平等保护。人人有权享受平等保护，以防止违反本宣言之任何歧视及煽动此种歧视之任何行为。"⑤

---

① 施塔姆勒. 正义法的理论 [M]. 夏彦才，译. 北京：商务印书馆，2012：110.
② 密拉格利亚. 比较法律哲学 [M]. 朱敏章等，译. 北京：中国政法大学出版社，2005：241.
③ 莱因荷德·齐柏里乌斯. 法学导论 [M]. 金振豹，译. 北京：中国政法大学出版社，2007：150.
④ 格奥尔格·耶利内克. 人权与公民权利宣言：现代宪政史上的一大贡献 [M]. 钟云龙，译. 北京：中国政法大学出版社，2012：142.
⑤ 孙平华.《世界人权宣言》研究 [M]. 北京：北京大学出版社，2012：383-384.

《公民权利和政治权利国际公约》第 26 条规定:"所有的人在法律面前平等,并有权受法律的平等保护,无所歧视。"①《欧洲联盟基本权利宪章》第 20 条规定:"法律面前人人平等。"②《非洲人权和民族权宪章》第 3 条规定:"(1)法律面前人人平等;(2)人人有权享有法律的平等保护。"《美洲人权公约》第 3 条规定:"法律人格的权利:在法律面前,人人都有权被承认是一个人。"第 24 条规定:"平等保护的权利:在法律面前人人平等。因此,他们有权不受歧视地享有法律的平等保护。"③ 从上述列举的部分国际公约的具体规定来看,各公约中的法律面前一律平等指的就是权利平等。

现代世界各国宪法在使用法律面前一律平等这一法律用语时,绝大多数也是用来指称权利平等。在欧洲,英国 1998 年《人权法案》第 1 条就赋予了《欧洲人权公约》第 14 条以英国国内法的效力,《欧洲人权公约》第 14 条规定:"应当确保列举在《公约》中的个人享有的权利和自由,不因以下理由受到歧视,诸如性别、种族、肤色、语言、宗教、政治或其他观点、国籍或社会出身,以及一个国家的少数民族、财产、出生或其他身份。"《德意志联邦共和国基本法》(1949)第 3 条规定:"法律面前人人平等。"该法第 19 条强调:"依据本基本法规定,如某项基本权利可通过法律或依据法律予以限制,该法律须具有普遍适用效力,而不得仅针对个别情况。"法国《1958 年宪法》第 1 条规定:"共和国保障所有公民部分出身、种族、宗教信仰,在法律面前一律平等。法律应当有利于妇女和男子平等地参与选举和获得选举产生的职位以及承担职业

---

① 刘海年主编.《经济、社会和文化权利国际公约》研究 [M]. 北京:中国法制出版社,2000:319.
② 朱晓青. 欧洲人权法律保护机制研究 [M]. 北京:法律出版社,2003:360.
③ 中国社会科学院法学研究所《人权理论与对策研究》课题组编译. 国际人权文件与国际人权机构 [M]. 北京:社会科学文献出版社,1993:571,631,638.

和社会的责任。"其他欧洲国家如俄罗斯、意大利、芬兰、西班牙、希腊、匈牙利、荷兰等国宪法也都有类似规定。①

在美国,《1787年美利坚合众国宪法（修正案）》第14条规定:"在合众国出生或归化于合众国并受合众国管辖的人,均为合众国和他所居住的州的公民。无论何州均不得制定或实施任何剥夺合众国公民的特权或豁免的法律；无论何州,未经正当法律程序均不得剥夺任何人的生命、自由和财产；亦不得拒绝给予在其管辖下的任何人以同等的法律保护。"美国宪法上的法律面前人人平等,毫无疑问是指权利平等,即平等的地位和平等的保护。加拿大宪法更为直观、具体地规定了法律面前人人平等即为权利平等。如《1982年加拿大宪法法》第15条规定:"在法律面前一律平等；享有法律的平等保护和平等受益。人人在法律面前一律平等,人人享有不受歧视的法律的平等保护和平等权益,尤其是不受基于人种、民族、肤色、宗教、性别、年龄或者身心残疾方面的歧视。"美洲其他国家宪法也有类似规定,如巴西、阿根廷、墨西哥、秘鲁、智利等国宪法所规定的法律面前人人平等均是指权利平等,即指平等的地位和平等的保护。②

在亚洲的日本,《日本国宪法》（1946）第14条也规定:"全体国民在法律面前一律平等,不因人种、信仰、性别、社会身分或者门第的不同,而在政治、经济及社会的关系中受到歧视。"对于男女两性的平等权,日本国宪法还作出了专门规定,其宪法第24条规定:"关于选择配偶、财产权、继承、选择居所、离婚以及婚姻和家庭等其他有关事项的法律,必须以个人尊严与两性平等为基础制定。"该规定充分表明,日本宪法对男女两性在法律权利上的平等对待及平等保护。《印度共和国宪法》（1949）第14条规定:"法律面前的平等：国家不得拒绝给予任何人在印度境内的法律面

---

① 《世界各国宪法》编辑委员会编译．世界各国宪法·欧洲卷 [Z]．北京：中国检察出版社,2012：178-778．
② 《世界各国宪法》编辑委员会编译．世界各国宪法·美洲大洋洲卷 [Z]．北京：中国检察出版社,2012：1-952．

前的平等或者法律的平等保护。"① 我国《宪法》第33条规定："公民在法律面前一律平等。任何公民享有宪法和法律规定的权利，同时必须履行宪法和法律规定的义务。"我国宪法规定的法律面前人人平等，显然所指的也是权利平等。

在我国，长期以来有这样一种观点，即认为平等权仅限于实施法律上的平等，而在权利上是不平等的也是不可能平等的。有学者将以上学说称为"实施平等说"②。该说将法律面前的平等解释为"实施法律上的平等"，不仅不符合现代各国宪法的立法精神，也与现代各国宪法的前述具体规定明显不符。如前所述现代各国绝大多数宪法规范中的法律面前人人平等基本都指权利平等，既包括平等的主体地位也包括平等的对待。

二、权利平等是平等权的核心内容

平等权是指全体公民拥有平等的获取和享受权利的资格。平等权包括立法平等和法律实施平等等内容。立法平等是指立法机关在制定法律时必须给予所有的人以平等对待。法律实施的平等是指司法、执法、守法、护法平等，其中以执法机关平等的适用法律为重点。③ 平等权与特权相对立，它是为否定特权而产生和存在的。④ 特权的目的在于免于法律的管束，或赋予法律所未禁止的某种事物以专属权利。不受法律的约束便构成特权，而只有凭借上述两种方式之一，才能摆脱法律的管束。⑤ 向特权最先发起挑战的近代宪法性文件，是法国的《人权宣言》。"法律面前一律平等"的口号被

---

① 《世界各国宪法》编辑委员会编译．世界各国宪法·亚洲卷 [Z]．北京：中国检察出版社，2012：495-782．

② 闫国智，徐显明．权利平等是我国公民平等权的根本内容——兼评"实施平等说" [J]．中国法学，1993（4）：26．

③ 朱应平．论平等权的宪法保护 [M]．北京：北京大学出版社，2004：32．

④ 闫国智，徐显明．权利平等是我国公民平等权的根本内容——兼评"实施平等说" [J]．中国法学，1993（4）：30．

⑤ 西耶斯．论特权 [M]．冯棠，译．北京：商务印书馆，2009：1．

法国《人权宣言》首倡之初,就确定无疑地是指权利平等。① 正是该"法律面前一律平等"即权利平等这一理念的提出,才首先从观念及思想领域向权贵者的特权发起了挑战。法国《人权与公民权利宣言》自问世以来,正如耶利内克所言:"无论宣言的大而化之的宽泛表述是否有价值,毫无疑问是在宣言的影响下,个人的公共权利的观念在欧洲大陆国家的实证法中发展了起来。……人权宣言第一次给实证法注入了个人权利可以对抗作为一个整体的国家这一观念,而这一观念在此之前只在自然法中存在。"②

可见,法国《人权宣言》将法律面前一律平等即权利平等这一原本自然法理念,从自然法领域带进了实在法即制定法领域,作为现代各国已具有普遍性的宪法精神、现代文明社会的法治理念,已嵌入人类的灵魂深处。伴随着现代各国宪法及法律对平等权在法律上的确认或体现,这就使得与特权、等级等不平等法律现象或社会制度相对立或相抗衡的不仅仅只是法律面前一律平等这一权利平等观念,而且还有存在于现代各国实在法之上的具体的法定平等权规范。前者,依托的是抽象的权利平等观念;而后者,凭借的则是各类具体的法定平等权规范。由此观之,法律面前一律平等即权利平等不仅是法定平等权的核心内容,还是法定平等权乃至现代法治主义的发端。

此外,作为现代法治理念的重要组成部分的权利本位思想,是现代法学的核心理论主张。权利本位观念主要坚持权利平等观点,该观点认为:法律面前人人平等,即法律面前一律平等,既包括地位平等、身份平等、机会平等及权利平等,也包括平等分配,平等对待,平等保护。③

---

① 闫国智,徐显明. 权利平等是我国公民平等权的根本内容——兼评"实施平等说"[J]. 中国法学,1993(4):26.
② 格奥尔格·耶里内克.《人权与公民权利宣言》:现代宪法史论[M]. 李锦辉,译. 北京:商务印书馆,2012:1-2.
③ 赵秉志主编. 现代法治理念[M]. 北京:北京师范大学出版社,2012:34-35.

然而，如前所述法律面前一律平等即权利平等并非事实或实质上的平等，而是形式上的平等。人类正是在此平等观念的引领下，并凭借该法律化了的权利平等理念即法定平等权，逐步实现或扩大了人与人之间机会的平等、地位的平等及平等的对待，从而有效地缩小了人与人之间的利益差别，扩大了平等权利的范围及其种类。从某种意义上说，该形式上的权利平等是通往实质权利平等的桥梁和纽带，正是该具有桥梁价值的权利平等构成了平等权的核心内容，并决定着平等权的产生、存在和发展。没有形式意义上的权利平等即法律面前一律平等，就不可能有法律上的平等权。

三、平等原则就是权利平等原则

平等通常是一种原则，一种观念。平等既有法律上的平等，也有道义上的平等。法律上的平等则是一种法定权利，即平等权。平等还可分为事实上的平等、观念上的平等和法律上的平等即权利平等等。

17世纪法国著名哲学家皮埃尔·勒鲁（Plerre Leroux）认为：平等是一种原则、一种信条、一种信念、一种信仰、一种宗教。平等也是一种神圣的法律，一种先于所有法律的法律，一种派生出各种法律的法律。勒鲁同时认为，创造权利的东西恰恰就是确认人们的平等。如果一个生气的父亲或者一个嫉妒的丈夫能够随心所欲地惩罚或报复自己的孩子或妻子，那是因为人类的平等尚未得到承认，也因为弱者在强者面前一文不值或者说微乎其微。从人道思想出发，每个人都有可能具有和其他任何人同样的权利。如果我们还无法真正行使这种权利的话，如果我们还太愚昧、太堕落、太贫困，以致无法在地球上组织人类平等的话，那么这种平等仍然比我们所有的民族、我们所有的政体、我们所有的机构更优越、更高超。皮埃尔·勒鲁还在其"关于人类的学说（警言）"中指出："平等是一切人类同胞所具有的权利，这些人同样具有知觉——感情——认识，他们被置于同等条件下：享受与他们存在的需要和官能相联系的同样的财富，并在任何情况下都不受支配，不受控制。

平等被认为是一切人都可以享受的权利和正义。"① 可见,勒鲁的以上平等观,主要是指道义或观念上的平等,并非纯粹法律意义上的平等。马克思主义平等观认为:"平等观念,无论以资产阶级的形式出现,还是以无产阶级的形式出现,本身都是一种历史的产物,这一观念的形成,需要一定的历史关系,而这种历史关系本身又以长期的、以往的历史为前提。"②

法律权利的平等性是现代法治的质的规定性。社会主义权利平等的法律形式,表现为公民权利的平等,是公民宪法权利的规范化、具体化。公民权利的平等,是依法行使公民权利和履行公民义务的统一,它既不承认凌驾于法律之上或超越于法律之外的任何以特权形式存在的权利,又不超越于权利平等的特定历史阶段而过于苛求社会的平等,而恰当地将社会平等的因素注入权利平等之中。权利平等主要表现为法律面前人人平等,是法律赋予权利主体权利能力的平等,它只要求法律提供给一个权利主体的机会是平等的,并不否认主体之间的个体差异。③ 平等与其说是一种权利,还不如说是一种原则更为妥帖。如果将平等作为权利本身看待其实并无实际的权利内容,如男女(权利)平等、人格(权利)平等、主体资格(权利)平等、民族(权利)平等等,无不是强调其权利本身的平等,即权利在原则上是平等的。权利平等原则既是法治的核心内容,也是立法平等的根基。权利平等必然意味着法律面前人人平等。法律面前人人平等的现代法治原则在现实的政治、社会、经济生活中能否确立,则应当以法律是否以权利平等为内容作为衡量的尺度。只有以权利主体的普遍性、内容的同一性与救济的非歧视性三位一体为权利平等的实现,方能断言法律面前人人平等。权利平等原则是体现于权利的立法与运行中的概括性与基本性原则,具体包括基本权利的完全平等原则与非基本权利的比例平等原则。④

---

① 皮埃尔·勒鲁. 论平等 [M]. 王允道,译. 北京:商务印书馆,2009:21-26,282-283.
② 马克思恩格斯选集(第3卷)[M]. 北京:人民出版社,1995:448.
③ 黄韬. 社会主义法治的权利平等性 [N]. 光明日报,2002-1-19(11).
④ 范进学. 权利平等辨析 [N]. 法制日报,2002-6-9:003.

平等作为一种道德原则，只能是社会平等而不能是自然平等，而社会平等实质上是权利平等。因此，平等原则实乃权利平等原则。①

第四节 权利界定及权利限制理论的经济分析

"精确"是法律文件的独有特征得以形成的驱动力量，但是，"精确"不一定就意味着极度清晰——它也可能包括采用适当的模糊性或灵活性。② 法律语言并不是绝对高度精确的。实践中，法律语言在表达立法及创设或确认权利时，其所表达的实质内容并非像其外在形式那样，即实现了法律规则足够精确的制定并达到了法律、权利界定等在逻辑上的完满状态。因为，该法律语言本身就具有一定的模糊性。③

以权利平等原则为基石的权利限制理论则认为，法定权利是有明确界限的，该权利的界限虽然是相对的，但权利总是具体的，相对清晰的权利界限总是存在的，否则权利也就不能称其为权利，因此，权利应受到限制。权利的法律性及社会性是权利的本质属性。权利的清晰或精确界定及其限制，才是化解权利冲突的有效途径。因此，有关权利界定及其限制的前述理论对于分析权利冲突成因、寻求权利冲突化解路径均具有重要意义。该相关理论之经济学依据，主要为制度经济学中的交易成本理论及租值消散理论。

一、交易成本理论关于权利界定的经济分析

（一）交易成本理论

交易成本理论（Transaction Cost Theory），也称交易费用理论。

---

① 王海明. 平等新论 [J]. 中国社会科学，1998 (5)：53.
② 约翰·吉本斯. 法律语言学导论 [M]. 程朝阳，毛凤凡，译. 北京：法律出版社，2007：45.
③ Daniel H. Erskine , "Judgments of the United States Supreme Court and the South African Constitutional Court as a Basis for a Universal Method to Resolve Conflicts Between Fundamental Rights" (2008) 22 , Saint John's Journal of Legal Commentary 595, 638.

第四节　权利界定及权利限制理论的经济分析

作为交易成本理论最为重要的代表人物之一，诺贝尔经济学奖获得者美国著名经济学家威廉姆森（Oliver Eaton Williamson）在其著作《资本主义经济制度》一书中对交易成本理论这样描述道："交易成本经济学是根据制度的比较来研究经济组织的一种方法，而交易则是分析这种组织的基本单位。它是一种跨学科的理论，涉及经济学、法学和组织理论的方方面面。其视野较宽，适用范围也较广。实际上，任何一种关系，不论是经济关系还是其他关系，只要它表现为、或者可以表述为签约的问题，就都能根据交易成本经济学的概念作出评价。它不仅适用最明显的合同关系，也适用于不太明显的合同关系。"①

如威廉姆森教授所言，交易成本理论是一种跨学科的理论，涉及经济学、法学和组织理论等方面。交易成本经济学是新制度经济学的一个重要分支，始于20世纪30年代以前，直到六七十年代才逐渐成熟。除威廉姆森之外，在经济学方面，对交易成本理论作出重要贡献的还有弗兰克·奈特、约翰·R.康芒斯、罗纳德·哈里·科斯、弗里德里希·哈耶克、肯尼思·阿罗等众多经济学家。需要强调的是，促成威廉姆森对交易成本理论展开系统研究并逐渐成熟的，当属1937年科斯发表的《企业的性质》及1960年发表的《社会成本问题》两篇经典著作。正是科斯"交易成本"概念的提出，使经济学领域掀起了一场革命，也由此使得哈里·科斯教授荣膺1991年度诺贝尔经济学奖之桂冠。

在交易成本理论形成和发展的过程中，康芒斯首次通过其一般化的"交易"概念，将社会经济生活中人与人之间的交互活动或关系视为"交易"，并对"交易"进行了详尽的分析和较为严格的界定，提出了经济分析的逻辑起点和分析单元，而科斯却发现并澄清了交易成本概念。科斯这一伟大发现，虽使经济学领域掀起了一场革命，但他并未就此深入下去，也没有给出交易成本的明确界定。直到20世纪70年代，随着交易成本理论的兴起，威廉姆森又

---

① 奥利弗·E.威廉姆森.资本主义经济制度［M］.段毅才，王伟，译.北京：商务印书馆，2009：571.

赋予了交易成本以新的含义。威廉姆森不仅将"交易"重新界定，而且提出把交易涉及的资产专用性、不确定性和发生频率作为描述交易的性质，从而使交易分析方法真正成为组织现象的一种分析工具。①

（二）权利界定与交易成本：权利界定是市场交易的基本前提

在经济学领域，权利界定理论与"产权"这一概念密不可分，"产权"是权利界定的结果。作为权利界定之结果的"产权"，②道格拉斯·W. 艾伦（Douglas W. Allen）认为，把交易成本和产权分开本身并没有问题，但是，如果要理解科斯提出的种种根本性问题，必须认识到这两个概念之间的相互依赖性。进一步说，如果不确认他们之间的依赖性，就可能导致错误的思考。产权和交易成本，③正如一枚硬币的正反两面，因此，"假设交易成本为零和产权完全"这样的说法是多余的。可以说，在一定条件下，交易成

---

① 王国顺，周勇，汤捷. 交易、治理与经济效率：O. E. 威廉姆森交易成本经济学［M］. 北京：中国经济出版社，2005：5-14.

② "现代产权分析在很大程度上是在美国发展起来的，因此它自然是基于普通法术语即字面上宽泛意义的产权（Coase，1960）"，即"盎格鲁美国普通法（Anglo-American common law）中的较为宽泛意义上的产权，它不仅与有形的物品有关，后者包括专利、版权和合约权（如 Lawson and Rudden，1982）。"埃里克·弗鲁博顿，鲁道夫·芮切特. 新制度经济学：一个交易费用分析范式［M］. 蒋建强，罗长远，译. 上海：上海人民出版社，2012：102-103.

③ 新制度经济学重要代表人物之一，中国香港经济学家张五常在谈到产权和交易成本的关系时说，可以把交易成本看作是一系列制度成本，其中包括界定和实施产权的成本。张五常这样界定交易成本："从最广泛的意义上说，交易成本包括所有那些在鲁滨孙·科鲁索经济中不可能存在的成本，在这种经济中，既没有产权，也没有交易，亦没有任何种类的经济组织。这样宽泛地界定交易成本是很有必要的，因为常常无法把各种不同的成本区分开来。这样定义之后，就可以把交易成本看作是一系列制度成本，其中包括信息成本、谈判成本、起草和实施合约的成本、界定和实施产权的成本。简而言之，交易成本包括一切不直接发生在物质生产过程中的成本。"张五常. 经济组织与交易成本［A］. 张五常. 经济解释：张五常经济论文选［C］. 北京：商务印书馆，2000：407-408.

第四节 权利界定及权利限制理论的经济分析

本为零也就是说产权是完全的。① 艾伦还指出,如果一定条件下的产权是完全的,就会有两个可能,要么交易成本为零,要么为了保障产权,可能招致成本,而保障产权的收益要大于所招致的成本,在这种情况下,交易成本为正。进一步来看,当产权为零,交易成本也会为零。比如,如果一项产权从没有被确立过,不管为此目标需要投入多少资源,都不会有人自找麻烦花钱来确立产权,因此这个物品也就会保持一种无主状态。交易成本事实上就是为了建立和维持产权而花费的成本,认识到这一点,也就弄清楚了这两个概念之间的关系。②

科斯认为,一旦建立了当事人的法律权利,当事人各方之间的谈判就能够改变法律规则程序,前提是,只要有迹象表明在谈判中所花费的费用有益于问题的解决。在制糖商的机器噪声影响到与其相邻的医生的安宁案例中,在可磋商的利益基本对等的前提下(即"在谈判中所花费的费用有益于问题的解决"),双方之所以都有可能相互做出让步,可以通过自行谈判解决彼此之间的矛盾和冲突,是因为双方的权利都已经由法律给予了相对清晰的界定。换句话说,正如科斯断言:权利的界定是市场交易的基本前提。但是,交易的最终结果(即产值最大化)与法律判决无关,因为这是由市场主体自由选择的结果,并非源自法庭的强制判决。科斯提出假定,如果经济系统的运行效率完全独立于法律框架之外,或称完全不受法律的约束,事情也许就简单了。但是事实并非如此。在现代法治社会中,现实中的法定权利是无所不在的,由此科斯指出:"权利的法律界限为权利通过市场交易重组提供了起点。"③

---

① 经济学家张五常也认为:"……被清楚界定的权利的双重规定性和零交易成本是多余的。如果交易成本确实为零,那么对权利的描述就可以忽略。" Steven N. S. Cheung, On the New Institutional Economics, in Lars Werin & Hans Wijkander (eds), Contract Economics, Blackwell Publishers (1992), pp. 54.

② 道格拉斯·W. 艾伦. 再论产权、交易成本和科斯 [A] 斯蒂文·G. 米德玛编. 科斯经济学:法与经济学和新制度经济学 [C]. 罗君丽,李井奎,茹玉骢,译. 上海:上海三联书店 2010:143-144.

③ 罗纳德·哈里·科斯. 论生产的制度结构 [M]. 盛洪,陈郁译,校. 上海:上海三联书店,1994:73,92.

（三）法律体系的目标之一就是建立清晰的权利界限

针对西普曼教授描述的无线电和电视频率领域"割喉式竞争立即阻碍了无线电的有序发展，并且迫使听众经受不可名状的疲劳和不便"。这一状况，① 哈里·科斯在其1959年发表的经典著作之一《联邦通讯委员会》一书中指出，经济学常识告诉人们，几乎所有在经济系统中使用的资源（不单是无线电和电视频率）数量都有限，因此都是稀缺的，人们的需求总是大于供给。美国经济制度中的常用方法是使用价格机制，这样分配资源给使用者无需政府管制。西普曼教授好像把政府进行管制之前存在的混乱归因于私人企业和竞争制度的失败，但问题的真正原因却是没有在这些稀缺性资源中建立产权。不建立资源的产权，私营企业制度就不能正常运行。产权建立以后，任何希望使用这一资源的人就必须向资源所有者付钱。这样，混乱就消失了。就"私人财产与频率分配"问题，哈里·科斯指出，如果频率使用权可以转让，那么应当对这种使用权的性质作出精确界定。因为，"法律体系的目标之一就是建立清晰的权利界限，使权利能在此基础上通过市场进行转移与重新组合"。以无线电业所面临的问题为例，一人发送的信号会干扰另一人发送的信号，解决的办法就是划定各人拥有的权限，至于根据严格的规则进行权限规定的结果如何，以及进行市场交易的结果如何，则是只有实践经验才能回答的问题。②

美国经济学家巴泽尔（Yoram Barzel）断言，权利的界定是受个人最优化的影响；这种界定要消耗资源，完全界定的成本更是非常高的。因此，产权永远不会是完全界定的。具体而言，人们可以界定产权，可以按照对自己最有利的原则决定把产权界定到什么程度。在此意义上可以说，产权总能得到最好的界定。然而，由于商

---

① Charles Arthur Siepmann, Radio, Television and Society (Oxford University Press, 1950), pp.5-6.
② 罗纳德·哈里·科斯. 论生产的制度结构 [M]. 盛洪, 陈郁译, 校. 上海：上海三联书店, 1994：59, 71, 80.

品属性复杂，测定每种属性都要付出成本，彻底界定产权的代价过于高昂，因此产权从来不可能得到充分的界定。①

交易成本理论有关产权或权利界定的前述经济分析，也从经济学的角度验证了权利边界所具有的相对模糊性及清晰性这一二重属性。可见，产权的完全界定，同权利界限的完全清晰界定一样，都只能是人类的法律理想或者法律体系的目标之一，随着人类社会的进步和发展，人们只能无限接近却永远也无法完全实现。

（四）权利界定越清晰对交易的实现越有利

诺贝尔经济学奖获得者美国经济学家道格拉斯·C.诺思（Douglass C North）认为，如果财产权利的界定是模糊的，我们不可能明确我们要交换的是什么。在许多情况下，对我们来说上述活动是不确定的，这为帮助当事人达成契约的律师提供了大量的工作。事实上，对某个商品和服务特征界定得越清晰，对双方交换的实现越有利。否则，如果无法衡量所交换的是什么，我们就不可能实施契约。因此，对能否实现低成本交换的一个先决条件是，不仅要明确所交易的是什么，而且要明确我们是否拥有能够证实根据契约交易完成所需要的实施条件的方法。②

如果每一个人的每一项权利，都要同所有社会上的其他人单独谈判而达成协议，过高的交易成本使其不可能。节约交易成本的方法，是制定一套简单的程序，只要社会成员符合某些条件，就授予相应的权利，该权利配置的方法即为制度化的权利配置。交易成本的一个主要内容，是确保协议（包括权利的协议）得以执行的成本，即合同达成后，要防止交易中的一方因环境的变化而采取机会主义行为。依交易成本理论，一切交易均为权利的交易。如果监督交易合约的成本过多，很多交易就会被终止。界定权利的大部分利

---

① Y.巴泽尔.产权的经济分析[M].费方域,段毅才,译.上海：上海人民出版社,1997：88,159.

② 道格拉斯·C.诺思.经济学的一场革命[A].科斯,诺思,威廉姆森等,克劳德·梅纳尔编.制度、契约与组织——从新制度经济学角度的透视[C].刘刚等,译,北京：经济科学出版社,2003：50.

益，以及生产的利益，就无法实现。① 诺思指出，一个以诚信和正直特征为支撑的社会将是低交易成本的社会。相应地，在一个人们相互不信任或相互欺诈的社会，必然耗费大量的资源用于界定和实施契约。也就是说，当人们拥有实施契约的一套行为准则时，交易成本是较低的。因此，作为基础的政治和社会环境是降低交易成本和提高经济活动效率的必要条件。②

通常情况下，在讨论同意或交换时，指的是在清晰界定的产权体系内进行的。如果没有建立清晰的产权关系，人们必须通过谈判，以确定彼此所享有的权利。在权利没有界定的情形下，界定权利的谈判过程既包括承诺也可能有威胁。事实上，人们界定权利的根本目的，是建立一个边界，以指示人们在同社会的交往中，合理地约束自己的行为。③ 换句话说，权利的边界越清晰，对交易的实现就越有利。

二、交易成本理论关于权利限制的经济分析

新制度经济学的重要代表人物之一，华盛顿大学经济学教授巴泽尔指出，研究产权的经济学家通常都不赞成对产权施加约束，认为任何约束都会"稀释"产权。④ 因为施加各种约束，一般来说，

---

① 陈舜. 权利及其维护：一种交易成本观点 [M]. 北京：中国政法大学出版社，1999：65-68.
② 道格拉斯·C.诺思. 经济学的一场革命 [A]. 科斯，诺思，威廉姆森等，克劳德·梅纳尔编. 制度、契约与组织——从新制度经济学角度的透视 [C]. 刘刚等，译，北京：经济科学出版社，2003：52.
③ 陈舜. 权利及其维护：一种交易成本观点 [M]. 北京：中国政法大学出版社，1999：168-187.
④ 就一般意义而言，产权虽仅为权利的一种类型，但在交易成本理论中，产权具有较为宽泛的意义。如前所述，"现代产权分析在很大程度上是在美国发展起来的，因此它自然是基于普通法术语即字面上宽泛意义的产权（Coase，1960）"，即"盎格鲁美国普通法中的较为宽泛意义上的产权"。埃里克·弗鲁博顿，鲁道夫·芮切特. 新制度经济学：一个交易费用分析范式 [M]. 蒋建强，罗长远，译. 上海：上海人民出版社，2012：102-103. 可见，巴泽尔教授对产权限制的论证，基本上可以通用于对权利限制的论证。

第四节 权利界定及权利限制理论的经济分析

都会限制个人的行动自由；对个人产权施加约束，将减少个人财产的价值；因此似乎这些约束都是有害的。而事实并非如此。巴泽尔称，即便在资本主义国家，在市场经济中，个人也不能任意使用"他们"的财产，他们的自由处处受到限制。例如，卡车司机除非获得特许否则不准收费载客；美国西部的水资源所有者不能想把水卖给谁就卖给谁，也不能随意将水挪作他用；在城市地区，楼房的建设规模及地点也要服从城市规划的安排。就权利所受到的约束或限制而言，以土地利用为例，不仅有来自于政府的官方限制，丕会受到私人约法的限制。而私人的、自愿接受的约束或限制都是其组织的创办者制定的。创办者认为，有了这些约束，土地的售价将会提高，从而使自己的净收入总额增加。因此巴泽尔断言，如果真是如此，则财富最大化与所有权受到约束或限制之间的矛盾只是表面的、不真实的。①

从所有权分割与对所有者的约束这一角度出发，巴泽尔教授将对所有权施加约束或限制的作用概括为两方面：其一，使人们能够方便地运用排他性，以确保权利的完整。可见，对商品所有权实施这种限制，能够防止人们染指非其所有的（商品）属性，因此它并不会稀释产权。其二，防止所有者的资产被盗。由于资产可能随时面临被盗窃的危险，因此所有权从来不是绝对安全的。对此，巴泽尔断言，一般而言，产权界定越明确，财富被无偿占有的可能性就越小，因此产权的价值就越大。依交易成本理论分析，交易要花成本，使得交易总会产生不如意的副作用。之所以会产生副作用，主要原因在于某种商品的所有权被多人所分割，而不是仅仅归一人所有。某人拥有这一商品的某种属性后，他就能比较容易地白白使用归别人所有的那些属性。如果要限制这种现象，就必须对伴随交易而出现的这些副作用制定出价格，并予以保护；但这样做的代价过高。解决的方法之一是做出（权利限制）规定，以制止人们抢

---

① Y. 巴泽尔. 产权的经济分析 [M]. 费方域，段毅才，译，上海：上海人民出版社，1997：119-120.

占别人的权利和占有别人的便宜。①

可见,依据交易成本理论,为化解对非相容性所有权行使所出现的矛盾和冲突,法律应对所有权的行使施加适当限制。而对所有权施加限制的直接原因,则主要源于所有权被多人所分割,从而危及了所有权的完整性与安全性。对所有权限制的主要作用,也正是为了实现所有权之完整性与安全性的复归。

至于所有权为何要被多人分割,以及所有权的分割与对所有权的限制问题,巴泽尔教授以电冰箱所有权为例给出了经济学上的分析和依据。巴泽尔称:"电冰箱卖给消费者以后,其所有权并未完全转移给消费者;冰箱厂仍然保留一部分责任,如保修等义务②;因此厂家仍然是冰箱的某些属性的所有者。这些属性归冰箱厂所有,显然要比归消费者所有更有效率。例如,制冷剂会不会漏出,主要取决于生产过程,而不取决于消费者。压缩机寿命的长短也是如此,它主要取决于生产中的工艺流程,厂家自然了如指掌,而消费者则一无所知。这样,消费者买到电冰箱后,只能拥有其部分属性的所有权;而对诸如'制冷剂漏出'这样的属性的所有权,他是没有的。当买卖双方自愿进行交易时,所有权分割的好处是一目了然的。"对于冰箱厂承担保修的责任(即保修属性的所有权)的限制,其合理性所在,巴泽尔认为:"这种限制有助于区分厂家的质量责任和用户滥用的责任,有利于减少磨损和白占便宜的可能。这样,用户的所有权就被'稀释'了:凡将冰箱用于商业目的去赚钱者,均不予保修,这是对滥用者的一种惩罚;用户所保留的只是在冰箱中存放何种食品的权利,或者说存放食品这种属性的所有

---

① Y. 巴泽尔. 产权的经济分析 [M]. 费方域, 段毅才, 译, 上海: 上海人民出版社, 1997: 120-132.

② 对此保修义务,以巴泽尔教授的本意,准确地说应表述为"有限制的"的保修义务,才较为妥帖。"有限制的"保修,主要是指期限上的限制,如保修5年,以及将禁止商业使用作为保修的限制条件等诸如此类的限制。对冰箱的保修自然是冰箱厂的义务,而对保修的"限制"却成了冰箱厂的权利,就是说冰箱厂仍然是冰箱某些属性的所有者,巴泽尔称之为"冰箱厂所保留的那部分所有权",即"保修属性的所有权"。

权。由此可见，限制商业性使用可以降低无偿占有所造成的浪费（或称'攫取成本'），也就增加了交易的净价值；换言之，增加了用户所拥有的那些属性的价值。"①

至于巴泽尔对于"商业目的去赚钱者，均不予保修"这一假定，虽忽略了某些消费者购买冰箱就是为了商业目的这一情形，但是，该假定之意图也仅作为限制消费者滥用其商品所有权之例证而已，并不影响巴泽尔关于"所有权分割与对所有者的约束"这一问题的分析及整体论证。

三、租值消散理论对权利界定的经济分析

（一）租值消散理论

租值消散（dissipation of rent）也称租值耗散。租值消散理论（The Theory of Rent Dissipation）是当代产权经济学的重要理论之一。租值消散理论是科斯交易成本理论在产权理论领域的具体运用，也就是从另一角度来看"社会成本"。作为租值消散理论最为重要的代表人物，香港经济学家张五常曾在其《收入与成本——供应的行为（上篇）》一书中回顾道：租值消散是经济学的一个重要话题，可惜重视的人并不多。20 世纪的西雅图曾经出现过一个华盛顿经济学派，其代表人物有巴泽尔、诺思及张五常等少数几位经济学家，处理交易费用是这一学派的主要研究课题，而其比较独特之处是重视租值消散。② 其实，租值消散的理念，最早源于美国经济学家弗兰克·H. 奈特（Frank Hyneman Knight）1924 年在其《社会成本问题理解中的一些谬误》一文中对庇古关于好路和差路例子的解释。30 年之后，加拿大经济学家 H. 斯科特·戈登（H. Scott Gordon）于 1954 年在其《公用财产资源的经济理论：渔业》一文关于公共渔场的分析中，首次提出了"租值消散"这一

---

① Y. 巴泽尔. 产权的经济分析 [M]. 费方域，段毅才，译，上海：上海人民出版社，1997：121-122.
② 张五常. 经济解释卷二：收入与成本——供应的行为（上篇）（神州增订版）[M]. 北京：中信出版社，2011：232.

概念。此后，经张五常及巴泽尔等经济学家的推动和发展，租值消散理论逐渐成熟，使其成为产权理论的一个重要分支。①

依据租值消散理论，权利的界定与租值消散现象之间密切相关，权利（或产权）的未清晰界定，是导致租值消散的根本原因。因此，如欲防止或避免租值消散，就必须清晰地界定权利的边界或界限，而权利的清晰界定只能是相对的，并非充分的或完全的。租值消散理论作为现代产权经济学的重要组成部分，它运用交易成本理论并从观察社会成本的另一角度，揭示了权利的相对清晰界定，在现代市场经济中的重要地位和作用。

（二）租值消散与权利清晰界定的关系分析

张五常于1970年在其《合约结构和非专有资源理论》一文对捕鱼业的分析中指出，对于公共渔场，因为捕鱼中的劳动边际产品低于其他地方使用的劳动的边际产品，因此会造成经济浪费。换言之，劳动的平均产品等于工资率会导致渔场的租金消散。② 对此，弗兰克·H.奈特（Frank Hyneman Knight）于1924年就提出过自己的观点："所有权的社会功能正是在于防止好路的这种过度使用。……如果假定道路由私人占有和开发，那么通过一般的经济动机的作用肯定就会带来假想税将会确立的那种理想状态。"③ 1960年，哈里·科斯在其《社会成本问题》一文中指出，社会成本问题的产生，或是由于缺乏专有权（因而缺乏合约权），或是合约权虽存在但实施合约的成本却很高。④ 基于此，张五常指出："产权

---

① 张五常.合约结构和非专有资源理论［A］.张五常.经济解释：张五常经济论文选［C］.北京：商务印书馆，2000：94；张五常.经济解释卷二：收入与成本——供应的行为（上篇）（神州增订版）［M］.北京：中信出版社，2011：232-235.

② 张五常.经济解释卷二：收入与成本——供应的行为（上篇）（神州增订版）［M］.北京：中信出版社，2011：94.

③ 弗兰克·H.奈特.社会成本问题理解中的一些谬论［J］.经济学季刊（1924）：163-164.转引自张五常.合约结构和非专有资源理论［A］.张五常.经济解释：张五常经济论文选［M］.北京：商务印书馆，2000：102-103.

④ 罗纳德·哈里·科斯.论生产的制度结构［M］.盛洪，陈郁译，校.上海：上海三联书店，1994：157-161.

通过市场合约而在单个所有者之间转移要求产权是专有的。专有产权授予所有者作出资源使用决策以取得收入的有限权利。要划定这种界限需要量度和执行。任何财产都是多方面的，故专有性常常是程度问题。但是，如果不存在对一种行为的权利的专有性的某种执行和监察，也就不存在为进行交换而签定合约的权利。"① 可见，防止租值消散需要界定产权，而界定产权或划定权利界限，却又因为"需要量度和执行"也需要成本，即权利的界定也是需要成本的。

依租值消散理论，所有因为权利界定不明确的竞争带来的租值下降，与公海捕鱼一样都属租值消散，该租值显然是一种交易费用。如前所述，在市场竞争条件下，为防止租值消散需要界定产权，而界定产权也是有费用的。产权界定的费用虽是由于市场的存在而存在，但市场的出现并非为了增加这些费用，相反却可以协助节省某些交易费用。可见，产权的清晰界定与市场的出现一样都会协助减少租值消散。②

第五节 权利冲突化解的理想路径分析

一、"利益增进"解决模式检视

权利冲突之利益增进解决模式主要源于利益冲突论，即权利的冲突实质上就是利益的冲突。李友根教授认为，增加利益资源，是解决权利冲突的模式之一。因为只要利益资源足够丰富，能满足所有社会成员的生存与发展需要，则不存在利益的冲突，进而也就不存在权利冲突。李教授也指出，由于资源有限性与人的欲望的无限性是普遍与根本现象，因此这一模式往往带有空想的成分。但是，

---

① 张五常．经济解释卷二：收入与成本——供应的行为（上篇）（神州增订版）[M]．北京：中信出版社，2011：104．
② 张五常．经济解释卷二：收入与成本——供应的行为（上篇）（神州增订版）[M]．北京：中信出版社，2011：238-243．

在社会生活中,随着科学技术水平的提高与人类不断的探索,仍存在着增加利益资源以解决冲突的现象与实践。①

首先,如前所述利益冲突论源自权利的本质之"利益说",该说仅以"权利是由法律所确认或保护的合法利益"为由,认为权利冲突的根本原因就在于利益的冲突,失之偏颇。其将法定权利直接视为特定的利益,从而将权利主体与受益主体视为同一主体,而且也忽视了法定权利的社会性,尤其是其"法力性"。该"法力性"才是权利得以存在的基本属性。利益冲突论将权利冲突的客观性过分夸大了,否定了权利的社会性及法律属性,并忽略了立法者在划定权利界限时的主观能动性,从而陷入了形而上学的机械论乃至"宿命论"。

其次,李教授已经意识到通过利益增进模式解决权利冲突问题带有"空想的成分",而依然以社会中"存在着增加利益资源以解决冲突的现象与实践"为由提出以利益增进模式解决权利冲突。这种解决权利冲突的方法,并没有看到矛盾的主要方面,没有抓住问题的本质及核心。以矛盾分析方法,权利冲突这一矛盾的主要方面主要表现为权利界限的模糊性或非清晰性,并非是利益的有限性。从方法论来看,矛盾的主要方面要求抓本质、抓主流。欲解决权利界限模糊这一矛盾的主要方面,应依权利限制理论,从立法上力求清晰划定权利的界限,而不是至少主要不是通过利益增进模式来解决。因为利益增进模式永远无法克服或解决利益的有限性与人类贪欲的无限性之间的矛盾。

二、权利清晰界定的可行性与必要性分析

如前所述,法定权利是有明确界限的,是权利和义务的统一。虽然基于法律规则的不确定性和法律语言的模糊性等特性,使得法定权利的界限具有模糊性,进而决定了法定权利边界在现实中具有不同程度的相对性和不确定性。但是,就逻辑而言,权利的界限虽

---

① 李友根. 权利冲突的解决模式初论 [J]. 公法研究, 2004 (1): 288-290.

然是相对的，但权利总是具体的，相对清晰的权利界限总是存在的，否则权利也就不能称其为权利。如前所述，权利所具有的确定性，是权利之所以成为权利的内在根据。就某一项具体权利而言，譬如隐私权，如英国学者彼得·斯坦、约翰·香德所言，如果无法对隐私下任何精确的定义，那么它就是一种不能也不应由法庭来判断的权利。① 权利所具有的确定性，正是对"权利的相互性"理论在逻辑上的否定。因为，就确定的权利而言，一项权利必然对应着一项义务即"权利的相对性"，就是说一项权利的实现就必定意味着另一项义务的履行，反之亦然。而并非如"权利的相互性"论者所言一项权利的实现必然意味着是对另一项权利的侵害，或者说，权利的实现意味着侵权。权利的相互性理论不仅混淆了"权利的相互性"与"权利的相对性"的本质区别，而且使得权利逻辑陷入"权利的实现"意味着"侵权"的尴尬之中。

权利清晰界定的可行性，正源自权利的确定性及其界限的相对清晰性。如前所述，权利的边界既具有模糊性也具有清晰性这一双重属性。就是说，权利的边界既不存在绝对的模糊性也不存在绝对的清晰性。因此，对于权利的边界，既不能否定权利界限的相对模糊性，也不能过分夸大该模糊性，甚至认为权利的界限具有绝对的模糊性，从而否定权利的社会性及法律属性，进而忽略立法者在划定权利界限时的主观能动性。

由于权利的相对模糊性，就使得在现实中，权利冲突是一个难以避免的客观现象，具有一定的普遍性。权利的清晰界定正是解决权利冲突这一矛盾的主要路径之一，并非利益冲突论者所主张的那样，即通过增加利益资源来解决权利冲突。原因如下：首先，通过利益增进永远都难以解决利益的有限性与人的欲望的无限性这一不可调和的冲突和矛盾；其次，利益的有限性与人的欲望的无限性这一冲突和矛盾，并非权利冲突的主要根源，现实中的权利冲突主要源于权利的社会性尤其源于其法律属性。具体言之，主要源于权利

---

① 彼得·斯坦，约翰·香德. 西方社会的法律价值 [M]. 王献平，译，郑成思，校. 北京：中国法制出版社，2004：265.

界限的模糊性及交叉性等法定权利的内在属性。

三、权利限制的可行性与必要性分析

美国学者霍尔姆斯与桑斯坦认为,可废除性是所有的法律权利逃不掉的特征,包括宪法权利。除成本之外,法律权利不得不总是受到消减或限制的另一个重要原因也值得重新审视:在现实中,权利就是可以向其他人行使的法律权利,权利总是可能被滥用;为了防止导致错误的结果,权利必须受到限制。① 权利限制除了具有防止权利被滥用的功能之外,还具有化解权利冲突的重要功能,这是化解权利冲突的重要路径之一。

对权利限制的解释,通常来自两个不同的理论:"内在理论"和"外在理论"。外在理论认为,权利限制这一概念假设存在权利和权利的限制两回事,二者之间存在特定联系,即限制性的联系。如果以这种思路来考虑二者的关系,那首先得有"固有权利"(the right in itself),这种权利本身并没有被限制;其次才存在限制的适用,即"限制的权利"(the right as limited)。上述观点被称为"外在理论"(external theory),该观点经常带有负面色彩。外在理论承认法定权利几乎大部或全部是限制性的权利,但它又认为它们也可能是没有限制的。因此,根据外在理论,在权利和限制这两个概念之间并不存在必然的联系。这一联系只有伴随着权利要求协调它与其他个人权利之间或者其他个人权利与公共利益之间的关系时,才会首次出现。②

而权利限制的"内在理论"(internal theory)则完全不同。该理论认为,并不存在权利及其限制(a right and its limit)两件事情,二者实际上是一回事,因为一项权利本身即有特定的范围(a certain extent),该特定的范围就是对权利的限制(a limit to a

---

① 史蒂芬·霍尔姆斯,凯斯·R. 桑斯坦. 权利的成本:为什么自由依赖于税[M]. 毕竞悦,译. 北京:北京大学出版社,2011:71.

② Robert Alexy. A thory of constitutional rights, translated by Julian Rivers [M]. Oxford University press, 2002. pp. 178-179.

right)。如果我们执意欲以权利"限制"（limits）而非权利"范围"（extent）来探讨这一概念，那么，这一术语便可以使用权利的"内在限制"（immanent limits）这一概念。① 对于"内在理论"所主张的一项权利的本身即有特定的范围，近代法国著名法学家路易·若斯兰也认为，一种权利的客观范围是很明确的，非经过立法的手续，不易改变，简而言之，即"一切权利的内容皆有限制"②。这与权利的界限具有相对清晰性的前述论断也是一致的。

就法定权利而言，对权利限制的解释只能存在于内在理论之中，因为权利限制的外在理论中所称的权利包含了固有权利这一概念，固有权利是先于法律而存在的权利（类似于道德权利）。而内在理论则反对存在着一个先于法律而存在的权利，该理论认为权利的限制其实就是指权利的范围，或者称作权利的"内在限制"。权利限制的内在理论体现了法定权利的法律属性，揭示了权利限制是法定权利所具有的内在属性，即法定权利的内在限制性，或称权利限制的内在性。权利限制的内在性，就决定了权利限制的可行性。

---

① Robert Alexy. A thory of constitutional rights, translated by Julian Rivers [M]. Oxford University press, 2002. pp. 178-179.
② 路易·若斯兰. 权利相对论 [M]. 王伯琦, 译. 北京：中国法制出版社, 2006: 211.

第四章 竞业限制契约自由原则及其限制

如前所述，竞业困局之根由，主要在于经营权与劳动权的冲突。欲有效化解该冲突，则应秉持平等保护的理念，坚持契约自由原则及其限制制度，通过依法清晰界定劳资双方的权利界限，实现劳资利益的相对均衡。之所以应秉持平等保护的法律理念，非以倾斜保护原则，主要是因为：倾斜保护原则不仅在理论上还存在一定缺陷，而且其在实践中经常被误读、曲解、扭曲，甚至造成该原则的泛化或被滥用，易致倾斜保护失度及新的利益关系失衡或不公，从而违背倾斜保护的初衷。权利本位思想是契约自由原则的哲学基础，而权利本位又与社会本位相兼容，因此，权利的平等保护及契约自由，乃社会本位之题中应有之意。基于社会本位之思想，适当干涉竞业限制契约自由，正为抑制契约自由之流弊，实现民事权利的平等保护及竞业限制契约实质自由。对劳资双方的平等保护，应以实质平等为追求，以权利的相对清晰界定及对契约自由原则的限制为手段。对契约自由原则的限制，既有事实上的限制，也有法律上的限制，而法律限制又分为立法限制和司法限制。

第一节 竞业限制契约自由原则

一、竞业限制契约自由原则的意义及其流弊

(一) 竞业限制契约自由原则的含义

"近代私法承认个人有独立平等的人格，得以自由意思利用其财产，以维持其生存。此原则反映在社会生活关系方面，即确立契

约之成立,唯有基于个人与个人意思合致之原则。"① 该原则即为契约自由原则,即当事人得依其自主决定,经由意思合致而规制彼此间的法律关系。契约自由乃私法自治最重要的内容,为私法的三大基本原则(即契约自由原则、所有权绝对原则及过失责任原则)之一。其具体内容主要包括缔约自由、相对人自由、内容自由、变更或废弃的自由及方式自由等。② 林诚二先生认为,契约自由原则之基础在于意思自治,而意思自治则又源于私法自治。早在欧洲中世纪的封建时代,其实并无意思自治,但是自封建制度崩溃与个人主义兴起之后,因对个人之尊重,遂承认所有权私有及自由处置。③

按照契约自由原则,当事人有根据自己的意志决定合同内容的自由,即当事人有权自行创设其权利义务。当事人的这种自由被称为"契约自由"。但是,要将合同所具有的全部强制力建立于当事人的意志之上,以至于使合同具有"相当于法律的效力",这显然需要充足的理由。也就是说,契约自由原则的成立,必须具有坚实的理论基础。法国《人权宣言》第5条首次提出:"人们有权实施法律所不禁止的一切行为。"即"法无禁止皆自由"。《人权宣言》所表达的人人生而自由的思想,正是通过意思自治原则予以表现。人人生而自由及"法无禁止皆自由"等人权思想,正是契约自由原则的政治哲学基础。而经济学上的自由经济理论,是契约自由原则在经济学上的理论基础,以亚当·斯密为代表的自由主义经济思想则是自由经济理论的根据。自由经济理论认为,自由经济的基本理念,是允许人们依照自己的意愿交换相互的财产或服务,即允许人们按照自己的意愿签订合同,实现其自由意志和自身利益。④

---

① 孙森焱. 民法债编总论(上册)[M]. 北京:法律出版社,2006:35.
② 王泽鉴. 债法原理[M]. 北京:北京大学出版社,2013:109-110.
③ 林诚二. 民法债编总论——体系化解说[M]. 北京:中国人民大学出版社,2003:20.
④ 尹田. 法国现代合同法:契约自由与社会公正的冲突与平衡[M]. 北京:法律出版社,2009:19,23-26.

竞业限制依其类型，可分为法定竞业限制和约定竞业限制，约定竞业限制是其主要类型。竞业限制的直接目的虽主要为保护权利人的商业秘密或其他竞争利益，即维护经营者的经营权。但是，竞业限制在保护经营权的同时却限制了劳动者或者其他相对人的劳动权。该劳动权是劳动者的基本权利，对该基本人权的限制就会造成对劳动者生存权与发展权的限制。如果过分扩大法定竞业限制的范围，就会造成对劳动权限制范围的扩大，并违反合理限制竞争原则。因此，所谓竞业限制契约自由原则，主要表现在：（1）主要由当事人根据自己的自由意志处分自己的合法权益，并适当扩大该当事人约定的范围；（2）在法定竞业限制与约定竞业限制二者关系处理上，应以约定竞业限制为原则，以法定竞业限制为例外。

（二）竞业限制契约自由原则的意义

近代社会生活实系基于私有财产及契约自由之制度所形成，仅以身份关系所形成的社会生活已经过去。契约自由原则促进资本主义的自由经济，其结果导致资本的累积，进而产生大企业、大财团。① 因此，自19世纪以来，随着个人主义及市场经济的兴起，契约自由成为私法的理念，使个人从身份的束缚中获得解放，得以发挥其聪明才智，从事各种经济活动，对于促进经济发展，具有重大意义。按照契约自由原则，个人是自己利益的最佳判断者和维护者，契约既因当事人自由意思的合意而订立，其内容的妥当性原则上可以获得保障。②

林诚二先生认为，契约自由意义重大。首先就其法律意义而言，契约自由即个人得以自己之自由意思，与他人自由订立契约，以形成私法上的生活关系，从而取得私法之权利，并承担私法上的义务；其次就其经济意义而言，主要有二：其一在于，契约自由与所有权自由相结合而营资本的机能。因为，所谓所有权之标的物，为所有权的经济实体，物之存在以其交换为主要目的，但交换之法

---

① 孙森焱．民法债编总论（上册）[M]．北京：法律出版社，2006：36．

② 王泽鉴．债法原理 [M]．北京：北京大学出版社，2013：110．

的形态,则表现为债权契约。而要交换,则须先承认所有权的自由与契约自由,两相结合,资本方可再生。其二在于,契约必须遵守。当事人必须遵守契约的内容,否则会受到经济上的强制,如员工罢工及雇主解雇等。①

竞业限制契约自由原则以劳动权保护为其直接目的,因为劳动者可以依其自由意志决定竞业限制契约的具体内容,即由劳动者自己自由处分或创设其权利义务。如前述王泽鉴所言,劳动者"个人是自己利益的最佳判断者和维护者,契约既因当事人自由意思的合意而订立,其内容的妥当性原则上可以获得保障"。不仅如此,竞业限制契约自由原则在保护劳动者之劳动权的同时,也兼顾了用人单位或者其他经营者的合法权益,既保护了劳动者的劳动权也保护了经营者的商业秘密及其他竞争利益,此即竞业限制契约自由原则的积极意义所在。

相反,如若任意且不适当地扩大法定竞业限制的范围,或者通过立法或者通过不平等的竞业限制契约过多地限制劳动者的择业自由,或者依照劳动法上的倾斜保护原则,通过立法甚至司法手段实现对劳动者的倾斜保护,过度保护劳动者单方权益而忽略或弱化对经营者合法经营权的保护,都是对竞业限制契约自由原则的违反,竞业限制之内容(无论基于法定还是源自约定)的妥当性自然都难以获得应有的保障。仅就劳动法倾斜保护原则而言,该原则主张的对劳动者的倾斜保护,虽其初衷是为矫正劳动关系的实质不平等,但是该原则于现实中实施的结果,常常是"矫枉过正"。究其根源,主要在于倾斜保护原则不仅具有极大的不确定性,而且背离了法律面前一律平等的宪法原则,也违反了现代各国所坚守的法治原则,尤其违反了我国在立法活动中所奉行的法制统一的立法原则。

(三)竞业限制契约自由原则之流弊

契约自由对于促进自由经济之贡献极大,自不待言。但于另一

---

① 林诚二.民法债编总论——体系化解说[M].北京:中国人民大学出版社,2003:20-21.

方面，契约自由原则在促进资本主义自由经济快速发展的同时，却因资本的大量积累、大企业逐渐形成，经济上的强弱差距也日益扩大。经济上之强势地位者往往假借契约自由的名义，单方决定契约的内容，而经济上之弱势地位者仅有接受与否的形式自由。契约订立上的实质自由及平等，于是便逐渐名存实亡。① 此种依照当事人一方决定契约的内容，他方仅有表示同意而成立的契约，我国台湾学者孙森焱先生将其称之为附和契约。附和契约并非实质上平等而自由订立的契约。② 由此，契约自由的原则即演变为利用资本以累积资本的手段，因而影响社会生活的安定。③ 王泽鉴先生认为，所谓契约只有在自由及平等两个基础上方能建立起来。如果合同一方不得不屈服于他方的意思而违背自身真实之意愿，则自由其名，压榨其实，强者呈其所欲，弱者将无所措其手足。④

若契约自由仅重视形式的契约自由，其结果必然导致契约自由之滥用，造成经济之强势地位者欺负经济之弱势地位者。⑤ 因为只有在均衡情况下，即只在双方当事人同等强大的情况下，才能够给人们带来"公正的"契约。而在双方当事人之势力不均衡情况下，契约自由却使较为强大的一方当事人能够在合同形成方面毫无顾忌地利用自己的强势。⑥ 契约自由原则，从民法的三大基本原则之

---

① 邱聪智. 新订民法债编通则（上）新订一版 [M]. 北京：中国人民大学出版社，2003：42.
② 附和契约之契约内容由当事人一方为之确定，他方当事人只得依其既定内容，为加入之契约，反之为非附和契约。附和契约之条款，多为定型契约，如煤气、电气、自来水供给等契约。当事人他方，无详细考虑其内容之余地。对于契约各具体条款内容，是否有真正的意思表示一致，不无问题。史尚宽. 债法总论 [M]. 台北：台湾史吴仲芳，史光华，1978：13.
③ 孙森焱. 民法债编总论（上册）[M]. 北京：法律出版社，2006：36.
④ 王泽鉴. 债法原理 [M]. 北京：北京大学出版社，2013：110.
⑤ 林诚二. 民法债编总论——体系化解说 [M]. 北京：中国人民大学出版社，2003：21.
⑥ 迪特尔·梅迪库斯. 德国债法总论 [M]. 杜景林，卢谌，译. 北京：法律出版社，2004：64.

一,逐渐成为众人唾弃的对象,在典型经济上弱者,特别是消费者保护的无上价值命题下,契约自由似乎逐渐销声匿迹,取而代之者,正是契约正义。①

契约自由演化至此,只有从其本身寻求足以保障实质自由存在之手段方可。于是,基于社会本位,以公权力或公法干涉契约自由之滥用,为抑制契约自由之流弊者,使得契约自由之限制呼之欲出。然而,契约自由之限制,其基本理念在于,基于社会本位调整契约自由之流弊,故称之为契约社会化。国家干涉契约之自由,旨在保障契约实质自由之实现,并非意在对于契约自由本身的限制。②

竞业限制为了保护权利人的商业秘密或其他竞争利益,大多是对劳动者择业自由权的限制。就法定竞业限制而言,如果过分扩大法定竞业限制义务的范围,势必会缩小劳动权保护的范围,并降低劳动权保护的力度,甚至会危及劳动者的生存权和发展权;就约定竞业限制而言,作为劳动者哪怕是作为公司董事、经理或其他高级管理人员的一般自然人,与作为法人的公司、企业相比,通常而言,总处于经济上之弱势地位。公司、企业,尤其是一些经济上较为强势的大公司、大企业,往往假借契约自由之名,而行单方决定契约内容之实。而经济上处于弱势地位的劳动者个人,往往仅有接受与否的形式上的契约自由。竞业限制契约实质上的契约自由及平等,其实已名存实亡。

如前所述,人人生而自由的权利本位之思想,是契约自由原则的政治哲学基础。权利本位观念认为,法是以或应当是以权利为本位的。该权利本位思想是现代法治理念的重要组成部分,是现代法律的基本价值观念,是现代法学的核心理念主张。权利本位与义务本位对应,主要表现为个人本位,但又不限于此,同样也容纳集本

---

① 陈自强.民法讲义Ⅰ——契约之成立与生效[M].北京:法律出版社,2002:126.

② 邱聪智.新订民法债编通则(上)新订一版[M].北京:中国人民大学出版社,2003:42.

主义，甚至是国家主义。权利本位与社会本位相兼容，而社会本位的前提仍在于个人本位。① 因此，权利主体平等、权利的平等保护及契约自由，是社会本位的题中应有之意。对于竞业限制，基于社会本位思想，以公权力或公法干涉竞业限制契约自由之滥用，正是为了抑制形式上的竞业限制契约自由之流弊，矫正各方主体地位于实质上的不平等，最终实现各方权利主体地位的平等、权利的平等保护及竞业限制契约实质自由。

可见，基于社会本位思想，秉持竞业限制契约社会化或称竞业限制契约自由原则之限制，即国家干涉竞业限制契约之自由，仅为抑制竞业限制契约自由之流弊，旨在保障竞业限制契约实质自由之实现，并非对竞业限制契约自由原则本身之限制。

二、在职竞业限制契约自由与法定竞业限制

在职竞业限制以其调整对象不同，还可分为狭义在职竞业限制和广义在职竞业限制。狭义在职竞业限制主要是指雇佣关系存续期间对雇员的特定竞业行为予以合理限制，而广义在职竞业限制除劳动关系存续期间的雇员以外还包括董事、经理及其他高管人员、合伙人、代理人等人员在任职期间的竞业限制。依我国法律、法规规定，在职期间，公司雇员、经理人、董事及其他高级管理人员、商业银行的工作人员、代理人及合伙人等，通常均负有竞业限制义务。② 而对于一般员工，多数国家法律一般不做具体规定。日本学者认为，依照诚实信用原则，解释上也应负有竞业限制义务。而美国实务上，一般不主张限制一般雇员利用其工作闲暇时间兼职，除非该兼职会损害雇主的利益。至于德国，雇员除非得到雇主的同意，不得参加与雇主进行竞业的营业行为。我国台湾学者认为，普

---

① 赵秉志主编．现代法治理念［M］．北京：北京师范大学出版社，2012：36.

② 如《中华人民共和国劳动合同法》第39条、《中华人民共和国公司法》第70条、《中华人民共和国中外合资经营企业法实施条例》第37条、《中华人民共和国商业银行法》第52条、《中华人民共和国合伙企业法》第32条、《中华人民共和国民法通则》第66条等规定。

通雇员在雇佣关系存续期间,依诚实信用原则有促成契约圆满达成并不得损害他方当事人之协力及附随义务,即我国台湾学界之通说认为雇员在雇佣关系存续期间不得为竞业行为,否则即违反了附随义务。①

在职竞业限制主要基于忠实义务理论,承担的主要是法定的竞业限制义务。如前所述,史尚宽先生在论述劳动关系双方当事人之义务时指出,受雇人负有"不为营业竞争之义务",即受雇人于劳动关系存续中,有忠实义务,不得经营同种之企业。受雇人之所以负有该忠实义务,是因为劳动契约既具有身份的要素又具有债的要素。基于身份的要素,产生受雇人的忠实义务与雇佣人的保护义务;基于债的要素,产生受雇人的劳动义务与雇佣人的给付报酬的义务。该忠实义务,包括服从义务、秘密义务和增进义务,以及"不为营业竞争之义务"。其中,"不为营业竞争之义务",即指受雇人于劳动关系存续中,不得经营与雇佣人同种类型之企业的竞业限制义务。至于受雇人在劳动契约终止后的不作为义务,则必须基于雇佣人与受雇人之间的"竞争营业禁止特约"。② 可见,对于法定竞业限制义务,如雇员、代理人、代办人、合伙人、公司董事及经理人或营业转让人的法定竞业限制义务,主要源于法律的直接规定以及义务主体于在职期间所应负有的默示的忠实义务和附随义务。

法定竞业限制作为强制性规范,其义务主体主要为代理人、营业转让人、董事、经理、股东与合伙人、在职雇员等。

(一) 对代理人及营业转让人的法定竞业限制

德国《联邦最高法院民事判决汇编》(第42卷)规定:商业代理人在代理契约的有效期限内,不得代表其委托人的竞争对手进行活动。③ 该判决是《德国民法典》第242条于有关商事代理方面

---

① 徐玉玲. 营业秘密的保护 [M]. 台北:台湾三民书局,1993:143-144.
② 史尚宽. 劳动法原论 [M]. 台北:台湾正大印书馆,1978:23-25,53.
③ 《德国联邦最高法院民事判决汇编》(第42卷),第59-61页。罗伯特·霍恩,每因·科茨,汉斯·G. 莱塞. 德国民商法导论 [M]. 托尼·韦尔,楚建,译,谢怀栻,校. 北京:中国大百科全书出版社,1996:152.

的应用。①《日本商法》第 48 条第 1 款规定：代理商未经本人的许可，不得为自己或第三人进行与本人的营业属同一部类的交易，或者不得成为以同种营业为目的的公司的无限责任股东或董事。② 在我国，《民法通则》第 66 条第 3 款规定："代理人和第三人串通，损害被代理人的利益的，由代理人和第三人负连带责任。"《专利代理条例》第 20 条规定：专利代理人在从事专利代理业务期间和脱离专利代理业务后一年内，不得申请专利。

对于营业转让人，《日本商法典》第 25 条第 1 款规定：转让营业时，当事人如无另外意思表示，则转让人在 20 年内，不得于同一市镇村内或相邻市镇村内经营同一营业。③ 营业转让这一交易形式，在我国实务中已经较为常见，小如商业店铺的转让，大到股份公司并购，只要转让以后原转让人及其营业架构等经营体系依然存在，转让后受让人营业的潜在竞争风险就在所难免。交易实践中，受让人免受原营业转让人非法竞业的正当权益，只能依靠当事人之间的约定或双方诚信予以维护，亟待我国未来立法尽早给予关注。

（二）对董事的法定竞业限制

依照英美公司法理论，董事具有公司代理人和财产受托人的双重身份，对公司负有信义义务，其内容包括注意义务和忠实义务。注意义务是对董事"称职"（competence）的要求，而忠实义务则

---

① 罗伯特·霍恩等. 德国民商法导论 [M]. 托尼·韦尔，楚建，译，谢怀栻，校. 北京：中国大百科全书出版社，1996：152.《德国民法典》第 242 条规定："依诚实信用给付债务人有义务依照诚实信用所要求的方式并考虑交易习惯，履行给付。"陈卫佐译. 德国民法典 [M]. 北京：法律出版社，2004：74.

② 卞耀武主编. 日本国商法 [M]. 付黎旭，吴民，译. 北京：法律出版社，2000：10.

③ 王书江，殷建平，译. 日本商法典 [M]. 北京：中国法制出版社，2000：6.

是对董事"道德"的要求。① 董事的信义义务，就要求董事对公司忠心尽责，不得为了他人或自己的利益从事与公司具有竞争的业务，不得损害公司利益。大陆法系国家则明文规定了董事的不竞业义务，即明文限制公司董事的竞业行为。《德国股份公司法》第88条第1款规定："董事会的成员不经监事会允许，既不得经营营业，也不得在公司的营业部类为自己或他人的利益从事商业活动。其不经许可，也不得担任其他商事公司的董事会成员或者业务执行人或者无限责任股东。"② 我国《公司法》第149条第5款规定：未经股东会或者股东大会同意，董事、高级管理人员不得利用职务便利为自己或者他人谋取属于公司的商业机会，不得自营或者为他人经营与所任职公司同类的业务。

（三）对经理的法定竞业限制

《法国公司法》第127条规定：任何人不得同时属于两个以上经理室，也不得在两个以上其公司住所在法国领土的股份有限公司里担任总经理的职务。③《日本商法典》第41条第1款规定：经理人非经营业主人许诺，不得经营营业，不得为自己或第三人进行属于营业主人营业部类的交易，不得成为公司的无限责任股东、董事或其他商人的使用人。④ 我国台湾"民法"第562条规定："经理人或代办商，非得其商号之允许，不得为自己或第三人经营与其所办理之同类事业，亦不得为同类事业公司无限责任之股东。"⑤《中华人民共和国中外合资经营企业法实施条例》第40条第4款规定："总经理或副总经理不得兼任其他经济组织的总经理或副总经理，不得参与其他经济组织对本企业的商业竞争。"我国《公司

---

① 张开平. 英美公司董事法律制度研究 [M]. 北京：法律出版社，1998：47，237.

② 杜景林，卢谌，译. 德国股份法·德国有限责任公司法·德国公司改组法·德国参与决定法 [M]. 北京：中国政法大学出版社，2000：39.

③ 李萍译. 法国公司法规范 [M]. 北京：法律出版社，1999：75.

④ 王书江，殷建平译. 日本商法典 [M]. 北京：中国法制出版社，2000：9.

⑤ 潘维大. 公司法 [M]. 台北：台湾三民书局，2009：71.

法》对经理的竞业限制义务也做了类似规定。

(四) 对股东与合伙人的法定竞业限制

关于对股东的竞业限制，主要是针对无限责任股东的限制。我国将无限责任股东作为合伙人对待，在《中华人民共和国合伙企业法》第 32 条第 1 款中规定了合伙人的竞业限制义务：合伙人不得自营或者同他人合作经营与本合伙人企业相竞争的业务。我国台湾"公司法"第 54 条、第 115 条规定：已经是某公司无限责任股东，如果再要成为其他公司的无限责任股东，依公司法的规定，必须得到原公司其他无限责任股东全体的同意，才可以担任其他公司的无限责任股东，以免影响原公司其他股东及债权人的权益。① 执行业务的股东，不得有为自己或他人与公司同类营业的行为；② 我国《公司法》对有限公司和股份公司股东没有规定法定竞业限制义务，仅规定了董事、经理的法定竞业限制义务。

(五) 对在职雇员的法定竞业限制

以雇员工作的状态为依据，可分为在职雇员和离职雇员。各国理论及司法实践基本一致认为，离职雇员不应负法定竞业限制义务。对于在职雇员，除同为雇员的董事、经理外是否应当承担法定竞业限制义务，各国理论及司法实务存在较大差异。《意大利民法典》第 2105 条规定：劳务提供者不得为自己或者第三人利益从事与企业主竞争的业务，也不得泄漏企业管理或者生产方法的信息，不得允许第三人利用上述信息而使企业蒙受损害。③ 德国《劳动契约法草案》第 34 条规定：如无反对之意思表示，受雇人可以兼职（有偿的也是如此）。但是，受雇人的兼职应当不属于雇佣人的营业范围为限度，并且该兼职还不得损害其对于雇用人的劳动给付。该《草案》第 35 条还规定：受雇人没有取得雇用人的同意，不得

---

① 潘维大. 公司法 [M]. 台北：台湾三民书局，2009：59.
② 柯芳枝. 公司法要义 [M]. 台北：台湾三民书局，2005：403.
③ 费安玲等译. 意大利民法典 [M]. 北京：中国政法大学出版社，2004：492.

参加可与雇用人竞争的营业。① 在德国，只要劳动关系存在，按照《商法典》第60条以下规定对商业助手就存在竞业限制的法律规定。这一广泛的竞业限制规定按照主流观点并不能广泛地转移给其他雇员。但是，可以通过协议约定确立竞业限制的义务。如果无此合同约定，那么可以从《民法典》第242条（即关于诚实信用原则的规定）联系劳动合同确立此项义务。因此，雇员对其雇主所从事的商业领域原则上不得有竞争行为。②

我国学者又将在职雇员区别为了解或知悉商业秘密的雇员和并不知悉企业商业秘密的雇员。对于了解或知悉商业秘密的雇员在职期间则应承担法定竞业限制义务。理由为："劳动者或雇员与董事、经理人一样对所在公司、企业负有忠实义务，若允许这些劳动者从事竞业活动，无疑会加大泄漏或使用其在所在公司、企业商业秘密的潜在可能性；况且这些劳动者或者雇员因其已就业，其工作权和生存权已有保障，为平衡企业的经济利益或商业秘密之利益与劳动者或雇员的自由劳动权或工作权、信息自由权之利益，自不应该牺牲企业或雇主的合法利益，而去成全劳动者或雇员的自由劳动权或工作权的充分实现，否则有悖公平正义原则。"③ 现实经济生活中，对于公司、企业的高级管理人员、财务人员、秘书、文员等服务人员，甚至保安都有可能不同程度地了解或知悉公司、企业商业秘密，因此，严格区分和界定了解或知悉商业秘密的雇员和并不知悉企业商业秘密的雇员实属困难。

三、离职竞业限制契约自由与约定竞业限制

（一）离职后雇员的约定竞业限制义务

对于离职后的约定竞业限制，义务主体的竞业限制义务，主要基于当事人之间的特别约定。如果欠缺该竞业限制的特别约定，义务主体就不应承担相应的竞业限制义务。不仅如此，当事人之间即

---

① 史尚宽. 劳动法原论[M]. 台北：台湾正大印书馆，1978：26.
② 威廉赫尔姆·杜茨（Wilhelm Dutz）. 劳动法[M]. 张国文，译. 北京：法律出版社，2005：65.
③ 张耕等. 商业秘密法[M]. 厦门：厦门大学出版社，2006：200.

便签订有竞业限制的特别约定，该约定的内容也还必须以合理、适当为限度，否则无效（详细论述参见本章第三节"竞业限制契约的效力及违约救济"）。如德国，在劳动关系终止后雇员原则上没有竞业限制义务，也不会基于合同后保密和忠实义务产生。雇员从事有竞争关系职业的权利可以通过合同，并参考相关立法规定对其予以限制。对于商业雇员的限制，可以参考《商法典》第74条以下；对于技术职员的限制，可以参考《工商条例》第133条以下；对于进修人员的限制，可以参考《职业培训法》第5条；而对于其他雇员的限制，可以按照联邦劳动法院的观点适用《商法典》第74条以下，原则上需要一个限制竞争期间的补偿。①

（二）离职后雇员基于附随义务的竞业限制义务辨析

依诚实信用原则，债务人于约定及法定内容之外，尚负附随义务。此附随义务，又可分为两种：第一种为辅助的或非独立的附随义务，并没有独立的目的，只为保证主给付的义务履行，如花瓶的售卖人妥善包装花瓶之附随义务，目的为使买受人安全携带；第二种为补充的或独立的附随义务，为达一定之附从的目的而担保债之效果完全实现，如医生不得泄漏病人的隐私该不作为之附随义务。② 可见，所谓附随义务，是指为履行给付义务或保护当事人人身或财产上的利益，于债之关系发展过程中基于诚实信用原则而产生的义务。附随义务种类较多，而就其功能而言，可分为两类：（1）辅助功能，促进实现主给付义务，使债权人的主给付利益获得最大可能的满足。如牛肉店的出租人不得于隔壁再行开店，从事营业竞争，即牛肉店的出租人的竞业限制义务。（2）保护功能，维护他方当事人人身或财产上利益。如雇主对其提供给雇工的工具，负有安全注意义务。需注意的是，附随义务亦兼具以上两种功能。如锅炉的出卖人应告知其使用时的注意事项，一方面使买受人给付上的利益获得满足，另一方面也维护买受人的人身或财产上的利益不因锅炉爆炸而遭受损害。③

---

① W·杜茨. 劳动法［M］. 张国文，译. 北京：法律出版社，2005：161-162.
② 史尚宽. 债法总论［M］. 北京：中国政法大学出版社，2000：341.
③ 王泽鉴. 债法原理［M］. 北京：北京大学出版社，2009：32.

在劳动关系中，雇工的附随义务既可以存在于劳动关系存续期间，也可以存在于劳动关系终止以后。而对雇工是否可基于附随义务而生之竞业限制义务，如前所述，世界各国大多认为该附随义务仅存在于劳动关系存续期间，在劳动关系终止以后雇工一般不应负有竞业限制的附随义务。而在我国台湾的法学理论及司法实务中，却存在不同意见，如台湾学者詹森林教授认为，在劳动契约之情形，劳工基于"忠实之附随义务"，因而对于雇主负有在职期间及离职后不得从事竞业行为的义务。司法实务中也存在着持有类似观点的民事判决意见。而不同意见则为多数，如台湾"高等法院"1991年第203号判决，离职后的竞业禁止是对自由的限制，不得超过一定的限度，如对营业的时间、地域及种类三者一并加以限制，则因限制自由过甚而无效。该案还参考了德国的见解作为佐证。①

在劳动契约存续期间，雇佣人与受雇人间并未约定竞业限制契

---

① 如台湾"最高法院"九十五年台上字第一〇四三号民事判决："按在契约自由之原则下，雇主与员工得依双方协议签订契约，而在现代科技、智慧财产权、营业秘密与劳动者保护之立场下，如何就雇主与员工之权益取得一平衡点，除了双方之协议外，尚需透过立法、判例、学说等加以阐释，而营业秘密法第一条即揭橥立法目的'为保障营业秘密，维护产业伦理与竞争秩序，调和社会公共利益，特制定本法'，故在劳动契约之法律关系上，基于忠实与照顾之思想，雇主与劳动者于渠等劳动关系消灭后，更应负有义务，保护对方之法益状态，以及维护契约目的。就劳动者而言，即有所谓之竞业禁止，即劳动者在劳动契约存续中曾参与对顾客、来源、制造或销售过程等机密，而此类机密之运用，对原雇主可能造成重大危险或损失，是于劳动契约结束后，赋予该劳动者竞业禁止之义务。"另，台湾高等法院九十二年劳上易字第一二六号民事判决："按离职后竞业禁止条款，系前雇主在劳动契约下与受雇人约定，劳工有不使用或揭露其在前劳动契约中获得之营业秘密或隐密性资讯之附属义务，目的在使前雇主免于受雇人之竞争行为，此因雇主为维护其隐密资讯，防止员工于离职后，在一定期间内跳槽至竞争公司，并利用过去于原公司服务期间所知悉之技术或业务资讯为竞争之同业服务，或打击原公司造成损害，或为防止同业恶性挖角，而与员工为离职禁止竞争约定。其本质虽侧面保障前雇主，然此项约款如未逾合理程度，且不违反公序良俗，应为法律所许。"詹森林编著．竞业禁止与保密条款契约实务［M］．台北：台湾经济部智慧财产局，2007：21-23．

约的，受雇人可基于忠实义务承担竞业限制义务。但是，对于劳动契约终止后，雇主与雇工未有明文约定或在规章制度中有特别规定的，雇工是否如前文詹森林教授所言仍可基于劳动契约之忠实义务承担竞业限制义务，则值得斟酌。因为，在劳动关系存续期间，雇工基于与雇主之间的身份关系而生之忠实义务，实属情理所容。但是，在劳动关系终止以后，该忠实义务通常理应随之消失，尤其是，雇工若已与其他新的雇主建立了新的劳动关系，此时再要求该雇工继续履行其对原雇主的忠实义务，一则情理难容，二则其对于新雇主的忠实义务自然会遭受损害或不完整。因为"忠实"之本意，贵在专一。

此外，至于在劳动关系终止之后，雇工是否负有基于更为宽泛的诚信原则（即忠实义务之基础）而生之附随义务，应本着竞业限制契约自由原则，在劳动权保障及经营权维护二者之间进行利益衡量与政策取舍。的确，以诚实信用原则为理论基础的附随义务，对于维护当事人合法权益及社会公共利益具有十分重要的意义。但是，在劳动契约关系中，如果过分扩大雇工的该附随义务，势必会造成对雇工劳动自由的侵犯，造成对作为劳动权的基本人权的不适当限制。因此，本书认为，在劳动契约终止后，雇工之竞业限制义务的承担，应以雇主与雇工之间的竞业限制约定为前提，而非以雇工之附随义务为依据。

第二节　竞业限制契约自由原则之限制

一、竞业限制契约自由原则之限制的目的及功能

（一）契约自由原则之限制及契约正义的涵义

我国学者戴修瓒先生指出，契约自由原则自亚当·斯密于经济学上广泛提出自由主义，后以法国大革命首倡自由平等之思想以来，曾打破封建陋习的约束、摆脱政治暴力的压迫，其积极意义自不待言。但近代以来，随着资本主义经济的日趋发达，契约当事人各方经济地位越来越不平等，契约自由原则遂逐渐成为经济上之强

势者压迫经济上之弱势者的工具而已。况且，在当今社会自觉时代，社会立法的目的旨在抑强扶弱，谋求社会之公平正义，应以公众利益为前提，非以个人私利为标准。由此，近代社会立法对契约自由原则已稍加限制。① 契约自由原则系以经济上之自由放任主义为背景，对于资本主义自由经济的发达，促进资本集中、大规模企业的勃兴等曾起到巨大的推动作用。但是，随着大规模企业所使用之契约逐渐定型化、团体化以来，所谓的契约自由原则，遂逐渐形成大企业假借契约自由之美名，对契约之具体内容却由单方所决定的不平等局面。② 由此，王泽鉴先生认为："契约自由应受限制，为事理之当然。无限制的自由，乃契约制度的自我扬弃。在某种意义上，一部契约自由史，就是契约如何受到限制，经由淳化，而促进实践契约正义的记录。"③

契约自由虽然有其积极作用，但不受任何限制的契约自由，则可能被滥用。尤其在其契约双方当事人于经济上、缔约力量等各方面不对等时，具有优势地位的一方经常利用其优势地位，排除对其不利的法律规定的适用，从而形成不利于他方的契约。在此情形之下，契约内容的自由就成为经济上强者压迫经济上弱者的工具。由此可见，限制契约自由，最重要的原因之一就是，不受约束的契约自由势必导致契约不公。就此而言，"现代契约法的发展，又可归结到契约自由与契约正义（契约公平）间的二律背反与角力"④。

契约正义属校正（"纠正"或"替换"，其字面含义是"扳直"）正义，校正原则不适用于奖赏，只适用于交换，包括自愿和不自愿的交换，前者大致相当于合同，后者大致相当于侵权。校

---

① 戴修瓒. 法债编总论 [M]. 台北：台湾三民书局，1978：38-39.

② 郑玉波. 民法债编总论 [M]. 北京：中国政法大学出版社，2004：32.

③ 英国著名民法学者 Atiyah 的巨著 Rise and Fall of Freedom of Contract, 1979. 并 Gimore, The Death of Contract, 1974. 转引自王泽鉴. 债法原理 [M]. 北京：北京大学出版社，2009：58.

④ 陈自强. 民法讲义 I——契约之成立与生效 [M]. 北京：法律出版社，2002：126.

正正义,是指对任何人都同样看待,双方的所得与所失均是对等的,而不考虑其身份与地位如何。契约正义主要作用于人与人之间的交换关系,又称为交换正义,其法律上的适用领域主要是私法,尤其是契约法。① 契约正义虽作为契约自由的对立物而出现,但是契约正义实际蕴含的却是契约的社会正义。契约正义是人们关于契约行为正当性的观念和思想,是社会正义的重要组成部分。现代契约法以契约正义为最高价值目标,人们所追求的是实现真正的契约正义。② 正如日本学者王晨教授所言:"现代契约法的中心问题,已不是契约自由而是契约正义问题。约款内容的规制、消费者保护、对新的契约类型的调整、附随义务理论等与其说是自由的问题,不如说是正义的问题。契约法已从重视其成立转移到重视契约内容上来了。只要存在契约,意思支配的领域会继续存在,但那里的意思已不单纯是19世纪的意思,在意思上,追加了理性这样一种社会考虑。"③

(二) 竞业限制契约自由之限制的目的:实现竞业限制之契约正义

如前所述,契约自由之限制,其基本理念在于,基于社会本位之思想调整或抑制契约自由之流弊,目的是为实现契约公平或契约正义。就是说,国家干涉契约自由,旨在保障契约之实质自由即契约正义的实现,并非对于契约自由本身的限制。王泽鉴先生指出,契约自由与契约正义系契约法的基本原则,国家或政府必须扮演积极的角色,透过立法及法律的解释适用,使契约自由与契约正义两项基本原则获得最大的调和及实现,即该两项基本原则必须互相补充,彼此协力,始能实践契约法的机能。④ 契约正义是平等、公正的伦理及道德观念于合同法中的集中体现,它不仅包括形式上的契

---

① 波斯纳. 法理学问题[M]. 苏力,译. 北京:中国政法大学出版社,2002:392.
② 胡启忠. 契约正义论[M]. 北京:法律出版社,2007:15-19.
③ 王晨. 日本契约法的现状与课题[J]. 外国法译评,1995(2):52.
④ 王泽鉴. 债法原理[M]. 北京:北京大学出版社,2009:59.

约正义，而且包括实质上的契约正义。形式上的契约正义表现在，契约法赋予当事人以平等的缔约资格及法律地位。而实质上的契约正义则表现为，契约法旨在保障契约各方当事人其真实意思的真正实现以及权利义务的等值分配或承担。可见，依契约正义原则对契约自由原则予以适当限制，是促进契约正义原则与契约自由原则互相补充，彼此协力的内在诉求，是实现契约实质正义的重要手段。

由于劳动关系领域的竞业限制问题是竞业限制制度所应研究的核心与重点，劳动关系领域雇工与雇主之间经济地位的惯常不平等，自然就决定了劳动契约关系中竞业限制契约缔约各方当事人经济地位的惯常不平等。因此，有关竞业限制契约自由（约定竞业限制）的劳动立法以及其他部门立法，即竞业限制契约自由之立法限制，其目的为：矫正竞业限制缔约各方由于经济地位上的不平等而导致其缔约能力及缔约结果等方面的实质不平等，意在追求缔约各方当事人之间之相对平等，以期实现竞业限制之契约正义或契约公平。

（三）竞业限制契约自由之限制的功能：保障当事人利益相对均衡

劳动契约自由之限制，其目的在于实现劳动契约正义。在其实现途径上，则常常通过立法限制及司法限制予以实现。在我国，主要是通过特别法规制，如通过劳动立法及其他部门立法的限制，实现对劳动者及经营者的平等保护，从而最终实现劳动契约正义。具体言之，劳动契约自由之限制的目的就在于平衡劳资双方权益，保障劳资双方利益之相对均衡，即竞业限制契约自由之限制的主要功能之所在。

在我国劳动法领域，倾斜保护论者却指出：劳动法律关系的基本构成，是以劳权关系为基点和重心构成的，或者说，劳权关系是劳动法律关系的核心和实质的关系。劳动法律关系的基本目的是为了实现劳权。就此意义而言，劳动法律关系实际上是强调一方权利，即劳方权利的不对等关系。倾斜保护论者之所以提出该主张，是基于这样的认识，即在现实的劳动关系中，劳资双方的力量对比是不平衡的，劳动者在劳动关系中处于被动和弱者的地位，而法律的意义之一即是通过对弱者的扶助而实现社会力量的平衡。正是在此意义上，倾斜保护论者认为，劳动法律关系是一个向劳权倾斜的权利义务不对等的关系。① 可见，劳动法倾斜保护原则是通过对劳动者的倾斜保护（或称"单保护"）来实现劳动权保障及劳资双方的利益平衡。然而，如前所述，倾斜保护原则明显违反我国法制统一的立法原则，实践中也极易被误读、曲解、扭曲，甚至造成该原则的泛化或被滥用，不仅有违我国的法治原则，而且会造成利益分配上新的不公，最终将有违倾斜保护原则的初衷。

因此，欲保障当事人利益之相对均衡，较为合理、妥当的做法是，在平等保护的理念之下，以诚实信用、公序良俗原则，以及细化立法等法律限制手段，如通过增加强行法规范、定型化契约制度法典化等，实现对劳动契约自由的限制。倾斜保护原则由于存在前述不足或缺陷，不宜成为契约自由原则之限制制度的内在构成，即倾斜保护原则不宜作为对契约自由原则之限制的手段予以贯彻实施。

二、竞业限制契约自由原则之立法限制

如前所述，按照契约自由原则，个人是自己利益的最佳判断者和维护者，契约即因当事人自由意思的合意而订立，其内容的妥当性原则上可以获得保障。② 然而，在实践中，通常难以充分实现契约自由原则之初衷。究其原因：其一，由于缔约各方当事人经济地位的惯常不平等，导致其缔约能力及缔约结果等方面存在实质不平等。其二，契约漏洞的客观存在。契约漏洞的发生原因，就在于为缔约而谈判需耗费的交易成本相对高昂，因此缔约各方当事人通常仅针对交换的客体，如价金等关键契约条款予以重点磋商，而对于其他条款，如清偿期、清偿地等事项，及关于债务不履行或契约违反的处理等，一般只在比较复杂的交易，或当事人有重大利害关系

---

① 常凯．劳权论——当代中国劳动关系的法律调整研究 [M]．北京：中国劳动社会保障出版社，2004：105．
② 王泽鉴．债法原理 [M]．北京：北京大学出版社，2013：110．

的交易中。且因交易风险明显较高,双方当事人都意识到应事先以契约分配交易风险时才会予以重点关注,也才会详细拟定契约条款及内容。然而,纵然缔约当事人耗费交易成本对契约字斟句酌、个别商议出契约条文,或精心筹划定型化合同或条款,依然难免顾此失彼,挂一漏万。更何况对于所有契约风险,当事人未必均能预见。当事人纵然能预见契约风险,但时常也会深信不会发生争执,或虽可以预见有发生争执之可能,却深信依靠双方长期业务往来关系可使争执轻易解决,或即便预见有难以解决将来争执之可能,作为使契约得以成立,也往往会对诸类契约风险置之不理。①

针对契约自由之流弊,为实现契约正义,矫正契约关系各方当事人在实践中的实质不平等,及弥补契约漏洞而降低交易的不确定性等,就如王泽鉴先生所言:"契约自由应受限制,为事理之当然。"契约自由之限制,既包括立法上的限制,也包括司法上的限制。仅就立法限制而言,契约自由在立法上的限制,主要是通过特别法的制定予以实现的,具体言之,主要表现为契约法所设之"任意法规"及其"强行规定"。契约法的"任意法规",乃就通常情形,对契约上的危险作合理分配,以弥补契约漏洞,为当事人谈判提供商议的基础,而降低交易的不确定性;契约法上的"强行规定",可在程序及实质上保障交易的公平性。就经济分析而言,契约法可以说是经济的润滑剂,有助于扩大交易的数量及规模,减少交易成本。②

此外,由于传统契约自由多重视形式的契约自由,其结果导致契约自由之滥用,造成经济强者欺负经济弱者,而现代契约自由,则重视实质的契约自由,实践契约的正义。林诚二先生指出,随着现代经济体系的变迁,资本主义进入到垄断阶段,人们的契约观念也由个人主义改变为社会本位,加之定型化契约的大量需求与采用,使得不公平契约大量出现,因此,传统契约自由亟待予以修

---

① 陈自强. 民法讲义Ⅱ——契约之内容与消灭 [M]. 北京:法律出版社,2004:66-67.
② 王泽鉴. 债法原理 [M]. 北京:北京大学出版社,2009:56-57.

正。就其修正方式而言，可通过立法上的规制，即通过增加强行法规范、定型化契约制度法典化（如"消费者权益保护法"）、支配契约应社会化（如"劳动基准法"）等，以限制契约自由之滥用。① 契约自由原则在立法上的限制，是通过特别法的制定予以实现的，主要存在于劳动法、标准合同关系及对社会法等领域。如前所述，契约自由之限制，其基本理念在于，基于社会本位之思想调整或抑制契约自由之流弊，目的是为实现契约公平或契约正义。

劳动法领域对契约自由的规制主要是在承认雇主与雇工之间的地位差别的前提下，为保护雇工的利益而对劳动契约的缔结、条件及解除等事项作出法律规制。② 为了使劳动契约体现契约正义，使雇工获得的条件尽可能地代表其真实意愿，以弥补劳动契约之不足，劳动契约有时候还采取团体契约的方式缔结。从个别劳动契约到团体劳动契约的动态发展过程，被称为劳动契约的社会化。在缔约时，由代表雇工一方的工会与以公司、其他企业法人等为表现的雇主商谈各项契约条款。由于工会通常是具有法人资格的社会团体法人，又有众多的工人（雇工）为后盾，在必要时还能组织工人行使罢工权，所以在谈判时能与企业法人相抗衡。因此，团体劳动契约比个别磋商的劳动契约，更能体现劳动者的真正利益，这也正是劳动契约正义之所在。③ 但对于劳动法的倾斜保护原则，本书认为，由于其在理论上具有难以克服的局限性；而且在实践中，该原则经常被误读、曲解、扭曲，甚至造成该原则的泛化或被滥用，易致对劳动者的倾斜保护失度及新的利益关系失衡或不公，从而违背倾斜保护的初衷。因此，该原则难以成为契约自由原则之限制制度的内在构成，而应由诚实信用、公序良俗原则，以及细化立法等法律限制手段取而代之。

劳动关系中的竞业限制契约，由于雇主与雇工之间的地位差

---

① 林诚二. 民法债编总论——体系化解说 [M]. 北京：中国人民大学出版社，2003：22-23.
② 李永军. 合同法 [M]. 北京：法律出版社，2005：64.
③ 姚新华. 契约自由论 [J]. 比较法研究，1997（1）：32.

别,为了使竞业限制契约体现契约正义,以矫正劳资关系的实际不平等,需要对竞业限制契约予以立法限制。此外,对于其他竞业限制契约,如营业转让中的竞业限制契约,虽然该契约双方当事人地位较劳资双方当事人而言相对平等,但是,如前所述,由于交易成本的存在以及契约某一方当事人基于各种原因急于促成契约之成立,就使得实质上之契约自由实现之程度依然较为有限,契约漏洞于客观上往往也难以避免。因此,为弥补该契约漏洞、实现契约正义,也需要对该类竞业限制契约通过相关特别法予以规制。

三、竞业限制契约自由原则之司法限制

如前所述,契约自由之限制意欲实现对传统契约自由的修正,以限制契约自由之滥用。因为,"如果合同这种市场关系不是发生在事实上平等的双方当事人之间,竞争可以带来经济自由和实质公平的结论就无法实现,因此,法律必须确保双方当事人地位的实质平等"[1]。契约自由之限制,其规制重点在于阻止市场之强权地位的形成,意在对形式契约自由之修正,达致实质上之契约自由,进而实践契约正义。该修正方式除前述通过立法上的控制(如以法律限制自由内容、以法律规定定型化契约之无效条款等等)之外,还可通过司法上的规制以修正契约自由,即通过法官形成权的承认与应用——司法造法,或者"因情势变更由法院依声请为增减给付或变更其他原有效果之判决"等,限制契约自由之滥用,以达契约正义之结果。[2]

依靠判例来弥补现代契约法的不足,是现代契约法的一个特点。在判例中,契约正义通过诚实信用、公序良俗等一般条款得到了保护,也就使得法官修正契约的内容得到了承认。具体言之,为

---

[1] 乌尔里希·伊蒙伽. 市场法 [J]. 方小敏,译. 比较法研究,2005(5):139.

[2] 林诚二. 民法债编总论——体系化解说 [M]. 北京:中国人民大学出版社,2003:23.;孙森焱. 民法债编总论(上册)[M]. 北京:法律出版社,2006:38-39.

了保护社会的弱者，法官根据客观的解释、诚实信用原则等，修正地解释法律，如或以有违公序良俗原则之名，否定契约条款的效力，或者扩大解释法律，或者缩小解释法律，如此等等。①

现代合同法在坚持私法自治及个人本位的同时也充分兼及社会本位，强调社会公平，注重社会公德，需要对合同自由予以必要的限制。② 在司法领域，法官可基于对契约正义的追求，依据法律上的"一般性条款"，如诚实信用原则、情势变更原则、公序良俗原则、契约解释规则等，从司法裁判的角度对契约自由予以规制。如美国著名学者伯纳德·施瓦茨教授所言："法院自己也开始架空契约自由的概念，采取的方式是对那些同意某项具体交易，具有某些特殊关系或处于某种地位的人强加一些条款，或者拒绝对当事人自由加入的契约给予强制执行。"③ 法律上的"一般性条款"，其长处表现为法律的灵活性，正如德国学者库勒尔教授所言："它能够与价值观念的变化结合起来。但它的长处也是它的短处。如果法官也在为某种意识形态效劳的话，如纳粹时代所表现的那样，那么一般性条款也能为不公正的意识形态开一扇方便之门。"④ 如诚信原则于司法裁量中的适用，标志着契约法从形式正义向实质正义的转变，也意味着法院之超然公断人角色的结束及积极干预的开始。在契约关系中，诚信原则作为实现契约正义的手段，有其存在的价值。但是，它赋予法官以自由裁量权，如果行使不当，便会导致司法专横，造成对契约自由的恣意干涉或冲击，并且将为公法对私法的任意侵犯提供合理的借口。因此，诚实信用原则对契约自由的干涉应严格以实现契约正义为限。⑤ 在适用"一般性条款"时，任

---

① 王晨.日本契约法的现状与课题［J］.外国法译评，1995（2）：48.

② 崔建远.合同法［M］.北京：北京大学出版社，2013：17.

③ 伯纳德·施瓦茨.国法律史［M］.王军等，译.北京：法律出版社，2007：197-198.

④ 海尔穆特·库勒尔.《德国民法典》的过去与现在［A］.孙宪忠，译.民商法论丛（第2卷）［C］.北京：法律出版社，1994：225-226.

⑤ 李永军.合同法［M］.北京：法律出版社，2010：52.

何国家公权力都不应过多地在正义的名义下介入市民社会,从而破坏市民社会的自律性。因为,在市场经济中,这是当事人应该预见或必须承担的风险。①

需要指出的是,对于我国众多劳动法学者所主张的倾斜保护原则,如果也被视为"一般性条款"而作为司法裁判的依据,本书认为,不仅难以实现对劳动契约自由的合理限制,反而是在劳动契约正义的名义下过度地介入或干涉正当的劳动契约自由,是国家公权力对市民社会自律性的破坏。理由有二:第一,对于任何法律原则,即便作为帝王规则的诚实信用原则也不例外,由于其高度的抽象性因而将难以避免地具有一定程度的不确定性。如将该倾斜保护原则也视为"一般性条款"作为司法裁判的依据,定会加剧司法活动的不确定性,造成新的利益失衡与不公。第二,倾斜保护原则并非如诚信原则、公序良俗等原则那样,不仅具有坚实的法理基础,而且也具有鲜明的正当性与可操作性。反之,倾斜保护原则却极易在劳动(合同)法的运行过程中被误读、曲解、扭曲,甚至造成倾斜保护原则的泛化或被滥用。

劳动关系中的竞业限制契约,由于其双方当事人经济地位及经济实力的惯常不平等,使得该类竞业限制契约通常难以充分体现契约双方当事人的本来意愿。对此,如仅依赖立法上的事前规制,由于立法的滞后性及其相对稳定性,使大量有违当事人本意的定型化契约及其他普通契约之契约漏洞,难以得到及时、有效的法律规制。对此,须由法官凭借其自由裁量权依诚实信用原则、公序良俗原则等法律原则于个案中予以解释、认定,并以司法裁判的形式认定显失公平或有违强行性法律、法规的竞业限制条款为无效,以修正有失公允之契约内容。尤其在英美等判例法国家,通过司法判例确认竞业限制契约的法律效力,即竞业限制契约自由之司法限制,更成为竞业限制契约自由之修正方式之常态。

---

① 王晨. 日本契约法的现状与误题 [J]. 外国法译评, 1995 (2): 48.

第三节　竞业限制契约的效力及违约救济

一、竞业限制契约的效力

契约（协议或合同）的效力，又称合同的法律效力，是指法律赋予依法成立的合同具有拘束当事人各方乃至第三人的强制力。从根源上讲，合同效力是合同法赋予合同的，并由国家强制力予以保障，当债务人违约时，法律将依照守约一方的请求强制违约一方实际履行合同或者承担其他不利后果的效力。合同效力所反映的意志，是当事人各方将自己的意思符合于已上升为法律的国家意志的结果。[1] 而合同的效力所反映的结果，则是合同自由原则及其限制制度在私法领域中的具体体现，是当事人意思自治与国家公权力干预在社会实践中的结合。竞业限制契约的效力，既包括在职竞业限制契约的效力，也包括离职后竞业限制契约的效力。

（一）在职竞业限制契约的效力

所谓在职竞业限制，是指劳动关系存续期间的竞业限制，如前所述，主要是指雇佣关系存续期间对雇员的特定竞业行为予以合理限制，除此之外，广义上的在职竞业限制还包括董事、经理及其他高管人员、合伙人、代理人等人员于其任职期间的竞业限制。在劳动关系存续期间，雇工对雇主通常负有服从义务、保密义务以及增进雇主利益义务等忠实义务，不得侵害雇主的合法权益，其于在职期间的不适当兼职及其他与雇主竞业的行为，都可能构成其对雇主忠实义务的违反。可见，雇工在劳动关系存续期间，其竞业限制义务并不仅仅局限于法律的明文规定。对于法律没有规定的某些竞业限制义务，如诚信原则，基于雇员对雇主的忠实义务及附随义务，也负有相应的竞业限制义务。

在职期间雇员的竞业限制义务，通常基于法律的直接规定负有法定竞业限制义务。如果既无法律规定，当事人之间也无相应的竞

---

[1]　崔建远.合同法[M].北京：北京大学出版社，2013：78.

业限制条款时，一般而言，雇员仍应负有一定的竞业限制义务。因为，在劳动关系存续期间，如前所述，依诚实信用原则雇员通常负有忠实义务和附随义务，该类忠实义务和附随义务就包括竞业限制义务，除此之外，还包括保密义务、增进义务以及服从义务等。因此，劳动者于劳动关系存续期间的竞业限制义务基于诚信原则而发生，为劳动者当然应负有的附随义务，雇主无需为此付出额外的经济补偿。也就是说，在劳动关系存续期间即便雇主与雇员未在劳动合同中约定劳动者的竞业限制补偿金，亦然不影响劳动者对此项义务的履行，否则，劳动者即为违约。

可见，雇员于在职期间依诚实信用原则所应负有的基于附随义务而生之竞业限制义务，基本已为学界通说。我国《劳动合同法》第39条第4项规定，劳动者同时与其他用人单位建立劳动关系，对完成本单位的工作任务造成严重影响，或者经用人单位提出，拒不改正的，用人单位可以解除劳动合同。该规定即为上述观点在我国劳动立法上的体现。而离职后雇员是否应承担基于附随义务而生之竞业限制义务，目前虽尚存争议，但是，无论于理论界还是在实务中，反对者居多。

劳动关系存续期间，在法律未有具体规定之情形下，如对于一般雇员，可由雇主与其签订相应的竞业限制契约，使其承担约定竞业限制义务。只要该竞业限制契约符合一般契约（即非定型化契约或称非格式契约、非标准契约等）的生效要件，即契约主体具备法定缔约资格，契约内容不违反诚实信用、公序良俗等法律原则或其他强行性法律规定，该契约原则上即为有效。离职后竞业限制契约则不同。除审查前述生效要件之外，还需要依据合理限制竞争等原则依法对竞业限制契约的限制范围、期限、是否存在可保护的利益以及是否存在合理对价等内容进行合理性审查。之所以如此，是因为在职竞业限制与离职竞业限制二者后果明显不同，离职后竞业限制通常易于导致不合理地限制雇员的择业自由权。

（二）离职后竞业限制契约的效力

如前所述，离职后竞业限制，是指雇佣关系终止以后对原雇员的特定竞业行为在一定期限内予以合理限制。离职后竞业限制，主要基于合理限制竞争理论、禁止权利滥用理论,以及契约自由原则,承担的是约定的竞业限制义务。如果当事人之间没有约定相应的竞业限制义务,义务主体则不具有该义务。因为,在离职以后,雇工与雇主之间的劳动关系已经终止,雇工忠实义务的基础也随之消失。雇主欲使雇工继续承担竞业限制义务,必须基于契约自由原则,通过与雇工签订口头或书面契约的方式约定相关竞业限制义务,此即史尚宽先生所谓之"竞争营业禁止特约"①。离职后的竞业限制主要是雇主为了避免雇工利用其在职期间所掌握的商业秘密或其他技能,于离职后自己经营同类业务或者为其他经营同种类型业务的雇主服务,造成原雇主商业秘密及其他竞争优势的丧失,或者为避免同业之间"挖墙脚"所造成的恶性竞争等。然而,对于离职以后的雇员,其择业自由权为宪法性基本人权。对于其宪法权利的限制,必须给出充分的法律依据和理由。只有当竞业限制条款约定的期间、内容为合理并有相应补偿时,该约定方为有效。

1. 契约的分类及格式契约的利弊分析

契约以其分类,可分为格式契约与非格式契约。格式契约以格式条款为基础,我国《合同法》第 39 条第 2 款规定:"格式条款是当事人为了重复使用而预先拟定,并在订立合同时未与对方协商的条款。"格式契约或条款,又称定型化契约或条款、标准契约或条款、附和契约或条款、一般交易条件或约款等。非格式契约是由当事人自由协商一致而订立的契约,通常不采用事先拟定的格式条款。而格式契约中却可能存在非格式条款,如格式契约中经常存在的留待当事人签约时另行协商的空白条款,即为非格式条款。德国学者康拉德·茨威格特与海因·克茨指出,格式契约是 19 世纪工业革命的产物:随着当时市场的生产和交易的不断发展,形成了标准化产品的生产系统化以及交易流程中的贸易条件的标准化,格式契约才应运而生。格式契约对大规模交易的清算的理性化作出了巨大贡献。它简化了每一个契约内容的磋商过程,清除了交易的范围不确定、交付有疑问等问题,以及因此而产生的适用有缺陷的、不

---

① 史尚宽. 劳动法原论 [M]. 台北:台湾正大印书馆,1978:53.

准确的、不合适的法律规则的可能性,而且最终极大地减轻了企业家们计算和交易清理事务的负担。① 可见,格式契约使得当事人在市场交易中极大地节约了交易成本。交易成本的节约和生产效率的提高,是格式契约的生命力之所在,也是格式契约被普遍采用的根源所在。②

格式契约在节约交易成本的同时,在现实中却与真正的契约自由逐渐拉开了距离,破坏了契约自由与契约正义的内在统一性。该内在统一性,正是通过主体地位的平等性与交互性体现出来的。也正如康拉德·茨威格特与海因·克茨所指出的那样,立法者或者法院必须对格式契约的效力范围划定一个确定的界限。而对格式契约的效力进行核查的正确性及必要性究竟是什么呢?究其根源,在于当事人之间的缔约能力不对等。因为,面对企业的超级经济优势,一般的顾客几乎没有可能屈服格式契约所规定的条款。一般而言,当一个企业处于垄断地位时,它不会允许通过谈判的方式确定合同的内容。况且,企业还享有心理和智力上的超级优势,即企业在处理法律事务和交易业务经验方面明显比一般顾客具有更大的优势。③ 可见,格式契约是绝对契约自由的产物。在绝对契约自由之理念之下,契约双方当事人经济地位的悬殊造成了当事人"自由意志"的虚假性,同时,格式契约的出现也剥夺了当事人一方为其合同利益而进行实质性磋商的权利。正是这种对契约自由的滥用,导致了严重的不公正,从而为国家公权力对契约自由的干涉或规制提供了正当的理由。④

2. 离职后竞业限制契约的效力分析

---

① 康拉德·茨威格特,海因·克茨. 合同法中的自由与强制——合同的订立研究 [A]. 孙宪忠,译,梁慧星主编. 民商法论丛(第9卷)[C]. 北京:法律出版社,1998:364.
② 李永军. 合同法 [M]. 北京:法律出版社,2010:222.
③ 康拉德·茨威格特,海因·克茨. 合同法中的自由与强制——合同的订立研究 [A]. 孙宪忠,译,梁慧星主编. 民商法论丛(第9卷)[C]. 北京:法律出版社,1998:365.
④ 李永军. 合同法 [M]. 北京:法律出版社,2010:226-228.

首先，如按效力类型予以分类，由于竞业限制契约可分为竞业限制之格式契约与竞业限制之非格式契约，其法律效力亦可分为两类：第一类，经个别磋商的竞业限制之非格式契约的效力；第二类，未经个别磋商的竞业限制之格式契约的效力。其次，如按效力构成予以分类，竞业限制契约的效力可以分为作为普通契约（如买卖合同、租赁合同等有名合同及其他无名合同等普通合同）的一般效力和作为"竞业限制"契约的特殊效力两个部分。

（1）就非格式契约的法律规制而言，如前苏联学者纳雷什金娜所言：合同要达到符合当事人意愿的法律效果，必须符合若干要求，这些要求在不同法系中大体相同。这就是：①合同当事人应有相应的缔约能力；②内容合法；③意思表示要真实；④合同形式应合乎法律的要求。① 依照我国及其他国家合同法的规定，合同要达到当事人所希望的法律效果，一般应当具备以下要件：①当事人具备相应的缔约能力；②意思表示真实；③不违反法律的强制性规定及公序良俗原则；④合同标的确定和可能；⑤在特定情况下，应符合法定形式等。②

（2）就格式契约的法律规制而言，主要有立法规制、司法规制以及行政规制等方式。在我国，主要表现为立法上的规制。在立法规制中，又分为一般法的规制与特别法的规制。如对于一般格式契约的效力，我国《合同法》第40条规定，格式条款如具有本法第52、53条规定之无效情形的，③ 或者提供格式条款一方免除其责任、加重对方责任、排除对方主要权利的，该条款无效。该规

---

① 纳雷什金娜主编. 资本主义国家民商法（下）[M]. 刘家辉等，译. 北京：中国政法大学出版社，1989：9.
② 李永军. 合同法[M]. 北京：法律出版社，2010：185.
③ 我国《合同法》第52条规定："有下列情形之一的，合同无效：（一）一方以欺诈、胁迫的手段订立合同，损害国家利益；（二）恶意串通，损害国家、集体或者第三人利益；（三）以合法形式掩盖非法目的；（四）损害社会公共利益；（五）违反法律、行政法规的强制性规定。"第53条规定："合同中的下列免责条款无效：（一）造成对方人身伤害的；（二）因故意或者重大过失造成对方财产损失的。"

定,是我国《合同法》对于格式契约在立法上的限制。除此之外,我国《合同法》还通过"提示规范"以及"解释规范"对格式契约的约定内容予以立法限制。①

(3) 对于竞业限制之格式契约的效力,在我国,除了《民法通则》及《合同法》等民事一般法上的规制以外,尚有《劳动合同法》、《公司法》、《合伙企业法》、《商业银行法》等特别法的规制。关于我国特别法尤其是《劳动合同法》对竞业限制的立法规制,本书将在第五章第二节予以详细论述。

(4) 两大法系关于离职后竞业限制契约的效力分析:在大陆法系国家,竞业限制契约有效与否,往往取决于是否有害于社会公共利益。如在法国,竞业限制条款的内容也涉及公序良俗或公共秩序。依照法国最高法院社会事务庭1996年11月19日的判例,由于竞业限制条款是对"经商自由"与"劳动自由"的损害,因此,只有在该条款所产生的、对自由的限制实属保护企业正当利益所必不可少时,才属于合法。最高法院社会事务庭2000年7月10日的判例也指出,一项竞业限制条款,只有同时满足以下条件,即当其对保护企业的正当利益实为必不可少,并在时间与空间上均有限制,而且是基于(离职的)薪金雇员(原来)从事的工作的特殊性,同时包含雇主向薪金雇员支付了经济补偿金时,才属合法。因此,法国最高法院社会事务庭2002年2月12日的判例认为,在劳动合同关系终止以后,雇主若仍利用原劳动合同的保留条款继续要求离职后的雇员履行竞业限制义务,该保留条款为无效。②

---

① 如我国《合同法》第39条第1款规定:"采用格式条款订立合同的,提供格式条款的一方应当遵循公平原则确定当事人之间的权利和义务,并采取合理的方式提请对方注意免除或者限制其责任的条款,按照对方的要求,对该条款予以说明。"第41条规定:"对格式条款的理解发生争议的,应当按照通常理解予以解释。对格式条款有两种以上解释的,应当作出不利于提供格式条款一方的解释。格式条款和非格式条款不一致的,应当采用非格式条款。"

① Matt Marx & Deborah Strumsky & Lee Fleming, Mobility, skills, and Job...北京:法律出版社,2005. June 2009, pp. 876.

② 罗结珍译.法国民法典(下册)[M].

832-833.

第四章 竞业限制契约自由原则及其限制

在英美法系国家,多以司法判例的方式认定竞业限制契约的效力。关于竞业限制,在欧洲最早被记录的案例,发生于1414年中世纪后期的英格兰。当时,黑死病刚刚过去几十年,欧洲的劳动力供应受到重创。随后英格兰又颁布了劳工法令,失业被自然地宣布为违法。因此,一个原告要求在六个月内禁止其一个染色工在同一小镇工作,遭到了法官的拒绝。法官还警告该原告,如果他试图限制一个公民从事其商业行为,将会被判监禁。随着16世纪手工业行会的兴起,维护技术工人在公共领域自由工作的原则得到了加强。直到手工业行会开始衰落,工业革命开始,法庭才开始保护由雇员自愿签订的竞业限制契约(non-competes)。法庭通常会制定一个"合理性标准"(reasonableness test),以限制契约的期限及地域范围。[①]

Nordenfelt v. The Maxim Nordenfelt Guns & Ammunition Co Ltd 案,在当时是世界上最有名的案件之一,由当时的英国上议院(House of Lords)进行裁决。该案中,Nordenfelt主张:基于收购的情形,限制其在25年内以任何方式与对方竞争,是一个不合理的竞业限制。但是,也正是基于收购这一主要因素,Nordenfelt并未推翻英国上议院所作出的,令其与对方在25年内限制竞争的裁决。Lords Morris法官认为,在以往,所有限制竞业的契约原则上都被认为是无效的。除非有例外情形,即该限制契约针对特定的范围,并且有合理的条件。对于其他予以整体限制的竞业限制契约,依然是无效的。这样的一般竞业限制契约,无论对社会还是对于合同当事人本身,都是无益的。而我们现在已经处于这样一个时代,由于科学技术的发展,时间和地域范围几乎被颠覆(annihilated)。因此,将不再存在任何严格意义上的使任何限制交易的合同均无效的规则。一般来说,时间和地域范围总是作为考虑竞业限制契约有效

---

① Matt Marx & Deborah Strumsky & Lee Fleming. Mobility, skills, and the Michigan non-compete experiment [J]. Management Science, Vol. 55, No. 6, June 2009, pp. 876.

性的重要的因素,而不是一个绝对性的标准。①

可见,英国的竞业限制是从禁止到有条件限制的过程,并以判例的形式对这种限制条件作出了严格的规定,以严格限制为原则,即对竞业限制契约原则上不予支持,但是如果该契约所限制的相关内容,保护的范围,如限制期限和地域范围等被证明是合理的,也可以认定该竞业限制契约为有效。

美国的竞业限制制度也经历了一个不断发展变化的历史过程,而且各州之间没有统一的关于竞业限制的法律制度。因此,各州对于竞业限制条款的效力都有不同的认识,并存在不同的做法。加利福尼亚州的《商业与职业法典》(Business and Professions Code) 第16600条规定:除本条之外,任何限制某人从事合法职业、贸易或任何类型商业活动的合同均无效。该条规定得到了法庭一贯的支持,并且于2008年8月在加州最高法院对"Edwards v. Arthur Andersen"案的判决中再次得到重申。② 该规定使得加州在竞业禁止契约法律效力问题上与大多数州不同。也正是该项规定,使得该州绝大多数竞业禁止契约或条款在法律上无效。然而,在竞业限制的效力上加州也有例外。加州《商业与职业法典》第15601条和16602条规定,在特定关系中允许强制实施竞业限制契约的两个例外:①出售营业;②出售合伙利益。

除加州之外,美国大部分州均以州法或法院判例有限度的承认竞业限制契约的效力。美国《代理法重述(第二次)》以及《合同法重述(第二次)》,对于代理和合同中涉及的竞业限制也都分别给出了规定。如《合同法重述(第二次)》第188条规定,对于一个有效的交易或关系,附加了限制条件的承诺,如果符合下列情形之一,就属于不合理的竞业限制:①该限制远远超过了保护承诺人合法利益的范围;②要约人的损害超过了承诺人的需要,并可能损害公众。对于一个有效的交易或关系,附加了限制条件的承

---

① Nordenfelt v. Maxim Nordenfelt Guns & Ammunition Co Ltd., House of Lords, (1894) A. C. 575.

② Edwards v. Arthur Andersen, 44 Cal. 4th 937 (2008).

诺，包括下列情形：①一个商业销售者向买方承诺，不以损害其原有商业销售价值这样一种方式与买方竞争；②雇员或者其他代理人承诺不与其雇主或者其他当事人进行竞争；③合伙人承诺不与合伙伙伴进行竞争。"

二、竞业限制契约的救济：集体劳动合同及其他违约救济

对竞业限制契约的救济，可分为事前救济和事后救济。前者主要是指集体劳动合同，后者则主要是指违约救济。契约自由之限制，表现为事实上的限制和法律上的限制。事实上的限制，是指在事实上出现了一些新的契约类型或制度，形成对契约自由的限制。① 集体合同制度，正属于在事实上出现的某一新的契约类型或制度，该契约类型或制度形成了对契约自由之事实上的限制。因此，集体劳动合同既是对竞业限制契约的一种事前救济，又为对竞业限制契约自由的一种事实上的限制。

（一）附带竞业限制条款的集体劳动合同

集体合同，又称集体协约、集体契约等，通常是由工会组织代表职工（雇员）与其用人单位（雇主）就劳动报酬、工作时间、休息休假、安全卫生、保险福利等事项，通过平等的、充分的磋商而缔结的书面契约。② 集体合同作为一种集体谈判的劳动法律制度，其核心及关键所在即为劳动者的集体谈判权。集体谈判权，是指劳动者集体为保障自己的权利和实现自己的利益，通过工会组织或其代表与雇主就劳动和就业条件进行集体磋商，并签订集体合同的权利。而集体谈判权正是通过集体谈判和集体合同制度予以实现和保障的。集体谈判权是近代社会工人运动的产物，也是近代劳工立法的主要内容。③

---

① 李永军，易军. 合同法 [M]. 北京：中国法制出版社，2009：38.
② 刘继臣. 共同的约定：集体合同与劳动合同 [M]. 北京：中国工人出版社，2010：3.
③ 常凯主编. 劳动法 [M]. 北京：高等教育出版社，2011：146-147.

第三节 竞业限制契约的效力及违约救济

早在1791年,美国费城及纽约等地的印刷工人、制鞋匠、木工等就分别成立了行业组织,以反抗雇主的剥削。集体合同这一资本主义制度下工人维护自身利益的特有手段,就是在这一时期形成的。此后,1873年,德国印刷工人联合会与雇主通过谈判签订了德国的第一个集体合同,1918年12月23日,德国颁布了《集体合同法》,该法的颁布使德国的集体合同第一次以法律的形式确定下来。第二次世界大战后,德国又通过《基本法》、《集体合同法》、《工作章程法》及《共决法》等,重建集体谈判制度。在德国,"集体劳动合同(Tarifvertrag)的法律规范调整劳动关系的内容、缔结与解除,这些规范直接并强制地适用于缔结劳资关系的双方"①。1933年,美国联邦政府通过了《国家产业复兴法》,1935年又颁布了《国家劳动关系法》(即瓦格纳法),这些都标志着集体谈判制度得到了美国法律的承认。伴随着战后经济的快速复苏,1945年12月,日本也制定了第一部《工会法》,从法律上确立了集体谈判制度。②

集体谈判制度是通过集体谈判的方式签订集体合同的制度,该制度是对形式契约自由的一种修正或救济,以矫正当事人经济地位的不平等,其目的为实现契约正义。在当代,劳资冲突已越来越能引起各国政府的重视,各国政府普遍加强了对劳资关系的控制与干预,集体合同法律制度的日趋完善,就是西方各国对劳资关系进行国家调解与管理的一种重要手段和方式。这也是西方国家集体合同制度得以存在和发展的重要因素之一。③

劳动关系中的竞业限制条款,虽可以单独签订,但在实务中则更多地将竞业限制条款的具体内容附于劳动合同之中。作为劳动合

---

① 伯恩·魏德士.法理学[M].丁晓春,吴越,译.北京:法律出版社,2013:1-2.

② 宋湛主编.集体谈判[M].北京:经济科学出版社,2013:80-95.;刘继臣.共同的约定:集体合同与劳动合同[M].北京:中国工人出版社,2010:115-168.

③ 刘继臣.共同的约定:集体合同与劳动合同[M].北京:中国工人出版社,2010:7.

同中的竞业限制特别条款，成为劳动合同条款不可分割的组成部分。因此，欲加强对竞业限制契约的事前瑕疵防范，则需强化对劳动合同的事前瑕疵防范。在我国，《劳动合同法》第51条规定："企业职工一方与用人单位通过平等协商，可以就劳动报酬、工作时间、休息休假、劳动安全卫生、保险福利等事项订立集体合同。集体合同草案应当提交职工代表大会或者全体职工讨论通过。"该规定，以劳动立法的方式确立了我国的集体合同制度。但是，在我国谁是集体合同的主体，是一个有争议的问题。董保华教授认为，工会组织应依据代理理论而成为集体协商当事人，协商代表应依据代理理论成为工会组织的代理人。① 然而，由于集体谈判制度在我国的长期缺位（即从1956年对资本主义工商业的社会主义改造基本完成后至改革开放初期，集体合同制度基本废止），致我国公民的集体合同观念极为淡薄，加之我国法律中有关集体合同的法律规范属于授权性规范等，这些因素使得我国当下的集体合同制度在实践中并没有得到普遍而有效的实施，尚待国家进一步强化对集体合同签订范围、内容等方面的立法干预，以通过集体谈判制度实现对劳动契约自由的限制。

（二）竞业限制契约的其他违约救济

契约自由原则、所有权绝对原则及过失责任原则是现代私法的三大基本原则，也即现代私法的三大支柱，由此又衍生出"契约必须信守"原则，即经合法缔结的契约，在其有效期内，当事人必须依照约定履行各自的契约义务。各缔约当事人只有履行和遵守自己的约定义务，其各自的交易目标才有可能实现。但是，由于主客观世界的纷繁复杂、社会经济生活的不断变化，当事人所缔结的契约得不到全面履行乃至完全得不到履行的情景时有发生，即违约现象在现实的经济生活中经常难以避免。损害赔偿和实际履行是法庭经常采用的两种违约救济方式。但不同国家由于所属法系的不同，所倾向选择的违约救济方式也有所不同。在普通法系国家及大

---

① 董保华. 实施劳动法疑难问题热点透视——十大热点事件之名家详解 [M]. 北京：法律出版社，2010：292.

陆法系的法国，往往更倾向于给予损害赔偿金，而在德国和其他绝大部分欧洲国家，则更倾向于实际履行的违约救济方式。然而，在司法实践中，每种法系都会根据具体情况来选择相应的违约救济方式。但由于不同法系所遵循的都是相同的经济学逻辑，无论普通法系还是大陆法系都致力于寻求最有效率的违约救济方式，因此，在各国的法律体系中，有关违约救济的法律规定也存在相通或重叠之处。①

1. 实际履行制度

实际履行在性质上是一种救济制度，无论是在英美法系国家还是在大陆法系国家，均将实际履行这一违约救济制度作为一种违约救济的手段予以论述。② 事实上，特定履行（specific performance，"实际履行"）在大陆法系国家的实践中并非是一种常规的违约救济。③ 如果一方当事人没有按照合同规定履约，受害人可以向法庭起诉要求救济。违约的救济方法通常分为三类：（1）当事人在合同条款中明确约定一方当事人违约所应承担的损害赔偿责任；（2）法庭判决违约方所应承担的损害赔偿责任；（3）实际履行约定的合同义务。④ 希望实际履行的一个主要原因是要获得人为的价值，因为受害方当事人可能不满足于损害赔偿而希望合同能得以实际履行。然而，通常情况下，法院很不情愿判令实际履行。一般只有在损害赔偿不足以为受害方提供救济时，方予判决实际履行。即便如此，基于种种原因，法院也常常会以在监督实际履行上存在困难等理由，不情愿判决实际履行。因此，合同当事人一般不会同意随意启动实际履行，一般只有在损害赔偿不足以提供有效救济，且对于

---

① 罗伯特·考特，托马斯·尤伦. 法和经济学 [M]. 史晋川等，译. 上海：格致出版社，上海三联书店，上海人民出版社，2010：223.

② 李永军，易军. 合同法 [M]. 北京：中国法制出版社，2009：394-395.

③ Herrik Lando & Caspar Rose. On the enforcement of specific performance in civil law countries [J]. 24 Int'l Rev. L. & Econ. 473, (2004), pp.474.

④ 罗伯特·考特，托马斯·尤伦. 法和经济学 [M]. 史晋川等，译. 上海：格致出版社，上海三联书店，上海人民出版社，2010：222-223.

合同履行易于法院监督的场合,才希望法院判决实际履行。① 可见,实际履行虽然是一种违约救济的措施,但是,并非在任何情况下都可以适用。如,我国《合同法》第 110 条规定:当事人一方不履行非金钱债务或者履行非金钱债务不符合约定的,对方可以要求履行,但有下列情形之一的除外:(1) 法律上或者事实上不能履行;(2) 债务的标的不适于强制履行或者履行费用过高;(3) 债权人在合理期限内未要求履行。

2. 损害赔偿制度

此处所谓的损害赔偿制度,实际上指的是违约损害赔偿制度,即指违约一方因不履行合同或者不完全履行合同而给对方造成的损失,而应承担的金钱损害赔偿责任。由于合同一方当事人对于契约之期待利益的获得依赖于对方当事人完全履行其承诺义务,因此,在作出承诺义务的同时,一方当事人就会意识到或者应该意识到对方当事人将凭借这些承诺义务的履行获得合同利益,而他也承担了其承诺义务不被履行的风险。由此就决定了违约的损害赔偿的原则应当是,若一方当事人的约定义务未予以履行,则该方当事人须使对方达到相当于契约已经完全履行的地位。可见,违约的损害赔偿原则要求,违约方不必使对方获得比契约完全履行更多的利益,② 即仅能获得合理的赔偿金额。

所谓合理的赔偿金额,通常而言是"足以使原告恢复原状"。首先,如果被告不能支付要他支付的赔偿金,被告的财产会被没收并拍卖以筹措赔偿金,其次,补偿性赔偿与惩罚性赔偿是不同的。惩罚性赔偿是为惩罚被告而收取的高于损害赔偿的金额。该惩罚性赔偿金是作为惩罚被告的一种方式而给予原告的赔偿。在美国大多数州里,都有描述惩罚性赔偿金裁定条件的法规,通常这些法规都意在说明实际上为法院所遵循的习惯做法。根据惯常的表述,当被

---

① 迈克尔·D.贝勒斯. 法律的原则——一个规范的分析 [M]. 张文显等,译. 北京:中国大百科全书出版社,1996:242-245.
② 迈克尔·D.贝勒斯. 法律的原则——一个规范的分析 [M]. 张文显等,译. 北京:中国大百科全书出版社,1996:234-235.

告是蓄意而为，且令人无法忍受、故意而任性，或具有欺诈性的时候，就可裁定惩罚性赔偿金。但由于这些准则尚未被制定成明确的规则，因此，有关何时才能裁定惩罚性赔偿金的问题，依然具有相当的不确定性。至于惩罚性赔偿金如何计算的问题，则具有更大的不确定性。虽然惩罚性赔偿金的设定与补偿性赔偿以及被告的支付能力有着合理的关系，但法院并未具体指明，"合理"及"支付能力"的具体含义是什么。①

对于惩罚性赔偿制度，我国相关法律（或草案）也已有类似规定。如我国《消费者权益保护法》第55条规定："经营者提供商品或者服务有欺诈行为的，应当按照消费者的要求增加赔偿其受到的损失，增加赔偿的金额为消费者购买商品的价款或者接受服务的费用的三倍；……经营者明知商品或者服务存在缺陷，仍然向消费者提供，造成消费者或者其他受害人死亡或者健康严重损害的，受害人有权要求经营者依照本法第四十九条、第五十一条等法律规定赔偿损失，并有权要求所受损失二倍以下的惩罚性赔偿。"此外，我国《专利法修改草案（征求意见稿）》（2015年4月1日）第65条第3款也规定："对于故意侵犯专利权的行为，人民法院可以根据侵权行为的情节、规模、损害后果等因素，将根据前两款所确定的赔偿数额提高至二到三倍。"显然，惩罚性赔偿制度对于保护弱势群体利益，阻止行为人的故意侵权或违约行为，具有积极的意义。

3. 竞业限制契约违约救济的域外司法实践

无论是英美法系国家还是大陆法系国家，对于竞业限制契约在司法实践中的违约救济方式基本上都采用了违约的损害赔偿、禁止令（含临时禁止和长期禁止令）等救济制度，其中永久禁令制度基本上相当于实际履行制度，即法官依照生效的竞业限制契约判令雇员实际履行非竞业的约定义务，及判令新雇主实际履行停止侵权的法定（含制定法及判例法）的非招揽义务。相对于损害赔偿制

---

① 罗伯特·考特，托马斯·尤伦. 法和经济学 [M]. 史晋川等，译. 上海：格致出版社，上海三联书店，上海人民出版社，2010：87，369-370.

度而言，禁止令尤其是长期禁止令并不是一种常规的违约救济措施。如在普通法系的英国，其法律规定："法院不应该通过命令要求特定的行为……或通过禁令强迫雇员做任何工作或为任何工作进入任何地方。"因此，一项强制令不应要求雇员工作，但这并不排除强制雇员不为某人工作的可能性。一项禁止令是一种由法官自由裁决的救济，因此法官在决定是否实行他的自由裁量权时，需要考虑一系列因素。法官通常会考虑下列因素：（1）原告的该案件是有充分证据的还是尚存一定争议的；（2）赔偿损失是否是足够的救济（如果不是，就需要一项强制令）；（3）利益的平衡点在哪里（也就是说，如果授予或不授予强制令谁将是最受伤害的）；（4）现状是否应该维持。一般来说，获得临时的禁令对雇主利益大，因为这个比遵循详细的审判程序更容易获得。但对于临时禁令，雇主却有些不安。因为，授予临时禁令的条件一般是，如果审判最后证明临时禁令是不应该授予的，那么原告应赔偿被告因此遭受的任何损失。①

关于竞业限制契约的违约救济措施，英国的禁止令救济又分为临时的救济和终局救济。对于条件合适的案件，法院一般都会尽快开庭。但是，实际上，很少有案件会进入审判。如果雇主在审判中获胜，通常的救济措施为永久的禁令和损害赔偿。法官授予永久性禁止令时一般会考虑以下因素：（1）损害赔偿是否为充足的救济？（2）公共利益；（3）延迟授予永久性禁止令、默许雇员行为，以及缺乏"清白"②（clean hands）的影响；（4）被告方面的忠实义

---

① Pascale Lagesse & Mariann Norrbom. Restrictive covenants in employment contracts and other mechanisms for protection of corporate confidential information［M］. Kluwer Law International and International Bar Association, 2006. pp. 67-68.

② "清白"（clean hands，直译为"干净的手"）这一称谓，源自"清白原则"（clean hands doctrine），该原则要求，如果当事人一方违背了衡平原则，比如诚信原则，他就不能寻求衡平法救济或主张衡平法上的抗辩。该违背衡平原则的一方当事人，即被认为"不清白"（unclean hands）。Black's Law Dictionary（8th ed. 2004）. pp. 756-757.

第三节 竞业限制契约的效力及违约救济

务以及职位的变化；(5) 在秘密信息案件中，禁令应该限制于信息的使用期内，而且当雇主不能精确地定义需要禁令保护的秘密信息时，申请禁令很可能会被拒绝。除了禁止令制度之外，英国惯常采用的违约救济措施就是损害赔偿。这也是一个较为复杂的问题，该制度的实施应注意以下方面：(1) 有时契约会包含规定因违约导致的损害赔偿的措施的条款，但是须注意，如果规定的数额大于事前预计的原告的实际的损失，条款就是无效的；(2) 判决损害赔偿意图为补偿原告遭受的损失，比如把它置于合同已经履行或没有违反义务的假定上；(3) 原告有义务采取所有合理的措施以减轻损失；(4) 一般地，损害赔偿的要求应来自对明示条款（比如竞业限制契约）或默示条款（比如忠实义务）的违背。对于损害赔偿，最困难的就是证明原告的损失。比如对违背非招揽客户的契约主张损害赔偿的，证明特定的客户与被告交易是很困难的。这就是为什么损害赔偿的计算会倾向于利润数额，因为在这种情况下评估是基于被告的所得而不是原告的损失。①

在美国司法实践中，针对竞业限制契约的违约救济所采用的措施，与英国大致相同，采用的也主要是禁止令及损害赔偿。实践中，除了可以采取补偿性质的损害赔偿措施之外，还可以采取惩罚性的损害赔偿，主要惩罚新雇主故意"诱使"雇员违反既存的雇佣契约的行为。如果新雇主知道雇员依然存在劳动合同，或者签订有竞业限制契约，那么，新雇主依然招揽该雇员就构成了侵权性的干涉契约关系，或引诱违约的侵权，新雇主和雇员将被一同起诉，并被要求对原雇主承担损害赔偿责任，该赔偿责任中就包含新雇主应承担的惩罚性赔偿责任。该新雇主的惩罚性赔偿责任，就是基于第三方侵权行为而产生的责任。为了证明被告存在故意侵权性的干预他人间之商业关系，原告必须证明如果不是被告的行为所导致，

---

① Pascale Lagesse & Mariann Norrbom. Restrictive covenants in employment contracts and other mechanisms for protection of corporate confidential information [M]. Kluwer Law International and International Bar Association, 2006. pp. 68-69.

合同将会被履行，并且被告的目的就是给原告造成损失，或者其引诱雇员终止合同关系的雇佣手段是非法的。该非法的手段通常包括身体暴力、欺骗或误传、民事诉讼、刑事控告，以及一定程度上的经济压力等。①

法国、德国等大陆法系国家，虽然一般也采用禁止令及损害赔偿作为竞业限制契约违约救济的措施，但通常较少采用惩罚性赔偿措施，而较多地适用赔偿金、违约金及临时禁令等救济措施。同时，基于如法国《民法典》第1152条之补偿性违约金条款的限制，约定的违约金不易过高，否则可能导致竞业限制契约无效。在法国的竞业限制违约救济制度中，也采用了第三方侵权行为制度，即如果能证明新雇主知道雇员受竞业限制契约的约束而仍继续招揽该雇员，该新雇主则可能会承担停止非法招揽及支付赔偿金的责任，但该赔偿金通常只具补偿性而不具惩罚性。由于该非法招揽现象的普遍存在，德国的判例也采纳了第三方侵权行为制度，规定诱使雇员违反既存的雇佣契约是非法的。该"诱使"行为主要是指新雇主违反雇员与原雇主既存的雇佣契约而"故意"挖人的非法招揽行为。如果诱使雇员违反既存的雇佣契约的行为一旦被法官确认是客观存在的，新雇主就可能会受临时禁令措施的拘束，禁止其挖走前雇主的雇员，并为此支付适当的侵权损害赔偿金，而在德国，该损害赔偿金通常并非是惩罚性赔偿金。②

作为发展中国家的印度，由于其《合同法》第27条规定："对贸易进行限制的任何契约都是无效的。"因此，印度雇佣合同中的竞业限制条款在实施上可能会遇到一些困难。印度法院在很早

---

① Pascale Lagesse & Mariann Norrbom. Restrictive covenants in employment contracts and other mechanisms for protection of corporate confidential information [M]. Kluwer Law International and International Bar Association, 2006. pp. 241-245.

② Pascale Lagesse & Mariann Norrbom. Restrictive covenants in employment contracts and other mechanisms for protection of corporate confidential information [M]. Kluwer Law International and International Bar Association, 2006. pp. 94-123.

就主张公司不能限制雇员寻找其职业的自由。因此，该类竞业限制条款可能因为其限制贸易而受到削弱，并因而依印度合同法第 27 条的规定而无效。印度法院通常并不主张（那种）阻止员工在雇佣合同终止后从事与前雇主类似或与前雇主相竞争的业务的限制契约有效。但是，特定的情形需要深入的分析，比如涉及浓厚的知识产权（如专利、商标、商业秘密等）色彩时。印度法院不时地给出其关于限制契约的意见，并且认为，如果竞业限制契约在时间和空间范围方面都有限制的必要，并且有必要保护雇主的商业利益以避免可能对雇主造成不可弥补的损失的特定情况下，法院会以有限的方式支持限制契约。在大多数案件中，雇主即刻的目标就是寻求临时禁令，以避免泄露任何专利信息可能给雇主所造成的不利影响。但是，这需要证明有必要实施该救济的基本要件。可见，就一般意义而言，在印度司法实践中，其竞业限制契约或者具有竞业限制条款的雇佣合同，一般仅具有威慑意义而已。①

---

① Pascale Lagesse & Mariann Norrbom. Restrictive covenants in employment contracts and other mechanisms for protection of corporate confidential information [M]. Kluwer Law International and International Bar Association, 2006. pp. 130-136.

第五章 我国竞业限制制度的困境与出路

我国当前经济生活中，因员工"跳槽"而导致的商业秘密泄漏，经营者之间的"挖角"，以及非法招揽竞争对手的客户等不正当竞争行为，依然严重侵害着经营者的商业秘密权益及其他竞争利益。

我国劳动法倾斜保护原则不仅未能实现通过对劳动者倾斜保护从而矫正劳资关系不对等之初衷，经实证分析却发现：实践中，起诉到法院的一些竞业限制纠纷案件，雇主胜诉率却明显偏高，与雇员胜诉率差幅竟高达十几个百分点。如就随机搜集整理的87宗竞业限制纠纷案件来看，该裁判结果，不仅未令经营者利益得到应有的保护，劳动者合法权益被保护的程度或力度更显不足。① 可见，无论经营权维护抑或劳动权保障，竞业限制制度于我国实践中所发挥的作用，与其立法本意及目的之间尚存较大差距，亟待立法进一步完善、学理深入研究。

---

① 如下表5-1、表5-2，表格中的87宗竞业限制纠纷案例来源于"北大法宝"的"司法案例"之"民事案例"栏目，被随机设定的主要搜索条件是：1. 案由分类为"劳动争议、人事争议"；2. 案例来源为"北大法宝"；3. 审结日期为"2008年1月1日至2015年4月29日"；4. 法院级别为"全选"；5. 文书性质为"全选"；6. 审理程序为"二审"；7. 案例标题检索关键词分别为"竞业限制"、"竞业禁止"。网址为：http://szlawyers.chinalawinfo.com/case/Result.asp? SFlag=11，访问日期为：2015年4月29日。

表 5-1　87宗竞业限制纠纷案例终审（生效）裁判统计表

类别	结果	诉求或责任	案件数量（件）	总数（件）
竞业限制条款被认定有效与否	有效		68	87
	无效		12	
	其他		7	
裁判结果	雇主胜诉（或雇员败诉）	违约金	35（含雇员返还补偿金的2件）	45
		雇主免于支付违约金或雇员返还补偿金	9	
		赔偿金	3	
	雇主败诉（或雇员胜诉）	补偿金	26	35
		雇员免于支付违约金或赔偿金	9	
调解、撤诉或被驳回等其他情形	调解结案		1	7
	撤诉或被驳回起诉		6	

表 5-2　87宗竞业限制纠纷案例终审（生效）裁判统计表

类别		案件数量（件）	胜诉率（%）	胜诉率差幅（%）	违约金总额（元）	补偿金总额（元）	违约金、补偿金差幅（倍）	赔偿金总额（元）	胜诉经济价值总额（元）	雇主与雇员胜诉价值差幅（倍）
裁判结果	雇主胜诉	45	51.72	11.49	3 419 914.78		5.20	500 000	3 919 914.78	5.96
	雇员胜诉	35	40.23			658 184.13			658 184.13	
	调解	1								
	其他	6								

第一节 我国竞业限制制度的困境

一、竞业限制立法本意、目的与其实践中作用的差距

在《中华人民共和国劳动合同法》颁布两年后，我国最高法院为妥善处理因竞业限制引发的劳资纠纷，要求"在审理竞业限制纠纷案件时，要充分考虑到我国经济和科技发展的实际水平，坚持以社会公共利益为基点，既要维护社会主义市场经济的公平竞争秩序，又要注意平衡市场主体的利益关系；既要防止因不适当扩大竞业限制的范围而妨碍劳动者的择业自由，又要保护用人单位的商业秘密等合法权益，最大限度地实现设立竞业限制制度的立法本意和目的"[①]。该司法解释，既体现了我国竞业限制制度的立法本意和目的，同时也指出了我国的各级司法机关在处理有关竞业限制纠纷的具体案件中所应遵循的司法裁量的原则、标准或尺度。

(一) 我国竞业限制制度的立法本意和目的

竞业限制法律关系关涉雇主、雇员私益及社会公益等多元利益关系。雇员择业自主权、雇主商业秘密权益及其他竞争利益、社会公共利益及其竞争秩序等多元利益诉求，交织重叠，形成激烈的多重权利冲突及复杂的多方利益抵触。虽竞业限制制度主要是为保护雇主的商业秘密及其他竞争利益，但保护雇员的基本劳动权利，维护社会公共利益，促进社会公平、正义，更是竞业限制的价值评判标准及利益考量之关键因素。

我国《劳动合同法》以授权性法律规范，规定雇员离职后可负有约定竞业限制义务，主要基于：实践中越来越多的保密协议、竞业限制条款已极大地限制了雇员离职后的择业范围。同时，雇主在与雇员签订竞业限制条款时，往往载明其日常发放的工资中就已

---

① 最高人民法院印发《关于当前形势下做好劳动争议纠纷案件审判工作的指导意见》的通知（法发〔2009〕41号）第10条之规定。

经包括了竞业限制补偿金,而实际上多数雇主并未给付该经济补偿金,即便给付,其金额也明显偏低。《劳动合同法》第23条关于竞业限制补偿金及其支付方式的相关规定,客观上有利于保护雇主的商业秘密及其他竞争利益,主观上也有利于雇员自觉保护这些商业信息。雇主为保护其商业秘密及其他竞争利益,一般也愿意向雇员支付一定的经济代价,只是这样的经济代价通常难以弥补雇员因其择业自由权乃至生存权受限制而遭受的物质及精神损失而已。

为了既能保护雇主商业秘密及其他竞争利益,又能保护雇员的择业自主权乃至生存权,维护社会公共利益,促进社会公平、正义,以达至多方利益的相对均衡或找到一个平衡点,世界各国多倡导应于契约自由原则之下课处雇员约定非竞业义务。同时主张,应对该契约自由适度加以限制。该限制主要包括:(1)人员限制,如通常应以知悉或可能知悉雇主商业秘密的经营管理人员及技术人员等高管人员及其他负有保密义务的人员为限;(2)范围的限制,如对行业范围及地域范围等的限制,而且该范围应当以能够与雇主形成实际的竞争为限度;(3)存在"应保利益",即应以正当利益的存在为前提;(4)期限的限制,如我国《劳动合同法》第24条规定的2年期限。①

(二) 竞业限制制度在我国司法实践中的实际作用

2007年6月,我国《劳动合同法》首次以法律的形式,在劳动关系领域对竞业限制予以立法规制。2008年6月,国务院在《国家知识产权战略纲要》中指出:应"妥善处理保护商业秘密与自由择业、涉密者竞业限制与人才合理流动的关系,维护职工合法权益"。此后,最高人民法院就竞业限制补偿金等问题,于2013年1月发布了《最高人民法院关于审理劳动争议案件适用法律若干问题的解释(四)》。这些法律、法规及司法解释的相继颁布、实施,对促进我国竞业限制制度功能的发挥,协调、平衡劳动者的择业自主权与经营者的商业秘密权益及其他竞争利益,建立和谐稳定

---

① 全国人大常委会法制工作委员会行政法室编著.中华人民共和国劳动合同法解读[M].北京:中国法制出版社,2007:73-76.

的劳动关系,均发挥了重要作用。

随着 1999 年我国"统一"《合同法》的颁布实施,以及诚实信用原则在我国司法活动中的广泛实施或采用,之前由于计划经济体制的影响使司法裁判中大量经济合同被裁判为无效的现象,得到了极大的改观乃至逆转。由此使得竞业限制协议或条款,在司法实践中被裁判为有效的比例也在逐年提升。① 这是维护市场主体的诚实信用及商业伦理的需要,也是维护交易安全,促进市场繁荣、稳定的需要。但是,竞业限制协议或条款被裁判为有效,其有效率的大幅提升,并未实现竞业限制制度的立法意图及目的。如司法机关对雇主商业秘密及其他竞争利益的保护稍嫌失度,而对雇员权益的保护更为明显不足。可见,竞业限制制度在我国当前司法实践中所发挥的实际作用,与其立法本意及目的相比,依然存在较大差距。

首先,就雇员劳动权益保障来看,即便劳动法倾斜保护原则已被泛化或滥用,但起诉到法院的竞业限制纠纷及其他劳动争议纠纷,雇员胜诉率依然明显偏低。本书以我国《劳动合同法》正式实施以来的近七年间,全国二审法院已经审结生效的部分司法案例为研究对象,对 87 宗竞业限制纠纷案件进行分类整理并经量化分析后发现,雇主胜诉 45 件,胜诉率为 51.72%;雇员胜诉 35 件,胜诉率为 40.23%。雇主与雇员胜诉率差幅,为 11.49%。②

无论就前述研究结果所呈现的表象看,如雇员胜诉率明显偏低,还是就其揭示的雇员劳动权益被保护的实质结果看,劳动者合法权益远未得到应有的保障。如从 87 宗竞业限制纠纷案件胜诉经济价值看,雇主胜诉经济价值总额为人民币 391.99 万元,而雇员胜诉经济价值总额仅为人民币 65.82 万元,前者是后者的 5.96 倍。③ 足见,我国司法机关对雇员合法劳动权益保护的强度、程度或力度均有待于大幅度提高。

其次,就雇主商业秘密权及其他竞争利益保护而言,仍以前述

---

① "87 宗竞业限制纠纷案例终审(生效)裁判统计表"之表 5-2。
② "87 宗竞业限制纠纷案例终审(生效)裁判统计表"之表 5-2。
③ "87 宗竞业限制纠纷案例终审(生效)裁判统计表"之表 5-2。

87宗竞业限制纠纷案件为例，即便雇主胜诉，而且其胜诉经济价值总额还远高出雇员胜诉经济价值总额近6倍，但无论如何，雇主胜诉经济价值总额依然无法与其商业秘密或其他竞争利益价值总额相提并论。换句话说，雇主合法权益一旦因遭受侵害而诉至法院，即便胜诉，其胜诉经济价值远远不能弥补其商业秘密或其他竞争利益可能流失或损失的经济价值。如前所述，在87宗竞业限制纠纷案例中，雇主胜诉经济价值总额为人民币391.99万元，虽然是雇员胜诉经济价值总额的将近6倍，但对于87个雇主而言，其人均胜诉经济价值仅为人民币4.51万元。毫无疑问，这一数额远不能弥补雇主因其商业秘密及其他竞争利益受侵害所产生的经济损失，更无法反映雇主商业秘密及其他竞争利益的实际经济价值。

前述"87宗竞业限制纠纷案例终审（生效）裁判统计表"之表5-1、表5-2所展示的统计数据及其结论，由于统计范围及统计对象的有限性，使得该统计结果或多或少地存在一定的局限性或片面性，但其至少可在一定程度上反映或表明，司法机关对于雇主商业秘密及其他竞争利益的保护稍嫌失度，对于雇员合法劳动权益保护的强度、程度或力度均明显不足。

实践中，经由劳资双方就每一条款及内容充分磋商，从而充分表达劳资双方尤其是劳动者真实意思的竞业限制条款，是极其罕见的。其惯常情形是，雇主一方于劳动合同中以竞业限制条款的形式或者以单独的竞业限制协议的形式，提前拟定好竞业限制格式条款或协议，或集体、或单独象征性地征询一下劳动者的意见，然后再由劳动者所谓的"自己决定"是否签订该类协议或条款。雇员通常或由于碍于情面，或主要迫于经济或就业上的心理压力，如为了"保住饭碗"，一般都会"同意"签订该类事实上并非或至少不完全是劳动者真实意思表示的竞业限制格式协议或条款。

在这样的竞业限制协议或条款中，雇主为防止商业秘密的泄漏或其他竞争利益的丧失，一般都会事先拟定高额的竞业限制违约金或损害赔偿金。可为了最大限度地节约成本，雇主对于应给予雇员的竞业限制补偿金，要么尽量回避，要么就从雇员原本应得的奖金或业务提成中变相予以列支。迫于相关法律的威慑，雇主即便在竞业限制协议或条款中拟定了竞业限制补偿金的相关内容，约定的竞业限制补偿金的支付标准通常也比较低。这就使得，当劳资双方发生竞业限制纠纷而诉至法院时，自然就易于出现如前述"87宗竞业限制纠纷案例终审（生效）裁判统计表"之表5-2整理及分析的结果，即雇主胜诉违约金总额为人民币341.99万元，雇员胜诉经济补偿金总额为人民币65.82万元，前后差幅为5.20倍；雇主胜诉经济价值总额为人民币391.99万元，雇员胜诉价值总额为人民币65.82万元，前后差幅为5.96倍。①

综上可见，劳动法倾斜保护原则不仅未能实现其矫正劳资关系的不平等，充分保护劳动者合法权益的初衷。相反，在司法实践中，法院对雇主商业秘密及其他竞争利益保护的强度有些失度，而对雇员合法劳动权益保护的强度、程度或力度均明显不足。我国竞业限制立法本意及目的，与其在实践中的作用相比，依然存在较大差距。

二、竞业限制契约自由及其限制之边界划分上的游移与徘徊

如前所述，依契约自由原则，个人是自己利益的最佳判断者和维护者，契约既因当事人自由意思的合意而订立，其内容的妥当性原则上可以获得保障。② 但是，若契约自由仅重视形式的契约自由，其结果必然导致契约自由之滥用，造成经济之强势地位者欺负经济之弱势地位者。③ 因此，应对契约自由原则予以必要限制，方能克服契约自由之流弊，以实现契约正义。但是，如何准确把握和界定契约自由及其限制二者之间的界限，是立法及司法实践值得重视的问题。

对于如何界定及把握竞业限制契约自由与其限制之间的边界，

---

① "87宗竞业限制纠纷案例终审（生效）裁判统计表"之表5-2。
② 王泽鉴. 债法原理 [M]. 北京：北京大学出版社，2013：110.
③ 林诚二. 民法债编总论——体系化解说 [M]. 北京：中国人民大学出版社，2003：21.

我国立法机关及司法机关的立场始终在游移与徘徊。如《劳动合同法（草案）》第16条第3款规定："用人单位与劳动者有竞业限制约定的，应当同时与劳动者约定在劳动合同终止或者解除时向劳动者支付的竞业限制经济补偿，其数额不得少于劳动者在该用人单位的年工资收入。劳动者违反竞业限制约定的，应当向用人单位支付违约金，其数额不得超过用人单位向劳动者支付的竞业限制经济补偿的3倍。"① 该规定，对于雇员履行竞业限制义务的经济补偿金，以及若其违反竞业限制约定义务后的违约金，都给出了相对明确、具体的规定。如对于竞业限制契约自由的范围，立法者在《劳动合同法（草案）》中已经划定了相对明确的边界：（1）用人单位应向劳动者支付的竞业限制补偿金的数额，不得少于劳动者在该用人单位的年工资收入；（2）劳动者违反竞业限制约定的，其违约金的数额，不得超过用人单位向劳动者支付的竞业限制经济补偿的3倍。但是，在《劳动合同法》正式颁布后，该法却未采纳关于竞业限制补偿金及违约金的上述法定限制性规定。②《劳动合同法（草案）》虽为竞业限制契约自由与其限制之间的边界划定了相对清晰的边界，但《劳动合同法》却放宽了对于竞业限制契约自由的限制，模糊了契约自由及其限制之间的界限。

对于竞业限制补偿金的效力问题，我国相关立法解释认为："用人单位未按照约定在劳动合同终止或者解除时向劳动者支付竞业限制补偿金的，竞业限制条款无效。这是竞业限制生效的条件和劳动者遵守竞业限制义务的前提。"③ 而《最高人民法院关于审理劳动争议案件适用法律若干问题的解释（四）》第6条第1款却规定："当事人在劳动合同或者保密协议中约定了竞业限制，但未约定解除或者终止劳动合同后给予劳动者经济补偿，劳动者履行了

---

① 全国人大常委会法制工作委员会行政法室编．劳动合同法（草案）参考［M］．北京：中国民主法制出版社，2006：7.
② 我国《劳动合同法》第23条第2款之规定。
③ 全国人大常委会法制工作委员会行政法室编著．《中华人民共和国劳动合同法》解读与适用［M］．北京：人民出版社，2007：70.

竞业限制义务，要求用人单位按照劳动者在劳动合同解除或者终止前十二个月平均工资的30%按月支付经济补偿的，人民法院应予支持。"为维护劳动者合法权益，促进司法公正，构建和谐稳定的劳动关系，该司法解释对于竞业限制补偿金的支付标准给予了细化和具体化。这在一定程度上有利于劳动者权益的保护，也使竞业限制法律规范更具可操作性。但是，该司法解释却回避了一个至关重要的问题，即竞业限制协议或条款的生效要件问题。这是竞业限制制度的核心与关键问题。

《最高人民法院关于审理劳动争议案件适用法律若干问题的解释（四）》第8条还规定："当事人在劳动合同或者保密协议中约定了竞业限制和经济补偿，劳动合同解除或者终止后，因用人单位的原因导致三个月未支付经济补偿，劳动者请求解除竞业限制约定的，人民法院应予支持。"该司法解释将前述立法解释所主张的竞业限制条款的生效要件，即"未按约定支付竞业限制补偿金的，竞业限制条款无效"，任意解释为"三个月未支付经济补偿，劳动者请求解除竞业限制约定的，人民法院应予支持"。

显而易见，我国最高司法机关发布的司法解释已将前述立法解释主张的竞业限制生效要件，扭曲为竞业限制条款的解除条件，这是明显违背立法本意的"法官造法"。足见，在对待竞业限制条款的生效要件这一问题上，我国立法解释部门与最高司法机关显然采取了不同的界定标准。或者说，立法解释机关与司法解释机关对于竞业限制契约自由与其限制的边界划分问题，坚持了不同的界定标准。也进一步体现出，我国立法、司法等有权机关对于竞业限制契约自由及其限制之边界划分态度或立场上的游移与徘徊。

第二节　我国竞业限制制度的立法出路

由于劳动法领域的竞业限制问题是我国竞业限制制度应研究的核心与重点，因此，劳动法领域的竞业限制立法问题，是我国竞业限制立法应重点关注并亟待解决的课题。由此，反思和检讨劳动法之倾斜保护原则，秉持平等保护（"双保护"）的法律理念，依照契约自由原则之限制制度，强化《劳动合同法》有关竞业限制的立法规制，使我国竞业限制立法尽量避免或减少诸如绝对契约自由、倾斜保护（"单保护"）失度等不合理现象的发生，实现劳资双方地位相对平等及其利益相对均衡，构建和谐稳定的劳动关系，为我国竞业限制制度的未来寻求出路。

一、平等保护理念下适度扩大对竞业限制契约自由的立法限制

（一）平等保护理念下构建和谐稳定的劳动契约关系

私法中的契约自由受到法律秩序的保障，它同时也是市场经济的基本法律原则。① 在有关劳动契约自由的法律限制制度中，我国多数劳动法学者从保护弱者角度出发，大多主张倾斜保护原则是我国劳动（合同）法的基本原则之一。② 也有学者站在社会正义的角度，认为社会正义原则要求劳动法应当采取"倾斜立法"的方法，权利义务的配置应当有利于劳动者一方。③ 德国学者阿图尔·考夫曼则指出，法律最高的价值是正义，正义的核心则是平等。平

---

① 伯恩·魏德士. 法理学 [M]. 丁晓春，吴越，译. 北京：法律出版社，2013：164.

② 如常凯教授认为，依照劳权保障原则，劳动关系双方的权利在劳动法中是不对等的，劳动法所强调的是劳动者的权利。劳权本位是劳动法律体系构筑的基点和核心。常凯主编. 劳动法 [M]. 北京：高等教育出版社，2011：26；黎建飞、关怀等教授指出，充分体现宪法原则，突出对劳动者权益的保护是劳动法的基本原则之一。黎建飞. 劳动与社会保障法教程 [M]. 北京：中国人民大学出版社，2010：16；关怀，林嘉主编. 劳动法 [M]. 北京：中国人民大学出版社，2012：34；董保华教授认为，劳动合同立法应当从倾斜保护出发来认识其立法宗旨。倾斜保护渐成劳动法界的通论。董保华. 论劳动合同法的立法宗旨 [J]. 现代法学，2007（6）：74；王全兴教授则直接提出应优先保护劳动者的利益，他认为，保护劳动者权益原则是劳动法的基本原则之一，而优先保护原则又是保护劳动者权益原则的重要内容。王全兴，黄昆编著. 中国劳动法 [M]. 北京：中国政法大学出版社，2008：21.

③ 周长征. 劳动法原理 [M]. 北京：科学出版社，2004：30.

等是正义的形式，法律的安定性则是正义的作用。① 社会正义原则要求包括劳动法在内的所有立法均应采取"平等保护"的方法，而非"倾斜立法"的方法。因为，"正义就是平等，法律的平等要求法律原则的一般性，正义在任何层面上都能得以概括"②。也正如施塔姆勒所言，平等保护是权利平等的重要内容之一，权利平等的法律原则体现在，所有受法律支配的人必须以一个相同的方法对待。同样，所有个体在社会上拥有同等地位这个原则也与法的概念相适应，且必须按系统方式而非任意地从中推演出来。③

倾斜保护原则非但不是所谓的社会正义原则的要求，而且违反了平等原则即分配正义所要求的"相同的相同对待，不同的不同对待"这一立法准则。而平等保护理念却是法制统一原则的内在要求，是法制统一原则在法律创制、实施过程中的表现。法制统一原则是现代社会法治国家所共同倡导和遵守的一个重要原则。该原则要求立法机关所创设的法律应内部和谐统一，做到整个法律体系内各项法律、法规之间相衔接且相互一致、相互协调。法制统一原则要求应统一立法尺度，一切法律制定都必须以宪法为根据，应避免不同类别法律规范之间的矛盾，或同一类别法律规范之间的冲突。④ 然而，倾斜保护原则却要求在劳动关系中，在劳动者与经营者双方利益的衡量与取舍方面，应对劳动者予以倾斜保护。显而易见，倾斜保护原则不仅违反了法制统一原则，同时也违背了法律面前一律平等的宪法原则。

我国著名法学家江平教授认为："要加强对劳动者权利的保护，这个没有问题，谁也不能反对，我们认为必须保护。但也不能

---

① 阿图尔·考夫曼. 法律哲学 [M]. 刘幸义等, 译. 北京：法律出版社, 2011：175-176.

② 古斯塔夫·拉德布鲁赫. 法哲学 [M]. 王朴, 译. 北京：法律出版社, 2013：83.

③ 施塔姆勒. 正义法的理论 [M]. 夏彦才, 译. 北京：商务印书馆, 2012：110.

④ 沈宗灵主编. 法理学 [M]. 北京：北京大学出版社, 2009：46；王启富主编. 法理学 [M]. 北京：中国政法大学出版社, 2013：119.

过了度，因为反过来说，这会不会有损害企业家利益的地方呢？世界上很多国家的社会福利搞得过分了，经济发展就放缓。我们现在还是一个发展中国家，劳动力价格还比较便宜，劳动保障条件肯定比不上西方国家，如果现在片面强调必须跟那些国家一样高，弄不好可能会造成经济发展的停滞。所以一个法律不仅要兼顾两方面的利益，还要从当前中国的社会发展的水平和历史阶段来考虑。"①

《劳动合同法》是规范劳动合同当事人双方权利义务的法律制度。该法在于催生一个与市场经济发展要求相适应的、灵活的劳动用工制度，从法理角度，将劳动者和用人单位置于一种平等、自由、协商的契约地位。② 因此，我国《劳动合同法》应以"保护劳动者和用人单位合法权益"即"双保护"或称"平等保护"为立法宗旨。否则，不仅违背了法制统一原则，而且倾斜保护原则也极易在实践中被误读、曲解、扭曲，甚至造成泛化或被滥用。

(二) 适度扩大对竞业限制契约自由的立法限制

德国著名法哲学家拉德布鲁赫教授认为，法律按照其意义必然服务于法律理念。人们在正义中找到了法律理念，还确定了正义的本质，分配正义的本质是平等，即"相同的相同对待，不同的不同对待"。然而，正义虽将人们引向了"相同的相同对待，不同的不同对待"，却没有告诉人们哪种可以一下子就能标记为相同或者不同的视角；进一步说，正义只确定了这种关系，但没有确定对待的方式。这两个问题只有在法律的目的中才能找到答案，这就是法律理念的第二个组成部分——合目的性。而关于目的与合目的性的问题并没有得到清楚的回答，而只是通过不同的法律观、国家观和党派观的系统发展，进行了相对主义的解答。但是，法律作为共同生活的规则，不能听任于每个人的不同意见（如"相对主义的解答"），它必须是一个凌驾于所有人之上的普适性规则。由此，人们又遇到了另一个同等重要的对法律的要求，也就是法律理念的第

---

① 江平. 法律的本意是公平正义 [N] . 21世纪经济报道, 2006-9-4 (29) .
② 程多生. 《劳动合同法》的立法宗旨必须坚持维护劳动合同当事人双方的合法权益 [J] . 中国劳动, 2005 (12) : 8.

三个组成部分——法的安定性。法律的安定性又需要法律的实证性：如果不能明确认定，什么是公正的，那么就必须明确规定，什么应该是正确的。由此使得法律的实证性自身以非常引人入目的方式成为了法律正当性的前提条件。①

简而言之，由于分配正义的本质是平等，因此平等是正义的本质要求及重要表现，而正义又是法律理念的首要组成部分。为实现正义这一法律理念，就必须探求法律的目的，即法律理念的第二个组成部分——"合目的性"。对于"合目的性"的解释及其界定，就对法律提出了另一个同等重要的要求，即法律的"安定性"。而法律的安定性又需要法律的"实证性"，就是说，如果不能明确认定何为公平、正义，那么，就必须明确加以"规定"什么应该是正确的。

竞业限制条款是对劳动者择业自由权乃至生存权的限制。因此，对此权利的限制应当由当事人自己依劳动契约自由原则自由协商。但是，由于竞业限制当事人，尤其是劳动关系中的竞业限制双方当事人经济地位不对等，以及契约自由原则自身也存在一定的弊害。因此，为实现竞业限制契约正义，就需要对竞业限制契约自由予以适度限制，这是法律"合目的性"的要求。但在实践中，对于竞业限制契约自由的限制范围如何把握，以及契约自由及其限制二者之间的界限如何划分等问题，或者说对于竞业限制之合理性标准的明确认定，均是极为困难的。因此，这就要求法律应当对竞业限制之合理性标准等具体内容（如竞业限制补偿金及违约金）给予明确规定。如前所述，这是法的"安定性"及"实证性"之内在价值诉求。

二、适度强化对竞业限制经济补偿金的立法规制

（一）竞业限制经济补偿金与普通意义经济补偿金的区别

竞业限制经济补偿金，主要是指离职后竞业限制经济补偿金，

---

① 古斯塔夫·拉德布鲁赫.法哲学［M］.王朴，译.北京：法律出版社，2013：81.

其不同于劳动法上普通意义的经济补偿金。前者，是雇主对于限制雇员择业自由权的一种经济上的补偿，是竞业限制条款是否具有合理性及正当性的极其重要的参考因素之一，该补偿金的给付与否直接决定着竞业限制条款是否有效，即竞业限制条款的生效要件。而后者，则指在劳动合同解除或终止时，用人单位在法定条件下应当按照法定标准向劳动者一次性支付的经济补偿，是劳动者履行劳动合同后的结果。① 就补偿金之性质而言，劳动法之普通意义上的经济补偿金，其"法律性质具有复杂性，在不同的情形下其性质具有一定的侧重性，但不可否认的是经济补偿金的社会性功能越来越突出。对于企业而言，支付经济补偿金是企业承担社会责任的主要方式之一；对于劳动者而言，经济补偿金具有保障其失业阶段的基本生存的功能；对于国家而言，经济补偿金是国家调节劳动关系的一种经济手段，引导用人单位长期使用劳动者，谨慎地行使解除权利和终止权利"②。可见，竞业限制经济补偿金与劳动法之普通意义上的经济补偿金，虽均以金钱给付为主要形式，也都具有一定的补偿性，但是，二者在性质上具有显著差异，其最大区别在于，前者是确定竞业限制条款是否具有合理性的重要的参考因素之一，是竞业限制条款的生效要件。

（二）有关竞业限制经济补偿金的国内外立法及理论

实践中，雇主为了最大限度地节约或压缩经营成本，在竞业限制条款中常常仅约定雇员的竞业限制义务，而尽量回避对于竞业限制经济补偿金的约定，或者即便勉强约定了，但该约定的经济补偿金支付标准一般也较低，或者变相地在雇员的工资、奖金或其他应得报酬中予以列支。因此，为保护劳动者的合法权益，实现竞业限制制度的立法意图和目的，就应通过立法上预防、避免前述不合理现象的发生，以矫正劳资双方经济地位上的不平等。竞业限制经济补偿金问题，主要存在于两个方面，即补偿金的效力问题及其支付

---

① 王全兴. 劳动法 [M]. 北京：法律出版社，2004：153.
② 喻术红. 劳动合同法专论 [M]. 武汉：武汉大学出版社，2009：136.

标准问题。该问题,主要是指竞业限制经济补偿金的支付与否,以及达到法定支付标准与否,是否将影响或决定竞业限制条款的生效。对此,国内外立法及学界,观点不一。

1. 竞业限制经济补偿金之"无效说"

无效说认为,竞业限制经济补偿金的约定或支付,是竞业限制条款的生效要件,未约定或未支付补偿金的竞业限制条款无效①,对双方当事人不具有约束力。除前述我国《劳动合同法(草案)》第16条第3款规定之外,法国、德国及意大利等大陆法系国家也都采取该立法模式。

作为大陆法系国家的法国,对于竞业限制条款的合法性,要求雇主向雇员支付一定金额的补偿金。这是法国最高法院2002年新增的条件。因为,劳动合同是一种双务合同,合同的一方同另一方进行对等的交换(即等价交换原则),这是民法的一项基本原则。然而,令人感到奇怪的是,在此之前的很长一个时期内,法国最高法院一直将劳动合同排除在这一原则之外。②直到2002年7月10日,最高法院才在当天的两项判决中,修正了以前的选择,明确表

---

① 未具体约定竞业限制经济补偿金将导致竞业限制条款无效的立法例,如我国《劳动合同法(草案)》第16条第3款规定:"用人单位与劳动者有竞业限制约定的,应当同时与劳动者约定在劳动合同终止或者解除时向劳动者支付的竞业限制经济补偿,其数额不得少于劳动者在该用人单位的年工资收入。"全国人大常委会法制工作委员会行政法室编. 劳动合同法(草案)参考[M]. 北京:中国民主法制出版社,2006:7;未支付竞业限制经济补偿金将导致竞业限制条款无效的立法意见,如,"用人单位未按照约定在劳动合同终止或者解除时向劳动者支付竞业限制经济补偿金的,竞业限制条款无效。这是竞业限制生效的条件和劳动者遵守竞业限制义务的前提。"全国人大常委会法制工作委员会行政法室编著.《中华人民共和国劳动合同法》解读与适用[M]. 北京:人民出版社,2007:70.

② 如最高法院社会法庭(Chambre sociale de la Cour de cassation)1985年10月9日的判决就指出:"竞业禁止条款的合法性并不依赖于向雇员支付一定金额的补偿金。"达罗兹汇编.1986:420. 转引自孙涛,刘卫红. 法国法上的竞业禁止制度[A]. 史际春,袁达松主编. 经济法学评论(第6卷)[C]. 北京:中国法制出版社,2006:350.

明竞业限制条款只有在其中规定了雇主应向雇员支付一定的经济补偿金的情况下才是合法的。① 除此之外，竞业限制条款还需满足以下两个条件方为有效：首先，竞业限制要有时间和地域的限制；其次，竞业限制条款应当为雇员保留"从事适合的职业活动"的可能性。所谓"适合的职业活动"，是指从事与雇员的教育培训和职业经验相适应的工作。②《法国民法典》第1133条规定："原因为法律所禁止、违反善良风俗或公共秩序时，此种原因为不法原因。"在劳动关系中，法国判例将不适当的竞业限制条款认为是有违公序良俗或公共秩序。如前所述，法国最高法院认为，一项竞业限制条款，只有同时满足以下条件，即当其对保护企业的正当利益实为必不可少，并在时间与空间上均有限制，而且是基于（离职的）薪金雇员（原来）从事的工作的特殊性，同时包含雇主向薪金雇员支付了经济补偿金时，才属合法。③ 至于竞业限制经济补偿金的支付标准，法国规定："雇佣人应给付最后薪资额二分之一或三分之一，竞业禁止期间未逾二年者，则全额支给。"④

在德国、意大利、比利时等其他大陆法系国家，如《德国商法典》第74条第2款规定："仅在业主有义务于禁止期间支付补偿，并且补偿在每一个禁止年度至少达到商业辅助人于上一个禁止

---

① 最高法院社会庭（Chambre sociale de la Cour de cassation）2002年7月10日，申诉第99-43.334到336和第00-45.135，《拉米社会周刊》Semaine Sociale Lamy，2002年7月22日第1085期第9页。转引自孙涛，刘卫红．法国法上的竞业禁止制度［A］．史际春，袁达松主编．经济法学评论（第6卷）［C］．北京：中国法制出版社，2006：350.

② 巴黎上诉法院（Cour d' Appel de Paris）1982年10月14日，《达罗兹汇编》（Recueil Dalloz）1983年，信息速递（information rapides）52。转引自孙涛，刘卫红．法国法上的竞业禁止制度［A］．史际春，袁达松主编．经济法学评论（第6卷）［C］．北京：中国法制出版社，2006：349.

③ 罗结珍译．法国民法典（下册）［M］．北京：法律出版社，2005：830，833.

④ 徐玉玲．营业秘密的保护［M］．台北：三民书局，1993：151.

年度所取得的合同约定给付的一半数额时，竞业禁止始具有约束力。"①《德国商法典》不仅要求业主应向商业辅助人支付补偿金，而且该补偿金的数额还必须达到"商业辅助人于上一个禁止年度所取得的合同约定给付的一半"，否则，该竞业限制条款无效。竞业补偿的法定最低标准中所谓的"所取得的合同约定给付"，德国司法界和学术界对"给付"的统一解释是，"雇员离职前因劳动从雇主实际获得及应当获得的报酬总额"②。德国的立法者还考虑到，在竞业限制程度严苛的情形之下，如仅固守法定最低标准有可能导致不公平的结果。因此，《德国商法典》第74a条第1款还规定，以竞业限制不用于保护业主的正当营业利益为限，竞业限制不具有约束力。另外，从所给予的补偿考虑，包括从地点、时间和内容考虑，以竞业限制不适当地妨碍辅助人（即雇员）的发展为限，其不具有约束力。可见，在德国，约定的竞业限制补偿在符合法定的最低标准前提下，仍需以不能"不适当地妨碍辅助人的发展为限"，进一步权衡、检验竞业限制补偿金是否与自由择业权限制的程度成适当比例。③

《意大利民法典》第2125条规定："凡未采用书面形式的（1350）、没有为劳务提供者的利益确定相应对价的、也没有确定禁止劳务提供者从事的业务范围、期限和地点的，任何限制劳务提供者在劳动契约终止后从事与企业进行竞争性业务的约定，均无效。"④ 比利时将竞业限制条款称为"机密范围条款"，《比利时雇佣合同法》第65条规定，年收入不超过25万法郎的雇佣合同中的竞业限制条款无效，年收入在25万到50万法郎之间的雇佣合同，其竞业限制条款也仅适用于集体劳动合同所规定的某些职务及某类

---

① 杜景林，卢谌译. 德国商法典 [M]. 北京：法律出版社，2010：30.

② 朱军. 德国的离职竞业禁止制度 [J]. 中国劳动，2011（2）：32.

③ Buchner, AR-Blattei SD 1830.3（2007），Rn. 238. 转引自朱军. 德国的离职竞业禁止制度 [J]. 中国劳动，2011（2）：32.

④ 费安玲等. 意大利民法典 [M]. 北京：中国政法大学出版社，2004：498.

职务中。对于年收入超过 50 万法郎的，其雇佣合同中理应包括竞业限制条款，但须条款涉及的某些职责或某类职责没有包括在集体劳动合同中。在此情形之下，竞业限制条款应满足以下条件方为有效，其中包括：雇主应支付一次性的补偿金，除非他愿意在合同终止后的 15 天内，放弃运用竞业限制条款的权利；补偿金的最低限额，应相当于竞业限制条款有效实行期限内，雇员应得毛收入的一半，该毛收入按合同终止前一个月的毛收入计算。此外还包括，竞业限制的有效期不应多于 12 个月等。① 可见，在大陆法系国家中，比利时的竞业限制制度，对于竞业限制条款的限制性条件，其限制程度相对较高。

与我国法制较为类似的日本，对于竞业限制条款问题虽然尚无正式的立法，但是在判例中则明确地指出，竞业限制条款约款的有效与否，与该约款的内容是否在合理的范围内息息相关。一般来说应考虑的因素就包括：首先，雇主是否有合法的利益存在？其次，雇员因此所受到的影响如何？再次，衡量整个社会所受到的影响如何？如果考量结果发现，竞业限制结果对雇员造成的利益，比起企业主应予保护的利益显得不合理时，该约款则可能被认定为有违公序良俗而无效。②

而在英美法系国家，竞业限制条款是否有效，通常是由法官依据合理限制等原则在个案中对竞业限制条款的合理性予以个案裁判。至于竞业限制补偿金条款的约定及支付等内容，并非竞业限制条款是否有效的必要条件，而法官主要审查雇主是否具有可保利益，以及是否因限制雇员竞业而向雇员给付了对价等，而该对价并不限于竞业限制经济补偿金，经济补偿金的支付与否通常仅作为是否具对价给付的参考因素之一而已。如前所述，在美国的个别州，如加州，原则上反对竞业限制条款，认为这样的约定是无效的。只

---

① 全国人大常委会法制工作委员会行政法室编．劳动合同法（草案）[M]．北京：中国民主法制出版社，2006：212-213．

② 谢铭洋等．营业秘密法解读[M]．北京：中国政法大学出版社，2003：84-85．

有在少数的例外情形下，如加州的商业与职业法（California Business & Profession Code）第 16601、16602 条的规定下才有执行的可能。其他数十个州，则于判例中通过个案确认竞业限制条款的效力，其中约款中的年限、地域范围及补偿金等因素是判定竞业限制条款是否有效的重要因素。

2. 竞业限制经济补偿金之"有效说"

有效说主张，竞业限制经济补偿金的约定或支付与否，均不影响竞业限制条款的效力，即未约定，或者虽有约定但未支付，或者既未约定也未支付竞业限制经济补偿金的，该协议或条款依然有效。我国《劳动合同法》第 23 条第 2 款规定："对负有保密义务的劳动者，用人单位可以在劳动合同或者保密协议中与劳动者约定竞业限制条款，并约定在解除或者终止劳动合同后，在竞业限制期限内按月给予劳动者经济补偿。"该规定，对于竞业限制条款的约定及竞业限制补偿金的支付，所使用的立法术语是"可以"而非"应当"，很明显该规定为授权性规范。因此，在我国，竞业限制经济补偿金的约定或支付与否，并不影响竞业限制条款的效力，而是赋予合同当事人依契约自由原则自行协商处理。可见，我国在竞业限制补偿金问题上坚持的是"有效说"立场。《最高人民法院关于审理劳动争议案件适用法律若干问题的解释（四）》第 6 条第 1 款关于竞业限制经济补偿金的司法解释，与此观点一致。

对于竞业限制经济补偿金之"无效说"，我国最高法院给出如下六项解释理由：①

（1）从我国合同效力制度的发展史来看，我国的合同效力制度总的发展趋势是意思自治原则越来越发挥出实际效能，公序良俗原则定位越来越合理，鼓励交易原则越来越落到实处，无效的范围逐渐缩小，效力形式越来越多样化、富有弹性，有效、无效、可撤销、效力待定、未生效并存的模式逐渐完善。由此，对合同效力包括劳动合同效力的认定应当与此趋势保持一致。

---

① 最高人民法院民事审判第一庭编著. 最高人民法院劳动争议司法解释（四）理解与适用 [M]. 北京：人民法院出版社，2013：133-135.

(2) 在此趋势之下,要看到,合同无效是对意思自治的否定,影响交易效率,应当慎重。

(3) 在约定竞业限制的前提下,经济补偿金就自动成为合同的条款,无需当事人约定,在此意义上,也可以说,在当事人约定竞业限制条款的前提下,经济补偿金的给付具有强制性。

(4) 尽管经济补偿金的给付具有"强制性",但此种强制性与《合同法》第52条第5项或《劳动合同法》第26条所规定的"强制性规定"中的强制性有所不同。经济补偿金的强制性,是指在约定离职竞业限制的前提下同时必须给付经济补偿金。只要当事人不约定竞业限制,经济补偿金即非必须。换言之,当事人可以通过不订立竞业限制条款的方式排除经济补偿金的约定,这与强制性规定不允许当事人约定排除显然不同。

(5) 从合同解释的规则及理论来看,未约定经济补偿金的竞业限制条款也不属于无效条款。一方面,当合同条款约定不明或未约定时,应通过法院的解释使之明晰、对其补充。另一方面,合同的目的解释要求解释者应将法律体系中所蕴涵的基本价值作为解释的重要来源,要将合同放在所处的法律体系中解释。……依据上述解释规则,对未约定竞业限制经济补偿金的条款其处理路径是:首先,宜认定合同必备条款不具备,应当进行补充。其次,对合同作出补充解释时,应当遵守无论当事人是否约定经济补偿金,都应当解释为竞业限制条款包含有经济补偿金的内容。最后,当事人有约定的,依照当事人的约定判断;在未约定时,则由法官综合多种因素作出裁量。

(6) 不宜认定未约定经济补偿金的条款对劳动者不发生效力。首先,如果对劳动者不发生效力,逻辑结论有两个,即对用人单位可能发生效力也可能不发生效力。如果对用人单位发生效力,则会导致该条款对用人单位有约束力,但其却无合同上的权利;如果对用人单位不发生效力,实质上意味着该竞业限制条款已经无效,则前述关于无效说的反驳在此仍可适用。其次,如果对劳动者不发生效力,就意味着劳动者有权利使用其获得的商业秘密。但是,劳动者如果履行了竞业限制义务,仍然有权请求经济补偿,该经济补偿金显然是一种合同上的权利义务。那么，就得出这样的结论，即该竞业限制义务是否约束劳动者取决于劳动者是否履行了竞业限制义务，这显然不符合合同法的规则及理论。

我国最高法院的司法解释对于增强我国法律的可操作性，对正确适用法律和统一相关案件的裁判尺度等都具有重要的意义。但是，其关于竞业限制经济补偿金约定或支付与否不影响竞业限制条款的效力的分析及判断，仍具可商榷之处：

第一，对于司法解释理由（1）、（2），仅就普通民事合同而言，尤其对于当事人各方经济地位及其他综合缔约能力相对均衡的普通民事合同而言，该理由中所引述的崔建远教授关于我国合同效力制度之发展趋势的观点①，有其合理性。但是，劳动合同之竞业限制条款并非普通的民事合同，众所周知，该条款之当事人各方经济地位及其他综合缔约能力惯常不平等，这就决定了条款的内容并非为当事人（尤其劳动者）全部真实之意思表示。"近代私法承认个人有独立平等的人格，得以自由意思利用其财产，以维持其生存。此原则反映在社会生活关系方面，即确立契约之成立，惟有基于个人与个人意思合致之原则。"② 可见，合同当事人的平等地位及其真实意思的表达是当事人意思自治的前提条件，对于前提条件显然不同的两类合同，前述理由却基于相同的效力分析标准而作出相同发展趋势的判断，完全忽视了劳动合同法的公法因素，该意见显然欠妥。

王泽鉴教授认为，为实践私法自治原则，兼顾契约自由及契约正义，分别于"消费者保护法"、"劳工法"及"民法"增设关于规范定型化契约的规定，也是现代民法的发展及其未来趋势之一。③ 因此，理由（1）、（2）忽视了竞业限制条款所限制的是劳

---

① 崔建远. 合同法总论（上卷）［M］. 北京：国人民大学出版社，2011：271.
② 孙森焱. 民法债编总论（上册）［M］. 北京：法律出版社，2006：35-36.
③ 王泽鉴. 民法总则［M］. 北京：北京大学出版社，2009：32.

动者的择业自由权乃至生存权，即限制了社会公共利益。况且，"任何自由皆应受必要合理的限制，契约自由亦不例外，期能维护当事人的自由与平等，并合理分配契约上的危险，实践正义。无限制的自由，乃契约制度的自我扬弃"①。

对于理由（1）、（2），就其理论基础而言，理应为"契约神圣"原则，即契约系因当事人互相意思表示一致而成立，双方当事人均应受契约的拘束，严予遵守。"契约神圣"原则，"强调当事人缔结契约，一经合法成立，其私法上之权利义务，即应受其拘束"。该"合法成立"之限定，既已暗含契约自由及其限制为"契约神圣"当然之前提。②

第二，理由（3）称在"约定竞业限制的前提下，经济补偿金就自动成为合同的条款"，无需当事人约定，该理由实属牵强。理由（3）同时又称，正因如此才使得"竞业限制经济补偿金的给付具有强制性"。但基于《合同法》第52条第5项或《劳动合同法》第26条第1款第3项所规定的"强制性规定"，又可能导致未约定补偿金的竞业限制条款无效时，理由（4）又提出了新的双重标准，即竞业限制补偿金所具"强制性"并非《合同法》第52条第5项或《劳动合同法》第26条第1款第3项所规定的"强制性规定"中所称的"强制性"，从而使其对"强制性"的论述陷入复杂的逻辑混乱之中。其实，以上两种所谓的"强制性"，都属于合同法理论中对契约自由的限制，其性质并无二致。③竞业限制经济补偿金的未约定或未支付将意味着用人单位"免除自己的法定责任、排除劳动者权利"或"损害社会公共利益"，依照《劳动合同法》第26条第1款第3项、《合同法》第52条第1款第4项的规定，该竞业限制协议或条款当属无效。因为，该"强制性"规定，属于合同的生效要件。"合同不得违反强制性规定，是由合同制度的

---

① 王泽鉴. 民法概要［M］. 北京：北京大学出版社，2009：143.
② 王泽鉴. 民法概要［M］. 北京：北京大学出版社，2009：147.
③ 王泽鉴. 债法原理［M］. 北京：北京大学出版社，2009：64.

目的所决定的，是最为一般的原则。"①

理由（3）所称"约定竞业限制的前提下，经济补偿金就自动成为合同的条款"，也不符合"强制缔约"的合同法理论。"强制缔约又称为契约缔结之强制，或强制性合同，是指在若干特殊之情形，个人或企业负有应相对人之请求，与其订立合同的义务，即相对人之要约，非有正当理由不得拒绝承诺。"② 英国著名法学家约翰·奥斯丁（John Austin）认为，义务是命令的逻辑结果，因此，法律义务源于法律，即来自于法律规则。③ 在现代法治中，"义务是设定或隐含在法律规范中、实现于法律关系中的、主体以相对受动的作为或不作为的方式保障权利主体获得利益的一种约束手段"④。可见，"强制缔约"是为他人设定义务，设定义务必须基于法律的明确规定，而非理由（3）中所称的"经济补偿金就自动成为合同的条款"。《合同法》第289条的规定，即为"强制缔约"作为法定义务在我国立法上的表现。⑤ 因此，"强制缔约"作为对契约自由的限制，通常需基于法律的明确规定，若果真如非理由（3）中所称的那样即"自动成为合同的条款"，这不是对契约自由原则的限制，而是对契约自由原则的彻底否定或恣意践踏。

第三，对于理由（5）提出的合同解释理论，王泽鉴先生指出，在补充的契约解释，其所探求的当事人真意，不是事实上经验的意思，而是"假设的当事人意思"，即双方当事人在通常交易上合理所意欲或接受的意思。假设的当事人意思，乃是一种规范性的判断标准，以当事人于契约上所作的价值判断及利益衡量为出发点，依诚实信用原则并斟酌交易惯例加以认定，以期能实现契约上的平均正义。补充的契约解释，旨在补充契约的不备，而非在为当

---

① 崔建远. 合同法［M］. 北京：北京大学出版社，2013：84.
② 王利明. 合同法新问题研究［M］. 北京：中国社会科学出版社，2011：51.
③ 罗斯科·庞德. 法理学［M］. 王保民，王玉，译. 北京：法律出版社，2007：133.
④ 张文显. 法哲学通论［M］. 沈阳：辽宁人民出版社，2009：272.
⑤ 《合同法》第289条规定："从事公共运输的承运人不得拒绝旅客、托运人通常、合理的运输要求。"

事人创造契约，故应采最少介入原则，不能变更契约内容，致侵害当事人的私法自治。①

竞业限制是对劳动者择业自由权乃至生存权的限制，如此关涉劳动者生存权及发展权之合同，其条款如若缺乏对于劳动者经济补偿金给付之内容，显然有违诚实信用及公序良俗原则。该类协议或条款若如理由（5）所主张符合合同目的，那么，这样的"目的"只能是企业保护其自身利益的单方目的，显然不是劳动者的目的。可以预见，在当今市场经济中，鲜有这样的劳动者，既心甘情愿地接受非竞业的限制，使自身的生存权及发展权受到严重限制，而又不期望任何经济补偿或其他替代性回报。在竞业限制关系中，一般劳动者"在通常交易上合理意欲或接受的意思"应当为，当竞业限制条款仅约定了劳动者的竞业限制义务，却未约定相应的经济补偿或者约定的经济补偿金数额明显较低时，劳动者毫无疑问不希望受此条款约束，即希望该竞业限制条款无效。否则，如按理由（5）的观点，均可赋予法官或法院自由裁量权以"综合多种因素"等类似"口袋"式的理由予以自由裁量，判定该协议或条款为有效，这显然是对契约自由原则的过度干预。法官自由裁量权的如此无限扩张，势必会加剧司法裁判的不确定性，甚至危及或动摇我国法治的根基。

第四，理由（6）是对竞业限制条款无效后果的判断及分析。对于合同无效的后果，自然可以适用合同无效制度予以解决，即恢复到合同缔结前的原来状态，有实际损害的以各方过错分别承担合同无效的责任。就竞业限制条款无效而言：

首先，如果劳动者履行了竞业限制义务，企业应当支付的经济补偿金并非如理由（6）所称基于"合同上的权利义务"，而是基于无效合同的后果，如返还财产、折价补偿及赔偿损失等。② 所返

---

① 王泽鉴. 债法原理 [M]. 北京：北京大学出版社，2009：172.
② 如我国《合同法》第58条规定："合同无效或者被撤销后，因该合同取得的财产，应当予以返还；不能返还或者没有必要返还的，应当折价补偿。有过错的一方应当赔偿对方因此所受到的损失，双方都有过错的，应当各自承担相应的责任。"

还的标的,是劳动者已经给付的,作为无效合同之结果的"非竞业"这一不作为"行为",其所凝聚的经济价值,与普通无效合同所返还的有体物价值相类似。进而言之,当竞业限制条款有效时,雇主应向履行了竞业限制义务的劳动者支付约定的竞业限制经济补偿金;而当竞业限制条款无效时,雇主应向给付了"非竞业"这一不作为行为的雇员返还其经济对价,即折价补偿金。可见,竞业限制"经济补偿金"与竞业限制"折价补偿金",二者所依据的法律依据明显不同,前者依据约定的竞业限制条款,后者依据法律对无效合同后果的明确规定。雇主之所以应给付该"折价补偿金",是因为,这一具有人身性质的不作为行为,雇主无法"返还原物",只能以金钱或其他替代形式折价返还,这是无效合同的处理结果之一。在实务中,确定该"折价补偿金"并不困难,如可以参考劳动者离职前的工资收入并结合其他法规、规章(如各地最低工资标准等)予以确定。

对于竞业限制条款已约定经济补偿金但用人单位并未依照约定支付该经济补偿金的情形,劳动者可依合同抗辩权予以抗辩,也可以行使合同解除权以解除合同。该意见不仅有利于竞业限制之立法宗旨的实现,实践中也具可操作性,亟待立法完善。

对于竞业限制条款的合同抗辩权,通常可分为不安抗辩权和同时履行抗辩权。所谓不安抗辩权,依照《德国民法典》第321条的规定,根据双务合同负有先行给付义务的人,若另一方当事人的财产于订约后明显减少,致有妨碍对待给付请求权的行使之虞时,在另一方当事人未履行对待给付或者提出担保之前,可以拒绝履行自己的给付。① 依照竞业限制经济补偿金的性质,通常是由劳动者先行履行了非竞业义务之后,才由雇主按月或者以其他支付方式向劳动者支付经济补偿金。就按月支付而言,若另一方当事人的财产于订约后明显减少,致有妨碍对待给付请求权的行使之虞时,在另一方当事人未履行对待给付或者提出担保之前,劳动者可以行使不

---

① 郑冲,贾红梅,译.德国民法典[M].北京:法律出版社,1999。

安抗辩权，拒绝履行非竞业义务。而在劳动者履行了一个月的非竞业义务之后，雇主仍未依照约定按月即在月底的合理支付期限内支付经济补偿金的，对于第二个月及其之后的非竞业义务，劳动者就可以履行抗辩权拒绝履行，也可以雇主已经违约在先为由行使合同解除权，解除竞业限制协议或条款。所谓同时履行抗辩权，是指双务合同的当事人一方在相对人未为对待给付之前，可拒绝履行自己的债务之权。① 对于不安抗辩权、同时履行抗辩权及合同解除权，我国《合同法》也有相应规定。②

其次，至于竞业限制条款无效后的保密问题，劳动者的该保密义务在其劳动合同解除或终止后仍旧继续，不论劳动者是否签订竞业限制条款或条款有效与否，劳动者均应保守用人单位的商业秘密。该保密义务是劳动者基于劳动关系而负有的诚信义务，具体言之是指劳动合同解除后劳动者所负有的后契约义务或附随义务③，与劳动者的竞业限制义务无关。劳动者的泄密行为构成对诚信义务的违反，即便没有竞业限制协议，用人单位也可以依据有关法律规

---

① 崔建远.合同法［M］.北京：北京大学出版社，2012：128.
② 如我国《合同法》第68条规定："应当先履行债务的当事人，有确切证据证明对方有下列情形之一的，可以中止履行：（一）经营状况严重恶化；（二）转移财产、抽逃资金，以逃避债务；（三）丧失商业信誉；（四）有丧失或者可能丧失履行债务能力的其他情形。当事人没有确切证据中止履行的，应当承担违约责任。"第67条规定："当事人互负债务，没有先后履行顺序的，应当同时履行。一方在对方履行之前有权拒绝其履行要求。一方在对方履行债务不符合约定时，有权拒绝其相应的履行要求。"第94条规定："有下列情形之一的，当事人可以解除合同：（一）因不可抗力致使不能实现合同目的；（二）在履行期限届满之前，当事人一方明确表示或者以自己的行为表明不履行主要债务；（三）当事人一方迟延履行主要债务，经催告后在合理期限内仍未履行；（四）当事人一方迟延履行债务或者有其他违约行为致使不能实现合同目的；（五）法律规定的其他情形。"
③ 后契约义务与合同履行中的附随义务并非完全不同，后契约义务从内容上可分为两种，后契约之给付义务与后契约之保护义务。前者与契约履行中的从给付义务没有实质区别，后者则与契约履行中的保护义务（附随义务）同其本质。因此，将前者归入给付义务，后者归入附随义务，应无障碍。侯国跃.契约附随义务研究［M］.北京：法律出版社，2007：71.

定保护自己的商业秘密。① 就是说，在用人单位存在商业秘密、劳动者亦知悉的情况下，因为劳动合同终止后，劳动者的保密义务仍旧延续，即便用人单位未与劳动者签订竞业限制协议，劳动者也应当保守用人单位的商业秘密，否则，用人单位可因此追究劳动者的侵权责任。② 所谓后契约义务，是指契约关系消灭后，当事人尚负有某种作为或不作为义务，以维护给付效果，或协助相对人处理契约终了的善后事务。此项义务的发生，有基于法律特别规定的，也有基于补充的契约解释而发生的，后者主要有："企业的出卖人不得再为营业竞争；离职的受雇人仍应保守雇主的营业秘密；房屋的出租人于租赁关系消灭后，应容许承租人于适当地方悬挂迁移启事等。"③ 前述理由（6）的解释显然是混同了竞业限制义务与保密义务二者之间的关系。虽然竞业限制制度是保护雇主商业秘密的重要手段，但是，竞业限制制度的功能除保护雇主商业秘密之外，也保护雇主的其他竞争利益，如在一般的营业转让关系中，就未必涉及商业秘密保护问题。

在我国，主张"有效说"的学者也认为，对于竞业限制协议，当事人在合同中没有约定经济补偿金的，只要他们签订了竞业限制协议，就应理解为双方愿意按照法律或法规的标准执行。对于双方约定的竞业限制条款，除了显失公平的情况外，应当实行"约定优先"，双方没有约定的应当执行法定标准。④ 该类观点，同样没有充分考虑到竞业限制条款与普通民事合同相比所具

---

① 信春鹰主编．中华人民共和国劳动合同法及实施条例解读［M］．北京：中国法制出版社，2008：61；李国光主编．劳动合同法条文释义［M］北京：人民法院出版社，2008：262-263.

② 全国人大常委会法制工作委员会行政法室编著．中华人民共和国劳动合同法解读［M］．北京：中国法制出版社，2007：73；全国人大常委会法制工作委员会行政法室编著．中华人民共和国劳动合同法解读与适用［M］北京：人民出版社，2007：69.

③ 王泽鉴．债法原理［M］．北京：北京大学出版社，2009：35-36.

④ 董保华．由竞业限制经济补偿争鸣引发的思考——兼与叶静漪教授商榷［J］．法学，2010（10）：22-23.

有的特殊性。

(三) 我国竞业限制经济补偿金的法律规制与立法完善

1. 竞业限制经济补偿金之"无效说"的各地实践

竞业限制经济补偿金的主要作用就在于给予劳动者竞业限制期间的生存保障，以使劳动者可以维持其生存及发展。离职后履行了竞业限制义务的劳动者，如果得不到相应的经济补偿，势必影响其生存状况及其职业发展。因此，保护雇主的商业秘密及其他竞争利益不能以损害雇员的择业自主权乃至生存权为代价。① 在第七届全国部分省市知识产权审判研讨会上，对于竞业限制协议是否有合理的补偿费用等问题，与会代表们普遍认为，竞业限制应予补偿。补偿的数额和支付方式可以由合同约定，但不能少于最低限额，即上一年度报酬的1/2。② 广东高院在总结其司法审判实践的经验时指出：竞业限制的实质是用人单位通过协议的方式对劳动者将来的劳动就业进行某种限制，劳动者与用人单位相比，处于弱势地位。劳动权是宪法赋予公民的基本权利，公民有劳动的权利和义务，限制劳动者择业影响到公民的劳动权，应持审慎态度。因此，竞业限制协议不同于普通的民商事合同，处理上不能简单地适用合同法。对竞业限制协议的效力应从以下几个方面来衡量：（1）在竞业限制协议中，企业是否有可保护的利益，尤其是商业秘密；（2）劳动者在原用人单位的职务、地位与商业秘密的关系；（3）限制的时间、区域应合理；（4）是否有合理的补偿。必须对履行竞业限制义务的劳动者支付合理的补偿费，这种补偿构成对劳动者履行竞业限制义务的对价。此外，广东高院与广东劳动仲裁委员会的意见还指出，至工作交接完成时，用人单位尚未承诺给予劳动者经济补偿

---

① 郑爱青主编. 劳动合同法十大热点评析 [M]. 北京：国劳动社会保障出版社，2008：155.

② 重庆市高级人民法院民事审判第三庭. 第七届全国部分省市知识产权审判研讨会综述 [A]. 最高人民法院民事审判第三庭. 知识产权审判指导与参考·第8卷 [C]. 北京：法律出版社，2004：185.

的，竞业限制条款对劳动者不具有约束力。①

《江苏省劳动合同条例》（已部分修订）第 17 条规定："用人单位未按照约定给予劳动者经济补偿的，约定的竞业限制条款对劳动者不具有约束力。"（已修订）② 江苏高院基本采纳了这一意见，该院认为，认定竞业限制条款的效力，应当注意审查当事人双方是否约定有竞业补偿费，补偿标准是否符合《江苏省劳动合同条例》规定的最低标准以及是否实际支付等因素；用人单位应补足补偿费，但在劳动合同解除或终止后超过一个月仍未补足的，除劳动者要求履行外，该竞业限制条款对劳动者不具有法律约束力。③《深圳经济特区企业技术秘密保护条例》第 19 条规定，用人单位违反竞业限制协议，不支付或无正当理由拖欠补偿费的，竞业限制协议则自行终止。《浙江省技术秘密保护办法》（2008 修订）第 16 条规定，雇主违反协议约定不支付或者无正当理由拖欠补偿费，或者雇主违法、违约解除与雇员合同的，竞业限制协议自行终止。对此，浙江高院亦采用"无效说"，更为明确地指出："用人单位与劳动者约定竞业限制但未同时约定经济补偿，或者约定经济补偿的数额明显过低、不足以维持劳动者在当地的最低生活标准的，属于《劳动合同法》第 26 条第（二）项规定的"用人单位免除自己的

---

① 广东省高级人民法院民事审判第三庭. 不正当竞争纠纷案件审理中的几个问题 [A]. 最高人民法院民事审判第三庭编. 知识产权审判指导与参考·第 9 卷 [C]. 北京：法律出版社，2005：108-109；广东省高级人民法院、广东省劳动争议仲裁委员会关于适用《劳动争议调解仲裁法》、《劳动合同法》若干问题的指导意见（2008 年 6 月 23 日）第 26 条。

② 最新修订的《江苏省劳动合同条例》关于竞业限制补偿金的规定："用人单位未按照约定给予劳动者经济补偿的，劳动者可以不履行竞业限制义务，但劳动者已经履行的，有权要求用人单位给予经济补偿。"该规定赋予了劳动者选择权，可以单方行使合同的解除权。《江苏省劳动合同条例》第 28 条。

③ 江苏省高级人民法院关于为实施创新驱动战略推进科技创新工程加快建设创新型省份提供司法保障的意见（2011 年 7 月 13 日）第 16 条，及江苏省高级人民法院、江苏省劳动人事争议仲裁委员会关于审理劳动人事争议案件的指导意见（二）（2011 年 11 月 8 日）第 11 条。

法定责任、排除劳动者权利的"情形，该竞业禁止条款无效"①。河南高院在总结实践经验后也认为，单位未给予相应经济补偿的，职工离职后的自由择业不应受竞业禁止的限制，但职工应对其任职期间所知悉的原单位的商业秘密负有保密义务。该院采用的也是竞业限制经济补偿金之"无效说"观点。②

可见，在经济总量等方面几乎占据半壁江山的广东、浙江、河南及之前江苏等地的地方法规及司法意见关于竞业限制补偿金的规定，采纳的即是或基本是"无效说"之观点。而且，该说在保护当事人合法权益，以及司法机关裁判竞业限制纠纷案件等实践中，都发挥了较为积极的作用。

2. 我国坚持竞业限制经济补偿金之"无效说"合理性证成

（1）我国坚持竞业限制经济补偿金之"无效说"正当性分析。

竞业限制条款限制了雇员的择业自主权，而雇员的职业技能及专业技术、知识等通常都不是多方面的，所谓"多才多艺"的雇员毕竟是极少数，而大多数雇员所掌握的专业知识、技术或技能一般都仅限于某一专业领域。而竞业限制的对象又多为企业的高级管理人员、高级技术人员及其他掌握商业秘密的专业人员，这些人员其专业技术领域往往更为狭窄，更具有较强的专业性及对具体工作岗位、分工的依赖性。劳资双方签订的竞业限制条款，如果限制雇员同业竞业，不仅会使多数雇员难以利用其掌握的专业技能继续从事其擅长的专业工作，势必降低其在劳动力市场上的竞争力，甚至可能导致其就业困难，致其生活陷入困境。同时，竞业限制制度主要是为保护雇主的商业秘密及其他竞争利益，即同为私权保护，如果在限制雇员同业竞争的同时却又不给予其相应的经济补偿，那么，则会违反公序良俗或社会公共利益。在限制雇员择业自由的同

---

① 浙江省高级人民法院民一庭关于审理劳动争议案件若干问题的意见（2009年4月16日）第40条。

② 河南省高级人民法院商业秘密纠纷案件审理的若干指导意见（试行）（2005年3月2日）第三部分"商业秘密侵权诉讼中的竞业禁止问题"第3条第5项规定。

时，由获得商业秘密及其竞争利益之法律保障的雇主，给予其合法行为已经受到一定限制的雇员以适当的经济补偿，这样才符合公平、公正原则。因此，是否给付经济补偿，应作为竞业限制条款生效与否的必要条件，即未依照法律、法规的规定或公序良俗原则支付竞业限制经济补偿金的竞业限制条款为无效。如前所述，作为大陆法系国家的法国、德国及比利时等国，均采用了"无效说"观点。

对于竞业限制纠纷，在实践中，双方当事人争议较多的案件，多数是因请求给付竞业限制经济补偿金及违约金而发生纠纷的案件。如前述"87宗竞业限制纠纷案例终审（生效）裁判统计表"（参见表5-1、表5-2）所显示的统计结果来看：①有53宗案件其涉案竞业限制条款被认定为有效，有效率为80%以上；②在雇员胜诉的33宗案件中，其中有22宗是诉求给付经济补偿金的案件，比例为67%以上；③在雇主胜诉的28宗案件中，其中有21宗是诉求给付违约金的案件，比例为75%；④雇员的胜诉率为50.77%，雇主的胜诉率为43.08%，二者胜诉率差幅为7.69%。可见，雇员的胜诉率相对较高；⑤从二者的胜诉经济价值比较来看，雇主胜诉的经济价值总额却是雇员胜诉经济价值总额的5.16倍。从分析结果来看，雇主胜诉的违约金总额与雇员胜诉的补偿金总额二者之间的比例为4.87倍。足见，竞业限制条款关于经济补偿金的约定金额明显低于违约金的约定金额，在个案中也是如此。如在上海市徐汇区法院审理的原告××公司与被告××、第三人××公司竞业限制纠纷案中，原被告双方约定："某某如违反保密协议第五条，将向××公司支付相当于上述全部竞业禁止补偿款项5倍的违约金……"对此，受案法院依然认为 ××公司"以5倍的标准主张违约金，并无不当"①。

在上海市浦东新区法院受理的李××诉××管理有限公司竞业限制纠纷案中，协议仅含糊其辞地约定给予员工一定的经济补偿

---

① 上海市徐汇区人民法院（2011）徐民一（民）初字第6126号《民事判决书》。

金，却约定了员工基本工资12倍的违约金。如协议第7条约定："若签约员工离职后受本协议限制，在能为竞争者提供服务的情况下而不得不放弃这样一个机会，转而从事非竞争行业的工作，则××公司将给予签约员工一定的经济补偿。"该协议第9条约定："若签约员工违反第七条的离职限制约定，××除有权暂时性或永久性责令禁止违约方的违约行为或危及违反协议条款的行为外，违约员工应向××支付其离开××时当月基本工资十二倍的违约金……"该案中，虽然双方并未清晰地约定竞业限制经济补偿金，却仅约定了高额的违约金，浦东新区法院的审理结果依然支持了公司一方对于违约金的诉求。[①]

从以上判例统计的结果及个案分析来看，尽管竞业限制协议被法院确认为有效的比例、雇员胜诉的比例等都比较高，但是，就结果而言，竞业限制制度对于雇员保护的力度及程度依然明显不足。恰又由于雇员胜诉率的相对较高，又使得司法裁判对雇主的商业秘密及其他竞争利益也没有起到应有的保护作用。因此值得反思的是：首先，不应将竞业限制经济补偿金的性质混同于劳动法之普通意义上的经济补偿金，而应看到竞业限制经济补偿金的给付与否，是竞业限制条款是否具有合理性及正当性的极其重要的参考因素之一；其次，竞业限制经济补偿金的意义，并非仅在于对于劳动者当下基本生存之保障，还应顾及其长远生存及发展。雇员不应因履行竞业限制义务，而使自己的当前生活质量及其职业发展前景遭受显著影响，这才是确定竞业限制经济补偿金之支付标准需考量的重要因素。

对于我国竞业限制制度，无论从理论分析，还是就司法实践中的判例结果来看，由明确的限制性立法规范予以替代倾斜保护原则，对竞业限制契约自由进行行之有效的限制，以矫正劳资双方之经济地位的实质不平等，实属必要。具体而言，应适度强化我国现行《劳动合同法》对有关竞业限制制度的具体规定，尤其对于竞

[①] 上海市浦东新区人民法院（2011）浦民一（民）初字第19850号《民事判决书》。

业限制经济补偿金及违约金条款,应由立法予以细化并进一步明确规定,不宜过度赋予劳动合同当事人太多的契约自由空间,以此克服形式竞业限制契约自由之种种弊害。对于《劳动合同法》第23条第2款,本书建议拟定为:对负有保密义务的劳动者,用人单位可以在劳动合同或者保密协议中与劳动者约定竞业限制条款,并约定在解除或终止劳动合同后,在竞业限制期限内按月给予劳动者经济补偿金,其数额可以参考雇员掌握或知悉雇主商业秘密的程度大小等因素,应确定为劳动合同解除或者终止前12个月平均工资的50%~100%。劳动者违反竞业限制约定的,应当按照约定向用人单位支付违约金,其数额不得超过用人单位向劳动者约定支付补偿金的3倍。

(2) 我国竞业限制经济补偿金以50%~100%为支付标准的合理性分析。

有学者称,我国《劳动合同法》"对竞业限制经济补偿金的标准没有明确规定,意味着允许双方当事人自由协商确定补偿的标准。主要是基于立法时有学者主张竞业限制的人员多为企业管理人员、高级技术人员,属于相对处于高端的劳动者,有谈判能力,国家应允许与用人单位相对均衡的高端劳动者通过自由协商确定补偿标准,只要不违背法律,国家法律不易过多干预。这一主张被采纳"[1]。本书认为,该观点失之偏颇。因为,企业管理人员、高级技术人员作为所谓的"高端的劳动者"仅仅是相对于普通的劳动者而言的。就普遍现象来看,无论级别多高的企业管理人员、高级技术人员毕竟都属于企业的雇员,仅是"高级蓝领"与"普通蓝领"的区别而已,相对于经济实力及其他综合缔约能力均较为强大的企业而言,依然都属于弱势群体范畴。从各国民法及劳动法有关竞业限制制度的理论,以及各国有关竞业限制的立法来看,对于作为"经济上之弱势地位者"之雇员概念的界定,鲜有所谓的"高端的劳动者"与"普通的劳动者"之区分。这样的区分,既缺

---

[1] 郑爱青主编. 劳动合同法十大热点评析 [M]. 北京:中国劳动社会保障出版社,2008:155.

乏理论上的依据，也无实践作为支撑，只能是个别学者的主观臆造。而且，劳资双方缔约能力的对比，主要取决于劳资双方经济实力的对比，而非取决于雇员级别或收入的高低，更非取决于所谓的"高端的劳动者"与"普通的劳动者"之间的实力比较。因为，这样的对比，没有实际意义，难以作为论述劳资双方之经济实力及缔约能力之对比的依据。

况且，我国《劳动合同法》第23条第2款规定的"负有保密义务的劳动者"，除了企业管理人员及高级技术人员等所谓的"高端的劳动者"之外，尚有知悉企业商业秘密的其他普通劳动者或普通雇员，这些人员显然不属于学者所谓的"高端的劳动者"。实践中，竞业限制所限制的人员往往比较宽泛。从公司的高管人员、高级技术人员，到公司的文员、保安、仓库保管员等都有可能成为竞业限制协议所限制的对象。因为，即便是公司的普通劳动者，由于种种原因使其或多或少知悉或接触了企业的一些甚至较多的商业秘密，如果仅以雇员的级别划分而将他们一律排除于竞业限制的对象之外，对公司商业秘密的保护势必会造成不同程度的影响。

鉴于竞业限制的直接目的主要是为保护雇主的商业秘密，因此我国竞业限制经济补偿金的标准可以参考大陆法系各国的相关规定，如前所述，德国、比利时等均为雇员离职前上一年度收入的1/2；法国对于限制期限未逾2年的，其经济补偿金的标准为雇员离职前上一年度收入的"全额支给"。由此本书认为，对于我国竞业限制经济补偿金支付标准的相关规定，可以参考企业商业秘密的价值大小，并按照雇员掌握或知悉雇主商业秘密的程度大小等因素，将其确定为雇员离职前12个月平均工资的50%~100%。理由如下：

首先，若竞业限制经济补偿金之法定最低标准确定为雇员离职前12个月平均工资的50%以上，就从一定程度上适当补偿了雇员因竞业限制而使自身合法权益所遭受的损害，使其有了基本的生存保障。但是，经济补偿金若仅为补偿劳动者之基本生存需要，还是远远不够的，也有失公允。因为，劳动者除了基本生存得到保障之外，其对职业发展前景的期待同样也极其重要，因为这是劳动者为寻求未来及长远生存之保障的需要。如前所述，雇员不应该因履行竞业限制义务，而使得自己的当前生活质量及其职业发展前景受到显著影响，这是确定竞业限制经济补偿金之支付标准的重要考量因素。

其次，雇员因知悉或掌握雇主商业秘密程度的不同，其保密价值也不同，雇主参考雇员知悉或掌握商业秘密程度的不同，以雇员离职前12个月平均工资的50%~100%为标准，向其支付适当的经济补偿金以换取雇员的非竞业义务，既是相对合理的，也是必要的。通常而言，知悉企业商业秘密较多的人员往往是企业的高级管理人员、高级技术人员等，该类人员在另行求职的过程中往往对自身的专业、知识及技能依赖程度较高，致使该类人员因履行不竞业义务在重新就业中所遭受的损失也就更大，对于该类雇员的经济补偿就应以前述50%~100%的上限为支付标准，直至100%。

但作为具有学习能力且并未知悉或掌握雇主商业秘密的一般雇员，他们在企业工作的过程中必然会掌握和积累与其所从事的工作有关的知识、经验和技能。这些知识、经验和技能已经构成与其人格不可分离的组成部分，已成为其生存能力和劳动能力的基础。如此，雇员在离职后自然有自主利用其自身知识、经验和技能的自由，而且，因利用其自身的知识、经验和技能而赢得客户信赖并形成竞争优势的，除侵犯原企业的商业秘密的情况外，并不违背诚实信用原则和公认的商业道德，也不会因此而违反竞业限制协议或条款约定的非竞业义务。①

实践中，雇员自身的知识、经验和技能与企业的商业秘密其界限往往难以清晰界定。为降低违约风险，雇员在履行竞业限制义务的同时，往往不可避免地会或多或少地放弃一些自身的专业、知识、经验和技能，这就使得雇员重新就业的优势大为减损。如雇员

---

① 最高人民法院关于"山东省食品进出口公司、山东山孚集团有限公司、山东山孚日水有限公司与马达庆、青岛圣克达诚贸易有限公司不正当竞争纠纷案"之"裁判摘要"部分，载最高人民法院（2009）民申字第1065号《民事裁定书》。

若找到与其专业"对口"的工作,其劳动报酬可能有年薪50万元、100万元,甚至更多;若重新就业的工作与其专业"不对口",其年薪可能就只有几万元,甚至更少。更为重要的是,随着竞业限制年限的增加,雇员自身的这些专业、知识、经验和技能也会因过时而逐渐丧失竞争优势。就是说,随着竞业限制期限的延续,企业商业秘密的价值在减损的同时,雇员择业的竞争优势也在加速丧失。因此,被雇员不该放弃却又不得不放弃的这些竞争优势和价值,往往远远超过了企业给付的基本生存费用之价值。因此,对于履行了竞业限制义务的劳动者,企业适当地提高经济补偿金的约定支付标准具有充分的合理性与正当性,同时,也有利于提高雇员履行竞业限制义务的主动性或自觉性。

三、适度强化对竞业限制违约金的立法规制

从当事人双方签订竞业限制条款的目的来看,竞业限制就是为了减少和限制雇主之商业秘密被泄露的概率,以维护雇主的市场竞争优势及市场地位,可见,雇主的主要目的就是要求雇员在劳动合同终止或解除后双方约定的竞业限制期间内,不得从事违反竞业限制义务的行为。如从竞业限制条款被履行的可行性来看,若劳动者在违反竞业限制条款约定后仅仅通过向雇主支付违约金的方式来实现竞业限制的直接目的,那么,雇主的核心技术或其商业秘密依然将处于随时被进一步泄露的危险境地,势必会导致雇主经济损失的继续扩大。若从履行竞业限制义务的对价来看,当事人通常约定的违约金数额显然无法与雇主的核心技术或其商业秘密的经济价值相提并论。何况,雇主通过与雇员约定竞业限制条款,对雇员的择业自由权进行一定的合理限制,其主要目的就是为了淡化雇员于在职期间所掌握的商业秘密,以此维护雇主的市场竞争优势,并非为了获取数额有限的违约金。

由此可见,违约金的约定及支付数额的高低,并不能从实质上实现竞业限制的直接目的,即保护雇主的商业秘密及其竞争利益,反而,还不合理地加大了雇员的违约成本及经济负担。尤其是在约定的竞业限制经济补偿金数额明显偏低的情形下,刻意单方加重雇

员违约成本的约定,明显有失公允,也违背了我国竞业限制立法的目的和初衷,即既要维护市场经济的公平竞争秩序,又要注意平衡权利主体的利益关系;既要防止因不适当扩大竞业限制的范围而妨碍劳动者的择业自由,又要保护用人单位的商业秘密及其他竞争利益。

(一)我国竞业限制违约救济的司法实践

实践中,对于雇员违反竞业限制义务的行为,雇主乃至司法机关常以诸如将危及雇主的市场竞争优势及地位,导致产品市场的占有份额下降;雇主商业秘密其市场价值,与违约金数额无法相提并论;因雇员的违约,被告为了留住技术人才,将通过增加工资待遇等方式防止技术人才的继续流失,从而导致企业的用工成本增加等诸多理由,这些理由足以使企业认为违约金数额再多也不为过。如在重庆万州区法院受理的吴××诉重庆××新能源有限公司竞业限制纠纷一案中,对于竞业限制协议约定的已经超过了竞业限制补偿金5倍以上的50万元违约金,法院认为:"原、被告双方是根据原告的收入和被告行业的特点约定的违约金,该违约金数额是双方的真实意思表示,不违反法律规定。"①

对于雇主并未支付竞业限制经济补偿金的,雇员以此为由主张违约金约定过高的,浦东新区法院认为,雇员"以其对竞业限制补偿金约定的异议来对抗竞业限制之履行,缺乏法律依据"②。在浙江省海宁市法院受理的王甲诉海宁××集团有限公司竞业限制纠纷一案中,涉案2年期的竞业限制协议所约定的经济补偿金仅为每月5000元,而约定的违约金却高达100万元,该院判决意见认为:"至于违约金数额,双方协议约定的违约金数额为100万元,考虑违反竞业限制及保密义务的违约金主要是对劳动者违背忠实义务的惩罚,具有明显的惩罚性,同时考虑蒙努××支付给王甲的经济补

---

① 重庆市万州区人民法院(2011)万法民初字第09366号《民事判决书》。

② 上海市浦东新区人民法院(2011)浦民一(民)初字第17879号《民事判决书》。

偿每月达5000元，已远高于当地平均生活水平并足以维持王甲的基本生活，因此该约定违约金的数额本院予以认可。"①

可见，以上法院显然将竞业限制协议完全视同于普通合同，并未充分考虑竞业限制条款所限制的是劳动者的择业自由权甚至是生存权这一特殊性，而且在裁量竞业限制补偿金时，也仅仅考虑到了劳动者的基本生存需要，显然没有顾及劳动者的职业发展前景及竞业限制对其长远的生存条件所造成的减损乃至剥夺。

（二）竞业限制违约金的功能及实践作用分析

大陆法系均将违约金作为债务的担保或合同的担保，可见，担保合同债务的履行是违约金的重要功能之一。不过，继续履行、损害赔偿等违约责任也具有这样的担保作用。因为合同的效力在于履行，只有债务人按合同的约定适当履行其债务，合同的目的才能达到，当事人的需求才能得以满足。为此，民法特设了民事责任制度，借以令违约人在无免责事由的情况下承受负担，使债务人积极而适当地履行债务，从而保障债权人的债权得以实现。损害赔偿就是这样的民事责任制度。在合同关系中，该损害赔偿即指违约损害赔偿，是指债务人不履行合同债务时依法赔偿债权人所受损失的责任。违约损害赔偿，又可分为迟延赔偿和填补赔偿。前者产生于履行迟延场合，是与本来的给付一并请求的损害赔偿，被称为对本来给付的扩张。后者则以履行不同场合产生的损害赔偿为典型，是替代本来给付的损害赔偿。这种损害赔偿额，只要能够弥补守约方因违约方给付的瑕疵而导致的损失即可。② 可见，无论是担保合同的履行，还是弥补合同违约之后的实际损害，违约金都不是最主要的责任方式。因为，合同实际违约之后的法律后果有：一是继续履行，二是采取补救措施，三是支付违约金，四是损害赔偿。尤其在继续履行及采取补救措施等违约救济方式均难以实施的情形之下，

---

① 浙江省海宁市人民法院（2011）嘉海民初字第3790号《民事判决书》。

② 崔建远. 合同法 [M]. 北京：北京大学出版社，2013：189，358-359，379.

最为有效的合同救济方式即为损害赔偿。①

学界关于违约金的性质，素有惩罚性与补偿性之争。而对于违约金是否具有惩罚性的问题，大陆法系与英美法系的立法与理论基本上持补偿性的观点。惩罚性违约金的主要功能在于对违约行为的制裁，以确保合同的履行。依我国学者观点，甚至即使是违约的结果并未发生任何实际损害，也不影响对违约人责任的追究。支付了违约金后，有实际损失的，还应赔偿损失。可见，违约损害赔偿是违约救济中最广泛、最主要的救济方式。这一制度的基本目的是用金钱赔偿的方式弥补一方因违约给对方所造成的损害。它之所以是一种最广泛、最主要的救济措施，是因为：（1）合同关系一般为交易关系，而交易关系一般均可用金钱来表示或折合为金钱；（2）损害赔偿既可以单独使用，也可以与实际履行等救济手段一并使用。②

此外，如前所述，在竞业限制协议之违约救济的域外司法实践中，无论是英美法系国家，还是大陆法系国家，对于竞业限制协议在司法实践中的违约救济方式基本上都采用了违约的损害赔偿、禁止令（含临时禁止和长期禁止令）等救济制度，其中永久禁令制度基本上相当于实际履行制度。相对于损害赔偿制度而言，禁止令尤其是长期禁止令并不是一种常规的违约救济措施。对于违约金救济，在法国基于法国民法典第1152条之补偿性违约金条款的限制，约定的违约金不宜过高，否则可能导致竞业限制契约无效。可见，合同的违约救济主要应借助于损害赔偿，而不能过多地依赖于违约金，在违约金明显偏高而竞业限制补偿金却明显偏低的情形之下，这样的约定显然违反竞业限制制度之合理限制竞争原则，为不合理限制，而应导致竞业限制条款无效。

（三）关于我国竞业限制违约金立法的完善意见

合同的违约救济制度，无论是违约金制度还是赔偿金制度，都

---

① 杨立新. 合同法 [M]. 北京：北京大学出版社，2013：397.
② 李永军，易军. 合同法 [M]. 北京：中国法制出版社，2009：398，406.

是建立在合同当事人地位平等、意思自治等基础之上的。而劳动关系中的竞业限制条款，不仅不是建立在当事人地位平等基础之上，而且该约定内容还是对劳动者择业自由权乃至其生存权的限制。这样的限制，不仅限制了劳动者的职业发展前景，甚至会危及劳动者的基本生存。因此，我国《劳动合同法》关于竞业限制违约金的规定，在劳资双方之经济地位不对等前提之下，不应过多地依照契约自由原则完全由当事人自行协商，其结果只能导致前述实践判例中所表现的那样，双方约定的违约金往往过高，而补偿金又往往过低。该类不合理结果，正是契约自由原则之流弊的表现。为实现契约正义，矫正劳资双方之经济地位不平等所导致的双方缔约能力不对等，以保障劳资双方利益的相对均衡，对于我国竞业限制之违约金条款的约定，应通过相对明确的立法规定从而划定当事人自由协商的空间或界限，如可拟定为：劳动者违反竞业限制约定的，应当向用人单位支付违约金，其数额不得超过用人单位向劳动者支付的竞业限制经济补偿金的3倍。

四、完善对第三方侵权行为的立法规制

所谓第三方侵权行为，本书主要是指第三人侵犯权利人的商业秘密或者非法干涉他人之间之合法雇佣关系的侵权行为。第三人侵犯商业秘密的行为，是指第三人明知或应知他人（第二人）以不正当手段获取了权利人的商业秘密，却依然非法披露、使用或者允许他人使用该商业秘密的行为。在此情况下，第三人虽然未直接以非法手段从权利人处获取商业秘密，也不负有保密义务，但其主观上却有侵权的恶意，客观上也实施了间接损害商业秘密权利人利益的不法行为，因此其行为依然构成侵权行为，应依法承担相应的侵权责任。[1]

至于非法干涉他人之间之合法雇佣关系的侵权行为，如在美国司法实践中，雇员于在职期间或者虽然已经离职但与前雇主签订有

---

[1] 沈强. TRIPS协议与商业秘密民事救济制度比较研究 [M]. 上海：上海交通大学出版社，2011：156.

竞业限制协议或条款的，新雇主如果知道或者应当知道该情形却依然招揽该雇员的，该新雇主就构成侵权性地干涉契约关系或引诱违约的侵权，新雇主的该侵权行为即构成第三方侵权。在德国判例中，诱使雇员违反既存的雇佣协议也是非法的。该"诱使"仅限于故意，即故意诱使雇员违反雇佣协议或称故意"挖人"，过失则不构成该侵权行为。比如，挖人者承诺雇员补偿其违反雇佣协议后的经济后果（约定的罚金或损失）。对于竞争对手而言，雇佣违约的雇员为自己服务其本身并不是非法的，但是，如果雇佣的主要目的是为了套取前雇主的商业秘密或者对前雇主造成了损害，该行为将构成侵权。根据以上规则，如果新雇主的挖人行为的确是非法的，前雇主就可以向法院提出临时禁令禁止新雇主挖走前雇主的员工或雇佣虽已离职却仍负有竞业限制义务的雇员，造成损失的，还可以要求前雇主赔偿损失。①

我国司法实践中，商业秘密侵权纠纷的一个显著特点是作为原告即商业秘密权利人的用人单位与作为被告的离职职工一般签订有竞业限制协议，原告往往将离职职工与新用人单位一并作为被告提起诉讼。② 新用人单位或称新雇主即属于雇佣合同关系的第三方。新用人单位因其主观过错而给原用人单位造成的侵害行为，则属第三方侵权行为。我国立法对此已有类似规定。如我国《劳动法》第 99 条规定："用人单位招用尚未解除劳动合同的劳动者，对原用人单位造成经济损失的，该用人单位应当依法承担连带赔偿责任。"然而，我国《劳动法》的上述规定仅限于"用人单位招用尚未解除劳动合同的劳动者"，即新雇主恶意招揽在职期间的雇员。而对于诱使雇员违反既存的雇佣协议继而"恶意挖人"，即诱使雇员解除原有的雇佣协议继而与新雇主重新签订雇佣协议的情形，我

---

① Pascale Lagesse & Mariann Norrbom. Restrictive covenants in employment contracts and other mechanisms for protection of corporate confidential information [M]. Kluwer Law International and International Bar Association, 2006. pp. 24, 122-123.

② 孔祥俊主编. 商业秘密司法保护实务 [M]. 北京：中国法制出版社，2012：239.

国现行立法尚未予以规定。在我国实践中，新雇主以高薪或其他优厚待遇诱使雇员通过协议离职，甚至直接违反与前雇主关于服务期或竞业限制的约定而擅自离职，挖人的新雇主则承诺雇员补偿其违反与前雇主的雇佣协议之后的全部经济后果，即约定的罚金或其他损失。对于实践中的此类现象，亟待我国相关立法予以规制。

第三节 我国竞业限制制度的司法出路

一、对倾斜保护原则泛化及失度的反思与检讨

（一）倾斜保护原则对劳动契约自由干预的泛化

在我国劳动法领域，倾斜保护原则在法律制定和实施的全过程中几乎均有不同程度的体现。如我国《劳动合同法》第1条规定，为了完善劳动合同制度，明确劳动合同双方当事人的权利和义务，保护劳动者的合法权益，构建和发展和谐稳定的劳动关系，制定本法。这是《劳动合同法》的立法宗旨。该立法宗旨对"保护劳动者的合法权益"的专门强调，就已经体现了《劳动合同法》对劳动者的倾斜保护。全国人大常委会法制工作委员会行政法室也认为："劳动合同法的立法宗旨是保护劳动者的合法权益，还是保护劳动者和用人单位的合法权益，也就是'单保护'还是'双保护'，是劳动合同法中争论的一个焦点问题。""从构建和谐稳定的劳动关系的目标出发，立法应当定位于向劳动者倾斜。"[1] 司法领域，在个案中法院动辄就利用倾斜保护原则裁量劳动争议纠纷案件，从而形成对劳动者保护的失度，侵害了用人单位的合法利益。该类司法裁决，自然会引起用人单位的不满，该不满情绪又迟早会反作用到劳动者身上，使得司法裁决往往难以得到有效的执行，即便勉强被执行，也依然会给劳动者的重新就业等后续安排，带来诸多不便和困扰。诸如此类现象，实践中屡见不鲜。

---

[1] 全国人大常委会法制工作委员会行政法室编著. 中华人民共和国劳动合同法解读[M]. 北京：中国法制出版社，2007：2-3.

诚然，对劳动者适当予以倾斜保护对于矫正劳动关系的实质不平等，实现劳动关系的相对平等，的确可以起到一定的积极作用。但是，如将倾斜保护原则作为部门法的立法原则，易于形成对局部利益或部门利益的过度倾斜，这不仅违反法制统一立法原则，而且还会造成"部门利益法制化"。进而言之，虽然劳动者在劳动关系中属于经济上之弱势地位者，但是，即便是保护弱者，也不应超越法律，不应通过调整具有普适性的法律规则来迁就弱者即倾斜保护，而应遵循法律面前人人平等，以采平等保护原则。因为，法律最高的价值是正义，正义的核心则是平等。① 此外，如将该倾斜保护原则直接适用于司法领域，则会加剧司法活动的不确定性。

对劳动者合法权益的适当倾斜保护，虽有利于矫正劳动者与经营者在法律地位上的实质不平等，有利于改善现实中劳动力供大于求，还可以在一定程度上改善劳动者处于弱势群体地位的状况，但是，如果双利保护背离权利平等原则，且忽略了立法上的倾斜保护与司法、执法等倾斜保护的差异，以及超过倾斜保护的合理限度，则会导致对劳动者倾斜保护原则的滥用，必将影响或阻碍"和谐稳定的劳动关系"的构建和发展，最终将有悖于《劳动合同法》的立法宗旨，即"保护劳动者的合法权益"。尤其在司法实践中对劳动者倾斜保护的泛化或被滥用，正是导致司法活动具有诸多不确定性的重要原因之一。而且，对劳动者倾斜保护的泛化或被滥用，势必会造成过度偏袒劳动者，加重用人单位的民事责任和经济负担，束缚用人单位的用工自主权，损害用人单位的合法利益，最终也必然会损害劳动者的利益，甚至会伤害境内外投资热情，影响或阻碍我国市场经济的顺利发展。

在我国学界，即便是倾斜保护论者，也有学者明确反对倾斜保护原则运用于司法活动。如董保华教授认为，倾斜保护是包括劳动法在内的社会法的立法宗旨，其作为劳动法的基本原则是由"倾斜立法"和"保护弱者"两方面构成的。倾斜立法是将倾斜保护

---

① 阿图尔·考夫曼. 法律哲学 [M]. 刘幸义等, 译. 北京：法律出版社，2011：175-176.

限定在立法上：（1）立法可以在法律保护的利益上有所倾斜，但在司法上却必须严守平等的原则；否则，如果将倾斜的重点放在司法上，由于法官自由裁量尺度的不同，将可能形成新的利益分配不公。（2）在立法利益的分配上，也只是限定在"倾斜"上，仍给当事人的协商留出充分的余地。倾斜保护原则不能以牺牲经济效率为代价，有别于罗尔斯的"差别原则"。由于劳动关系双方主体地位的平等仅是形式上的平等而实质上不平等，因此，保护弱者原则正是通过倾斜对失衡的社会关系作出的必要矫正，以此来缓和这种实质上的不平等。这是另一意义上的法律平等，即"实质平等"。①

（二）倾斜保护原则对劳动契约自由干预的失度

倾斜保护原则意在通过对劳动契约自由的限制，从而矫正劳资双方在经济地位上的不平等。但是，在实践中，这一原则作为"一般性条款"极易在劳动（合同）法的运行过程中，尤其在司法活动中被误读、曲解、扭曲，甚至造成倾斜保护原则的泛化或被滥用，导致新的利益关系失衡。正如日本学者王晨教授所言："在近代型契约法中，对一般条款采取了一种排斥的态度，因为它的不确定性，会形成对个人自由的威胁。"②也如梅迪库斯所言："对合同自由进行如此大规模的干预，至少就长期而言，往往会产生一些与其所追求达成的宗旨背道而驰的副作用（Nebenwirkungen）。"③更何况，倾斜保护原则往往以当事人的经济地位不均衡为由进行干预，而单是均衡的概念就已经极具疑义或争议。纵然是在乍看的确有不均衡情况存在的场合，也并不总是需要对合同自由进行干预。原因有：首先，如果轻而易举地去均衡这种优势，则可能意味着是对懒惰的一种奖励。其次，较为弱小的市场一方的参加者的联合就

---

① 董保华等. 社会法原论［M］. 北京：中国政法大学出版社，2001：143-145.

② 王晨. 日本契约法的现状与课题［J］. 外国法译评，1995（2）：46.

③ 迪特尔·梅迪库斯. 德国民法总论［M］. 邵建东，译. 北京：法律出版社，2013：363.

能够创造一种制衡力量。例如，由雇员联合成立的工会和商业采贩协会等都是这方面的例子。再次，从原则上讲，竞争应当能够阻止不适当的合同条款的产生。①

为矫正形式上的契约自由以实现契约正义，的确需要对契约自由予以适当限制。如为协调不受限制的契约自由导致的各种社会矛盾与冲突，自 19 世纪末期以来，立法者日益注重道德规范的调整作用，纷纷将诚实信用、公序良俗等道德规范逐渐引入民法典，同时也赋予法官广泛的自由裁量权，使其根据这些原则变更、解释、补充合同的内容，或确认合同的效力，从而尽可能地协调各种利益与矛盾，使得近代社会的绝对契约自由受到了不同程度的限制。②然而，如果对契约自由过于轻率的干预或干预失度，则会造成对形式契约自由的矫枉过正。因此，欲构建和谐稳定的劳动关系，矫正劳资双方的实质不平等现象，应从立法上细化对劳动者权利的配置，并尽可能地清晰划定劳动者、经营者等各方权利主体的权利边界，而不宜将对劳动者单方的倾斜保护作为一项法律原则予以普遍适用，尤其不应将该倾斜保护原则作为司法原则运用到裁判个案的司法活动之中去。

综合以上分析，鉴于劳动法之倾斜保护原则有违法制统一原则及权利平等原则，而且该原则也极易造成在实践中的泛化或被滥用，有违倾斜保护原则之初衷，本书认为：

首先，可将对劳动者的倾斜保护作为一定时期内的立法政策予以对待，而不宜作为一项法律原则予以普遍适用，更不应将该倾斜保护原则作为司法原则运用到裁判个案的司法活动中。即便如此，对劳动者的单方倾斜保护也应在立法中作出严格的限制，使其始终以实现劳动关系的"相对平等"为限度。否则，如果背离该立法宗旨，甚至将倾斜保护的重点置于司法活动之中，不仅易致倾斜保护原则的泛化或被滥用，也将由于法官自由裁量尺度的难以统一，

---

① 迪特尔·梅迪库斯．德国债法总论［M］．杜景林，户谌，译．北京：法律出版社，2004：65.
② 李永军，易军．合同法［M］．北京：中国法制出版社，2009：39-40.

势必会加剧司法活动的不确定性,并形成新的利益失衡或不公。

其次,如前所述,对劳动契约自由的限制,其目的在于实现劳动契约正义。该限制,不仅具有保障劳资双方权利相对平等及利益相对均衡之功能,而且也不违背权利平等、契约自由、法制统一、诚实信用以及公序良俗等法律原则。可见,契约自由之限制制度,不仅体现和保障了劳动者的合法权益,而且也兼顾了经营者的合法利益,因而有利于和谐劳动关系的建立,也有利于实现劳资双方的互利共赢。但是,需要指出的是,倾斜保护原则因其不仅具有前述之种种弊害,而且也难以如诚实信用、公序良俗等法律原则那样已具有成熟及相对完善的法理基础,更与作为"帝王"规则的诚实信用原则已经历了自罗马法以来所具有的数百年的理论与实践的洗礼,完全不能同日而语。因此,倾斜保护原则也不可能如诚实信用、公序良俗等法律原则那样,成为具有普适性的法律原则,也不能作为契约自由在法律上限制的手段或表现,从而成为契约自由原则之限制制度的重要组成部分。

二、竞业限制相关规则的借鉴及司法规制

竞业限制制度作为商业秘密的一种保护手段,在制度设计、实际运行等方面都还存在着诸多不足或缺陷,需要借助与其相关的其他法律规则,诸如不可避免泄漏规则、实质性相似规则、"花园式休假"条款以及"蓝铅笔"规则等,以弥补、修正该法律制度之缺陷或不足,以期实现对商业秘密及其他竞争利益更为充分、周详的法律保障。

因此,对于域外已经相对成熟的该类法律规则或制度,我国可以通过制定相关司法解释、审判指南等规范性司法文件,规范、指导我国司法审判活动,并在司法审判实践中不断探索、积累经验,对于经实践检验已经相对成熟,并且有利于实践操作的相关法律制度,还可以逐步借鉴到竞业限制立法中,由立法对其予以规范。

(一)不可避免泄漏规则的借鉴及司法规制

不可避免泄露规则(Inevitable Disclosure Doctrine)起源于美国,主要适用于对雇主商业秘密的保护。至于不可避免泄露这一概

念，在某种形式上已经存在了大约100年。在19世纪的后半期，随着城市化和工业化的发展，使得雇员的流动性增强，因此，前雇主的秘密信息被泄露的风险也就加大了。这种加大的泄露风险反过来导致了商业秘密法的发展，并且在此后不久，大概在世纪之交时，产生了不可避免泄露规则。在美国第七巡回上诉法院对PepsiCo v. Redmond一案判决之后，不可避免泄露规则获得巨大欢迎并随后成为保护商业秘密的主要法律制度。目前，对于接触过任何商业秘密的员工，企业在招募员工或在其离职时，都会考虑到不可避免泄露规则。由于劳动力流动性不断增强，掌握商业秘密的员工离开雇主去为竞争者工作的现象已越来越常见。同时，掌握秘密信息的员工离开雇主去为竞争者工作，还可能会不知不觉地使用、泄露前雇主的秘密信息。商业秘密泄漏的风险就在于，一旦泄密，其商业价值则永远丧失。在商业秘密保护法之下，前雇员在为随后的竞争者工作时，其实际的和潜在的泄露或使用商业秘密，由"侵占赔偿"（misappropriation claim）来保护。不可避免泄露规则能够防止前雇员在竞争者那里获得工作时侵占其商业秘密所引起的潜在风险，但是与潜在的侵占（threatened misappropriation）不同，该规则并不要求具备主观意图。该规则的理论基础在于：知悉商业秘密的前雇员会不可避免地使用商业秘密与前雇主从事不正当竞争。虽然侵占和不可避免泄露规则都基于同样的政策依据，但不可避免泄露规则更直接地加剧了商业秘密保护和雇员流动性之间的固有矛盾。同保护商业秘密一样，不可避免泄露规则支持维护商业伦理，鼓励科技创新，以及协调雇主、雇员和公共利益之间的利益和谐。尽管不可避免泄露规则对商业秘密的保护能获得巨大收益，但这些利益必须在与其对立的保护雇员工作权利的政策之间进行权衡。很简单，在随后的雇佣中雇员不应被限制使用他的知识、技能和经验。[①]

[①] Melissa M. Stewart. Minnesota and the inevitable disclosure doctrine: finding a solution amidst the confusion [J]. 33 Hamline L. Rev（2010）. pp. 662-663.

不可避免泄露规则对商业秘密的保护，不仅在商业秘密泄露之前，而且在离开的雇员没有恶意或不良意图时也能提供保护。在雇主的商业秘密与雇员的一般知识无法分离时，雇员未来受雇于竞争性公司时该商业秘密的泄露就是"不可避免的"（inevitable），不可避免泄露规则就使得法院能够禁止雇员在一定期限内为雇主的竞争者工作。不可避免泄露情形中涉及的竞争利益"正如其很难保护一样，也很难说清"。一方面，雇主已经投入了大量的时间和资源去开发商业秘密，并且如果其竞争对手获得这些商业秘密的话就会使其遭受巨大损失。如果他们在不可避免泄露的情形下不能保护其商业秘密，雇主就会要么不投资太多去创新，要么就会被迫采取"低效率的措施来保护秘密信息"，比如在很多雇员之间分工，这样就没有单独的一个雇员能掌握完整的商业秘密信息。因此，不可避免泄露规则不仅有利于提高经济效益，而且能促进创新投资这一重要的社会目标。尽管不可避免泄露规则填补了统一商业秘密法案所忽略的一个空白，但是，就目前的实际情况来看，它产生的并不只是正面效果。通过赋予雇主永久阻止雇员为竞争者工作的一种手段，该规则对商业秘密的保护是以严重束缚职业流动性为代价的。因此，也有很多国家拒绝承认任何版本的不可避免泄露规则，因为该规则会构成对"贸易的不合理限制"。①

在实践中，不可避免泄露规则被认为产生了一种事实上隐蔽的（implied-in-fact）非竞争协议，其基于法庭调查的不可避免泄露的可能性，来限制雇员的流动性。确实，由于该规则将非泄漏协议转换成了非竞争协议，很多法院都拒绝适用该规则。此外，除了上面提到的关于该规则的争议，其适用也具有不确定性。很多州都对是否采用该不可避免泄露规则，以及如果采用该规则又将在何种情形下适用等问题，感到困扰。PepsiCo v. Redmond 一案是探讨不可避免泄露规则的第一个重大案件。在该案中，法院适用不可避免泄露

---

① Sonya P. Passi. Compensated injunctions: a more equitable solution to the problem of inevitable disclosure [J]. 27 Berkeley Tech. L. J. 927, (2012). pp. 929-931.

规则来禁止 PepsiCo 公司的一个前雇员 Redmond 在竞争者 Quaker Oats 公司担任新的工作职位。该案的判决被认为是不可避免泄露规则的标志性案件,并且经常被援用。尽管该案具有标志性地位,但是 PepsiCo 公司成为很多学者批判的对象,主要是因为据说它创制了一种雇主和雇员之间隐蔽的非竞争协议。①

不可避免泄露规则尽管在保护商业秘密,比如可口可乐配方案件中发挥了重要作用,但是,它不仅加剧了想要保护商业秘密的公司与想要自由跳槽的员工之间的固有矛盾,并且其在很多州的适用都具有不确定性。首先,当掌握商业秘密的前雇员在竞争者那里工作时,会导致不同类型的潜在的侵占,这就出现了不可避免泄露规则,而且其适用不需要证明(雇员的)意图。它被定义为这样一种法律规则:只要前雇员被竞争者雇佣,该前雇员就"不可避免侵占前雇主的商业秘密"。这样一来,当发现有不可避免泄露时,一般都会禁止雇员在新竞争者雇主的特定业务领域工作。其次,尽管不可避免泄漏规则是基于保护商业秘密的目的来定义不可避免泄露,但是它并没有得到清晰的界定。由此使得,该规则的适用在不同的法院之间也不相同。即使是在一个既定的法院,该法院也对判定什么时候适用该规则感到十分困扰。因此,在美国很多法院甚至都对是否明确接受该规则感到迷惑,更别说是判定在什么情况下使用该规则了。②

对于不可避免泄漏规则,我国相关部门规章也有相应的立法尝试,如《劳动部关于企业职工流动若干问题的通知》(1996 年 10 月 31 日)第 2 条就规定,用人单位已可规定对于掌握商业秘密的劳动者在劳动合同终止或解除后的一定期限内(通常不超过 3 年)

---

① Melissa M. Stewart. Minnesota and the inevitable disclosure doctrine: finding a solution amidst the confusion [J]. 33 Hamline L. Rev. (2010). pp. 664-665.

② Melissa M. Stewart. Minnesota and the inevitable disclosure doctrine: finding a solution amidst the confusion [J]. 33 Hamline L. Rev. (2010). pp. 651-661.

应履行一定的竞业限制义务。① 对于我国前劳动部的这一部门规章的规定，即授予用人单位可以单方"规定"劳动者的竞业限制义务，而不是与劳动者协商确定劳动者的竞业限制义务，尚值得进一步研究。因为，这实际上是认可劳动合同解除或终止后的雇员仍负有竞业限制的附随义务。如前所述，在劳动契约存续期间，雇佣人与受雇人间并未约定竞业限制协议的，受雇人可基于忠实义务承担竞业限制义务。但是，在劳动契约终止后，该忠实义务便受到限制，此时再要求该雇工继续履行其对原雇主的忠实义务，一则情理难容，二则其对于新雇主的忠实义务自然会遭受损害或不完整。在劳动契约关系中，如果过分扩张雇工的该附随义务，势必造成对雇工劳动自由的侵犯，造成对作为劳动权的基本人权的不适当限制。因此，在劳动契约终止后，雇工之竞业限制义务的承担，应以雇主与雇工之间的竞业限制约定为前提，而非以雇工之附随义务为依据。

因此，竞业限制制度对于不可避免泄漏规则的借鉴和参考，应在劳动权保障及经营权维护二者之间进行利益衡量与政策取舍，且由法院在个案中依特定情形予以自由裁量较为妥当。如通过法规、规章甚至通过正式立法的方式，规定劳动者离职后的法定竞业限制义务，不仅与法理不符，而且不利于对劳动权的应有保护。

（二）"蓝铅笔"规则的借鉴及司法规制

"蓝铅笔"（blue pencil）一词起源于19世纪英国编辑用蓝铅笔来校订稿件的这一实践。② 蓝铅笔规则指的是"判定是使整个合同无效还是只是使不合理的字眼无效的一种司法标准"。通常，对于蓝铅笔规则的适用，有三种观点："全部实施或都不实施"（all or

---

① 《劳动部关于企业职工流动若干问题的通知》（1996年10月31日）第2条规定："用人单位也可规定掌握商业秘密的职工在终止或解除劳动合同后的一定期限内（不超过三年），不得到生产同类产品或经营同类业务且有竞争关系的其他用人单位任职，也不得自己生产与原单位有竞争关系的同类产品或经营同类业务，但用人单位应当给予该职工一定数额的经济补偿。"

② Phillip Kilgore & Jeff Dunlaevy. Battle-worthy non-competes: lessons from the wreckage of recent cases [J]. 19-MAY S. C. Law. 24, (2008). p. 27.

nothing)、"蓝铅笔",或"部分实施"(partial enforcement)。"全部实施或都不实施"使不合理的合同整体无效,而"蓝铅笔"则删除不合理的条款并实施其他合理的条款。最后一种"部分实施"的观点则允许法官重写合同条款。因此,严格的蓝铅笔规则使得法官能够删除合同条款,"通过使用蓝铅笔在合同上勾画,而不是修改、增加、或重新组织语言"。在美国,很多时候,当州的法律不明确时,法官就会适用蓝铅笔规则(blue-pencil doctrine)。由于蓝色"被认为是过去编辑用的铅笔的颜色",因此就有了"蓝铅笔"这一术语。①

传统上,在普通法之下,法院在某种程度上很少实施不合理的协议。过度限制的协议要么整体无效,要么就根据蓝铅笔规则来删除不合理的段落。蓝铅笔规则的适用很大程度上是基于"在一份过度限制的协议背后,并不必然有多么邪恶的目的"。在法院决定是否适用蓝铅笔规则时,可以考虑雇主是否存在善意。②

法院有权而且有义务修正与公共政策相违背的合同条款。这种灵活性使得法院可以要么只是删除不合理的条款,或者修改以完成当事人双方实际上所应达成的协议。这种权力是审判权的过度延伸,而且还引起了人们对合同自由的担忧。而且,如果允许修改,就会使得雇主没有动力去避免限制过度,而且还限制了那些没有对条款合理性提起诉讼的雇员。在那些限制司法修改(即限制使用"蓝铅笔"规则)的州,明显地阻止了雇主的限制过度,并且增强了员工的稳定性。③

蓝铅笔规则作为"判定是使整个合同无效还是只是使不合理的字眼无效的一种司法标准"的制度,在法律缺乏明确规定的情

---

① Elham Roohani. Covenants not to compete in Nevada: a proposal [J]. 10 Nev. L. J. 260, (2009). p. 277.

② Griffin Toronjo Pivateau. Preserving human capital: using the non-compete agreement to achieve competitive advantage [J]. 4 J. Bus. Entrepreneurship & L. 319, (2011). p. 337.

③ Elham Roohani. Covenants not to compete in Nevada: a proposal [J]. 10 Nev. L. J. 260, (2009). pp. 277-288.

形下，可以授权法院"通过使用蓝铅笔在合同上勾画，而不是修改、增加或重新组织语言"。在法院决定是否适用蓝铅笔规则时，通常应考虑雇主的善意。但是，如前所述，这种灵活性使得法院可以要么只是删除不合理的条款，或者修改以完成当事人双方实际上所应达成的协议。这种权力引起了关于合同自由的担忧，并且是审判权的过度延伸。这些使蓝铅笔规则即便在较早被适用的英、美等国，目前也并未受到普遍的欢迎。至于作为大陆法系的我国，如果过度扩张法官的自由裁量权，势必将加剧司法裁判的不确定性。因此，我国竞业限制制度在参考借鉴蓝铅笔规则时，应持审慎态度，法院应以合理限制竞争为原则，在保护雇主商业秘密与劳动权二者之间进行利益衡量和取舍。

（三）"实质性相似"规则的借鉴及司法规制

实质性相似规则（substantial similarity doctrine）主要存在于版权法领域，其起源可追溯至19世纪中期，大概与合理使用规则形成于同一时期。那时，版权案件中法院开始审查被告从受保护作品中复制的内容、价值以及质的显著性，并将其作为他们侵权分析的一部分。因此，复制必须是实质性的，严格来说必须与原告的作品在质上密切相关。关于复制行为，美国学者乔治·梅森大学法学教授亚当·莫索夫（Adam Mossoff）指出，对版权结构性维度的探讨经常会忽略版权法本质上是关于复制的法律这一事实。[①]

版权法关心的复制或挪用行为，既要是事实上的，又须是达到一定标准的。一方面，版权法要求确定存在"实际的复制"，这得由被告接触过受保护作品以及其他证据来证实。但是，除此之外，版权法也要求被证明存在的复制应该是"不适当"、"不合法"、"违法的"或"不当的"。版权法上认定不当复制的理论，即为"实质性相似"规则。版权法上的实质性相似（substantial similarity）要求在很多方面都比合理使用规则更为灵活。实质性相似规则一直是一种完全由法院控制、实施、调整的规则。在此方

---

① Adam Mossoff. Is copyright property？［J］.42 San Diego L. Rev. 29. (2005).

面，实质性相似规则或许比合理使用规则更具普通法风格，法院有完全的自由将其适用于新的案件和科技发展中。除了证明实际上的复制，实质相似使得法官能够审查被告的复制是否在量上和质上均足够被认为是可诉的。例如，在 Arnstein v. Porter 一案中，法院将复制分为两个独立的步骤：首先，法院要评估作品之间的相似性以推断出存在实际上的复制。这有时被称为"初步相似"(probative similarity) 审查，这很大程度上只涉及事实上存在复制这一问题。其次，法院要确定该复制本身是否是"不当的"、"不合法"或"违法的"。同样，很大程度上这和不当的判断依据依然是主观的，即使该判断与作品本身相关。为了通过初步相似来证明实际的复制，法院的审查包括查明有接触途径的存在（被告对受保护作品的接触途径）以及两部作品中受保护部分存在实际的相似。在这个审查的后半部分，通常被称为"深入调查"(dissection) 过程，"深入调查"允许法院利用专家来检测作品之间的异同点，以及评估哪一部作品是另一部作品的原创。在这个检测中，部分是为了检测被告作品从原告作品中抄袭的"质"和"量"。尽管在量这一方面很显而易见，但在质这一方面却要求法院审查被告的作品是否在实质意义上或内在价值上抄袭了被告作品。①

实质性相似规则是一种通过判例创造的规则，其将版权侵权诉讼中证明被告的复制是可起诉的这一责任作为原告的法律主张由原告承担，即使在事实上复制已显而易见时也是这样。为了提起诉讼，必须证明被告的复制是不当的或不合法的。实质性相似分析使得法院完全集中于被告和原告作品相似的显著性，以此来评估复制是否具有可诉性。②

虽然实质性相似规则是最早运用于对版权侵权的判断上的一个规则，但美国加利福尼亚州的商业秘密保护法，则将该规则用于对

---

① Shyamkrishna Balganesh. The normativity of copying in copyright law [J]. 62 Duke L. J. 203, (2012). pp. 214-217.
② Shyamkrishna Balganesh. The normativity of copying in copyright law [J]. 62 Duke L. J. 203, (2012). p. 206.

是否构成商业秘密侵权的判断。原告为了证明被告使用了其商业秘密，就必须证明被告的产品必须与商业秘密产品具有实质相似或相同的特征。经过比对，如果二者确实存在实质相似或相同之处，举证责任就将转移至被告，被告就因此负有举证证明其产品系自己独立开发或有其他正当来源的义务，否则，被告的行为将被认定为侵犯原告的商业秘密。① 在我国商业秘密保护的司法实践中，基于对实质性相似规则的借鉴，形成了独具中国特色的"实质性相似规则"，即"实质性相同加接触"原则。由于商业秘密本身具有的秘密属性，其侵权行为一般不可能大张旗鼓地进行，而是具有秘密、隐蔽的特点，所以原告要举出直接证据证明被告实施了侵权行为非常困难。因此在司法实践中，对原告的证明要求往往采取"实质性相同加接触"原则。该原则的基本内容是：原告如果证明了被告使用的商业信息与原告商业秘密相同或实质性相同，且被告接触了该商业秘密，则由被告对其获得信息的正当性来源进行举证，若被告举证不能，则推定其构成侵权。② 对此，我国工商行政管理部门对于实质性相似规则以部门规章的形式作出了具体规定③，该规定对于指导我国有关商业秘密侵权案件的司法实践具有重要

---

① Callaway Golf Co. v. Dunlop Slazenger Group Americas, Inc., 318 F. Supp. 2d 216（D. Del. 2004），related reference，318 F. Supp. 2d 222（D. Del. 2004），related reference，2004 WL 1534786（D. Del. 2004）and reconsideration denied，325 F. Supp. 2d 457（D. Del. 2004）（applying California law）. 转引自黄武双. 美国商业秘密保护法的不可避免泄漏规则及对我国的启示［J］. 法学，2007（8）：152.

② 《江苏省高级人民法院侵权商业秘密纠纷案件审理指南（2010年11月）》第3.2部分，最高人民法院民事审判第三庭编. 知识产权审判指导. 2010年. 第2辑：总第16辑［M］. 北京：人民法院出版社，2011：66.

③ 如国家工商行政管理局《关于禁止侵犯商业秘密行为的若干规定》（1998年12月3日）第5条第3款规定："权利人能证明被申请人所使用的信息与自己的商业秘密具有一致性或者相同性，同时能证明被申请人有获取其商业秘密的条件，而被申请人不能提供或者拒不提供其所使用的信息是合法获得或者使用的证据的，工商行政管理机关可以根据有关证据，认定被申请人有侵权行为。"

意义。

(四)"花园式休假"条款的借鉴及司法规制

花园式休假条款(Garden Leave Clause)要求雇员在终止雇佣前给雇主一段特定的、相当长时间的通知期间。在这段时间,雇主不能要求雇员做任何工作,但是却要给雇员支付全额的薪水和福利。但是,由于雇员仍然是一名"职工",他就不能去为竞争者工作或者做任何其他会损害雇主利益的事情。这种安排既为雇主提供了他们需要的保护,对雇员来说也是公平的。因此,花园式休假条款目前已为英国法院所普遍接受并实施。花园式休假,起源于(伦敦)标准晚报(Evening Standard)与远见金融公司(Provident Financial Group)一案。1986年判决的Evening Standard Co. V. Henderson一案,被认为导致了花园式休假这一概念的产生。在该案中,基于雇主在协议期间将继续支付雇员薪资,法院最后判令,可以实施之前被认为是不可实施的竞业限制协议。由于Evening Standard愿意在合同剩余的通知期间内给雇员Henderson支付薪水,法院决定对Henderson发布禁令,这样Evening Standard一案中的判决就为此后发展形成花园式休假奠定了基础。直到两年以后,一个英国法院在Provident Financial Group v. Hayward一案中,审查了雇佣合同中现存的花园式休假条款。该案中的法院指出:"这种表述明显是我们通常所说的'花园式休假',并且据我们所知,这种条款一般是包含在与高级主管新近签订的雇佣合同中。"与Evening Standard一案中的法院不同,Provident Financial Group一案中的陪审员担心雇主可以通过单纯地给雇员支付全额薪水而限制雇员接受替代性就业。该案中法院陈述道:实践中长时间的"花园式休假"明显是滥用。花园式休假是雇主手中的一个武器……如果有野心和有能力的高级管理人员在一段较长的通知期间内不能为任何人工作的话,这就可以确定他不会给出通知期间。任何给出通知并离职的高级管理人员很可能在同样的行业找到新的工作,并且不需要不正当竞争或欺骗前雇主,而只是充分利用自己的个人专长。因此在Provident Financial Group一案中,法院承认并默认了使用花园式休假来防范员工在竞争者那担任类似职位的方法。①

花园式休假在 Symbian Ltd. v. Christensen 一案中得到进一步明晰，在该案中，上诉法院民事分庭认为，若雇佣合同明确禁止雇员在合同期间为他人工作，则花园式休假只能用来阻止员工为竞争者工作。似乎在 Provident Financial Group 一案中的立场上有所退步，法院认为，雇员的工作不与原雇主直接竞争这一事实并不是决定性的。相反，法院侧重于分析雇员的雇佣合同中既存在花园式休假条款，也需存在限制雇员在协议期间从事其他任何工作的条款。法院强调双重条款的重要性。正如 William Hill 一案中所表明的，对雇员来说，如果没有明确的花园式休假条款，限制雇员为竞争者工作的限制协议并不一定能得到实施。Symbian 法院进一步确定，单独的花园式休假条款并不能禁止雇员在竞争者那里从事工作。②

恰如上诉法院法官 Neill 在 Credit Suisse Asset Management Ltd. v. Armstrong 一案中的意见所提到的，正是"对于竞业限制协议实施的不确定性"导致了花园式休假条款的采用，并且，确实"法官对花园式休假条款的态度比对竞业限制协议更为灵活"。英国已经判决的各种花园式休假案例，很大程度上表明法院愿意通过禁令来实施花园式休假。此外，尽管离职员工仍然挑战着竞业限制协议，但是一些案例已经表明雇员越来越愿意接受花园式休假条款的约束。很大程度上由于花园式休假实施的更大确定性，它们在英国商家的重要员工的合同中已经很常见，以阻止这种员工离开公司而投向竞争者。花园式休假在英国已经发展成为一种广泛使用的制度，它在司法上已被承认是合法的。在这个过程中，雇主被赋予一种武器，运用花园式休假雇主可以更为有效地阻止重要员工辞职并

---

① Greg T. Lembrich. Garden leave: a possible solution to the uncertain enforceability of restrictive employment covenants [J]. 102 Colum. L. Rev. 2291, (2002). pp. 2292-2311.

② Greg T. Lembrich. Garden leave: a possible solution to the uncertain enforceability of restrictive employment covenants [J]. 102 Colum. L. Rev. 2291, (2002). p. 2312.

立刻投向竞争者的怀抱。①

由于竞业限制协议在美国实施的不确定性，以及花园式休假在英国获得的成功，很多美国雇主开始在他们重要员工的雇佣协议中嵌入花园式休假条款也就不足为奇了。评论家们已经提到过去的几年里，花园式休假开始在美国扎根，而且现在据报道称这种条款"在美国很常见了"。但是到目前为止，美国法院还没有很多机会来检验花园式休假条款的正当性；所以花园式休假条款是否比竞业限制协议更具有可实施性仍然是一个值得探讨的问题。美国法院认为：（1）花园式休假并不会干涉谋生的能力。竞业限制协议剥夺雇员谋生能力所引起的异议明显不会发生在花园式休假条款上。花园式休假条款基本要件之一就规定：在雇员受限制不为竞争者工作期间，雇主应支付雇员全额薪水和福利。（2）花园式休假比起传统的竞业限制协议不那么具有反竞争性。就是说，比起实施传统的竞业限制协议，实施花园式休假条款限制竞争的程度更小。事实上，如果花园式休假成功地成为一种保护雇主的可信赖的手段，它实际上将促进竞争，并且使得行业更为强大。目前，美国法院已经表现出愿意在涉及与花园式休假相同的竞业限制协议案件中发布禁令。在 SG Cowen Securities Corp. v. Stix, an SG Cowen 一案中，一个 SG Cowen 的员工辞职后不顾协议中禁止其离职后 120 天内为竞争者工作，就立即开始为竞争者工作。Southern District of New York 的一个法官判决该雇员应停止为竞争者工作，同时 SG Cowen 支付他全额薪水以及福利，直到通知期间届满。此外，在 Natsource LLC v. Paribello 等很多案例中似乎都表明，美国法院将有可能采用花园式休假作为一种法律手段来限制雇员离职后去为竞争者工作。②

---

① Greg T. Lembrich. Garden leave: a possible solution to the uncertain enforceability of restrictive employment covenants [J]. 102 Colum. L. Rev. 2291, (2002). pp. 2313-2314.

② Greg T. Lembrich. Garden leave: a possible solution to the uncertain enforceability of restrictive employment covenants [J]. 102 Colum. L. Rev. 2291, (2002). pp. 2315-2321.

可见，起源于英国的花园式休假条款，作为对竞业限制协议的补充，在劳动合同关系中越来越被广泛地应用，在很大程度上弥补了"对于竞业限制协议实施的不确定性"，使得"法官对花园式休假条款的态度比对竞业限制协议更为灵活"。比如，英国已经判决的各种花园式休假案例，很大程度上表明法院愿意通过禁令来实施花园式休假。与此同时，该制度也越来越广泛地受到美国实务及法院的普遍欢迎。如很多美国雇主开始在他们重要员工的雇佣协议中嵌入花园式休假条款，正如美国评论家们所描述的那样在"过去的几年里花园式休假开始在美国扎根"。如前所述，目前的司法活动中，美国法院已经表现出愿意在涉及与花园式休假相同的竞业限制协议案件中发布禁令。

因此，花园式休假条款制度在英、美等国雇佣合同实务及司法实践中的广泛应用及成功经验，对于我国劳动合同实务及司法裁判之参考、借鉴，同样具有重要意义。

三、竞业限制纠纷案件的程序性规制

在我国现行法律体系下，有关竞业限制的立法主要存在于《公司法》、《劳动合同法》及《反不正当竞争法》三个领域，其共同使命均为保护公司、合伙企业等雇主的商业秘密及其他竞争利益，即雇主的经营权。该多管齐下的所谓立体保护模式，一定意义上实现了对雇主经营权的"宽保护"或称"兜底保护"。但是由此引起的讼出多头、司法标准混乱等局面实践中也难以避免。

事实上，存在于不同领域的竞业限制义务，其所保护的法益及其法律后果的确有所不同：

第一种，公司法中规定的董事、经理的法定竞业限制义务，其所保护的法益除了部分商业秘密权益之外，更多的则是公司的竞争利益，所被限制的内容也主要是董事、经理的不合理竞争行为，很少涉及对董事、经理劳动权的限制。况且，董事、经理在履行职务期间基于忠实义务承担相应的竞业限制义务，实为情理所致。对于当事人主要依商法上的相关规定提起诉讼的此类侵权纠纷，作为民商事案件中损害公司利益的竞业限制纠纷由法院直接受理较为

合适。

　　第二种，劳动合同中约定的竞业限制义务，保护的法益主要是雇主的商业秘密及其竞争利益，其限制的内容，除限制了人才流动之外，还限制了雇员的择业自由权乃至生存权，造成了对社会公共利益的危害。因此，对于该类合同纠纷就需要分别不同情况作出不同的处理。竞业限制条款虽然是保护商业秘密的一种重要手段，但是，其与普通的保密条款毕竟不同。该竞业限制条款的内容可能涉及到保密义务，也可能不涉及。（1）对于涉及保密内容的竞业限制条款，而且当事人之间讼争的主要法律关系其性质也主要是商业秘密侵权关系的，该类案件应作为知识产权及竞争纠纷案件受理比较合适。因为此类有关知识产权保护且专业性较强的不正当竞争纠纷案件作为知识产权案件受理，符合我国最高法院关于充分发挥知识产权审判职能作用的相关司法精神。① （2）对于虽约定在劳动合同中但不涉及保密内容的竞业限制条款，当事人之间讼争的法律关系也主要是约定的竞业限制权利义务，该类纠纷主要属于劳动者为履行劳动合同而发生的劳动纠纷，其既不涉及侵害商业秘密的不正当竞争，也不属于损害公司利益的竞业限制纠纷，因此原则上作为劳动争议案件予以审理比较妥当。否则，就可能造成对当事人法定诉权的剥夺。因为，就劳动争议案件而言，劳动仲裁是劳动纠纷案件诉公的必经前置程序，即未经劳动仲裁，劳动争议案件不能进入诉讼程序。

　　第三种，劳资双方基于劳动合同之外约定的竞业限制义务，或

---

　　① 随着知识产权在我国经济社会发展战略中的核心地位和作用日益增强，知识产权司法保护对文化发展、科技进步和知识创新的规范引导作用日益明显。因此，为充分发挥知识产权审判在推动我国文化大发展大繁荣及促进经济发展方式加快转变和经济自主协调发展中的职能作用，我国最高人民法院发布了《关于充分发挥知识产权审判职能作用推动社会主义文化大发展大繁荣和促进经济自主协调发展若干问题的意见》，以此强化我国法院的知识产权审判职能。2011年12月16日（法发〔2011〕18号）《最高人民法院印发〈关于充分发挥知识产权审判职能作用推动社会主义文化大发展大繁荣和促进经济自主协调发展若干问题的意见〉的通知》。

者在一般的营业转让业务中当事人之间约定的竞业限制义务而产生的竞业限制纠纷，或者当事人以与竞业限制有关的其他法律法规提起诉讼且与劳动争议无关的其他竞业限制纠纷，可作为普通的不正当竞争纠纷案件来对待。因为，该类竞业限制协议的当事人双方地位通常相对平等，如营业转让中竞业限制协议。对于一些未经单独磋商的格式协议或条款，亦可依据对于格式条款的处理规则进行处理。

实践中，有地方法院认为："如果竞业禁止条款是规定在劳动合同中，原用人单位仅以竞业禁止追究员工的违约责任，要求支付违约金的，则应作为劳动争议案件处理……；如果原用人单位以不正当竞争纠纷为由起诉员工和新用人单位时，则可以不正当竞争纠纷直接受理。其理由与前述法院可以直接受理保密合同纠纷的理由类似。"① 无需经劳动仲裁前置程序，而由法院直接受理保密合同纠纷，并作为不正当竞争纠纷案件予以立案，均有其道理。但是，在法院内部实行"立审分离"制度后，法院如果仅以竞业限制条款是否规定在劳动合同中，或主要依据当事人的诉求，如以不正当竞争还是以劳动争议为诉由作为案件分类的标准，决定以劳动争议纠纷立案还是以不正当竞争纠纷立案，该做法值得商榷。

这样一来，不仅会造成当事人抢先发动诉讼程序现象的大量出现，甚至还会造成大量案件"同案不同判"。原因如下：（1）作为劳动者，一般多会以劳动争议纠纷提起诉讼，一则为增加权利救济的途径；二则为在劳动法倾斜保护原则下，增加胜诉的概率。（2）作为用人单位，则会根据自身利益需要选择由劳动争议程序处理纠纷，还是由法院直接受理并由知识产权审判庭审理纠纷案件。前一选择，可以拖延诉讼时间，给劳动者造成更多的困扰；后一选择，一定意义上可以相对提高企业胜诉的概率。因

---

① 广东省高级人民法院民事审判第三庭. 不正当竞争纠纷案件审理中的几个问题 [A]. 最高人民法院民事审判第三庭编. 知识产权审判指导与参考·第9卷 [C]. 北京：法律出版社，2005：105.

为，这样就不同程度地回避了倾斜保护原则的负面影响。正如有学者指出的那样，对于应按劳动争议纠纷处理的案件，如果"适用调整平等民事主体间法律关系的知识产权法，则劳动者的权利就无法完整保护，劳动法对劳动者倾斜保护的意义便荡然无存"①。上述地方法院的审判意见及部分学者观点，其出发点虽然也为实现劳动契约正义，但就结果来看，却在一定程度上成为造就"同案不同判"的根源。

因此，对于竞业限制纠纷案件的程序性规制，应以竞业限制条款是否涉及保密义务，及当事人争讼的法律关系是否有关不正当竞争纠纷中的商业秘密侵权等因素，确定立案的标准及案件受理程序。对于竞业限制条款及争议不涉及商业秘密保护及侵权关系的，应按照劳动争议案件的处理程序，先经劳动仲裁然后在进入劳动争议诉讼程序；对于竞业限制条款及争讼的法律关系涉及保密义务与侵害商业秘密的不正当竞争行为的，由法院直接受理并按不正当竞争纠纷案件由知识产权审判庭予以审理比较妥帖。这样，既有利于知识产权的保护，也不至于侵害劳动者合法权益。

民事案件的"案由"是民事案件名称的重要组成部分，反映案件所涉及的民事法律关系的性质，是将诉讼争议所包含的法律关系进行的概括，是人民法院进行民事案件管理的重要手段。建立科学、完善的民事案件案由体系，有利于方便当事人进行民事诉讼，有利于对受理案件进行分类管理，有利于确定各民事审判业务庭的管辖分工等。对于竞业限制纠纷 2008年最高法院发布的《民事案件案由规定》，在"侵犯商业秘密纠纷"之下设置"侵犯商业秘密竞业限制纠纷"案由，该案由下设在"知识产权纠纷"大类口的"不正当竞争、垄断纠纷"案由之下。2011年最高法院重新发布的《民事案件案由规定》，对比予以修订，仅在"劳动合同纠纷"之下设置"竞业限制纠纷"案由，该案由下设在"劳动争议、

---

① 汪彤，胡震远，刘洪. 审理反不正当竞争案件法律适用中存在的问题和对策［A］. 最高人民法院民事审判第三庭编. 知识产权审判指导与参考·第9卷［C］. 北京：法律出版社，2005：56.

人事争议"大类中的"劳动争议"案由之下。①

重新修订后的《民事案件案由规定》依然没有较好地解决竞业限制纠纷案件的程序性问题,反而将竞业限制纠纷案件过多地作为劳动争议纠纷案件集中处理,不仅增大了司法裁判的不确定性,而且也不利于商业秘密的知识产权法保护。因此,本书认为:为强化民事案件案由在民事审判规范化建设中的重要作用,对于竞业限制纠纷这一案由的确定,应以前述三种不同情形,分为"损害公司利益竞业限制纠纷"、"劳动合同竞业限制纠纷"及"侵害商业秘密竞业限制纠纷"三种情形来分别处理为宜。具体言之,可按以下方法:(1)可将"损害公司利益竞业限制纠纷"案由设置于"与公司有关的纠纷"之"损害公司利益责任纠纷"之下,置于"与公司、证券、保险、票据等有关的民事纠纷"该案由大类之中。该类案件,主要涉及董事、经理等当事人的法定竞业限制义务,一般由法院的民商业务庭审理。(2)依最高法院《民事案件案由规定》的现行规定,可将"劳动合同竞业限制纠纷"案由设置在"劳动争议纠纷"之"劳动合同纠纷"之下,置于"劳动争议、人事争议"该案由大类之中。该类案件,主要因履行劳动合同而发生的争议,通常由劳动仲裁机构先行裁决,之后再由法院的劳动争议业务庭或者审理劳动争议案件的民事业务庭审理。(3)将"侵害商业秘密竞业限制纠纷"案由设置于"不正当竞争纠纷"之"侵害商业秘密纠纷"之下,置于"知识产权与竞争纠纷"案由大类之中。该类案件,主要涉及雇员的保密义务,当事人讼争的主要是商业秘密侵权纠纷,一般由法院的知识产权审判业务庭审理。

将竞业限制纠纷案件的案由按照以上三种方法,分别置于"与公司、证券、保险、票据等有关的民事纠纷"、"劳动争议、人

---

① 2008年2月4日(法发[2008]11号)《最高人民法院关于印发〈民事案件案由规定〉的通知》(已失效),第五部分知识产权纠纷;2011年2月18日(法[2011]42号)《最高人民法院关于印发〈民事案件案由规定〉的通知》,第五部分劳动争议、人事争议。

事争议"及"知识产权与竞争纠纷"三个大类中予以确定,不仅有利于民事审判的规范化建设、当事人进行民事诉讼,而且有利于经营权维护、劳动权保障,还有利于司法机关对于竞业限制纠纷案件的程序性规制。

结　　语

　　竞业限制制度是一把"双刃剑",其宽严分寸的拿捏和游移,既关涉经营权或公司财产权的保护程度,也关涉劳动权尤其是择业自由权的实现程度。首先,竞业限制制度主要作为保护商业秘密及其他竞争利益的一种手段,其直接目的为保护雇主的经营权。其对经营权的保护,能维护雇主自主创新、科技投资的热情,这不仅有利于国家整体经济的发展和社会财富的增长,同时也能创造更多的就业机会,以满足包括雇员在内的社会成员整体的劳动就业等各项利益需求。其次,如马克思所言,劳动是一切财富的源泉。它是一切人类生活的第一个基本条件,在某种意义上说,劳动创造了人本身。① 劳动权既是一项具有宪法权利性质的基本人权,也是实现生存权的一般手段。因此,竞业限制对劳动权的不合理限制,就是对劳动者宪法性基本人权的不合理限制,也是对劳动者生存权的不合理限制。竞业限制对此类权利的不合理限制,就构成了对社会公共利益的危害。

　　可见,经营权维护与资本的增长或扩张密不可分,而资本的增长则又离不开劳动权保障。至于在资本增长与劳动权保障之间如何进行利益权衡与政策取舍,又属一国劳工政策之价值取向问题。其中,劳动优先与资本扩张为一国劳工政策之光谱两端。劳动优先经常被视为是对资本扩张的一种限制,而在资本扩张的过程中,劳动力往往又被视为一种商品,如果缺乏法律的必要限制,劳资冲突将在所难免。乍看,资本扩张与劳动优先二者之间的矛盾不可调和。

---

① 马克思恩格斯选集（第四卷）[M]．北京：人民出版社,1995：373-374.

因为，资本扩张通常会导致劳动权保障乏力，而劳动优先也将势必拖慢资本扩张的步伐。但事实上，无论是资本扩张抑或是劳动优先均可以借助法律规范之建构，使二者在利益冲突与博弈中实现双赢。① 竞业限制制度正是建构此类规范的法律制度之一。而探求经营权与劳动权冲突之成因，寻找其冲突化解之路径，则是竞业限制制度最为核心与关键的理论问题之一。该理论，对于确定竞业限制的合理性标准具有极其重要的意义。

竞业限制制度作为一项规制合理限制竞争的法律制度，既具有鲜明的正当性，也具有一定的局限性。首先，竞业限制对劳动权保障、经营权维护以及依法规制市场竞争秩序等方面，均具有鲜明的正当性。因为竞业限制既是对劳动权及经营权的权利行使予以适当限制，也是对市场竞争秩序的合理规制。该合理规制或限制，是竞业限制制度对私权（如劳动权、经营权）以及社会公共利益（如规制市场竞争秩序）等多重权利保护的内在价值诉求，该价值诉求又以公平正义为依归。其次，竞业限制对劳动权行使的限制或对市场竞争秩序的规制，如果超出了必要的限度，则会构成对私权及社会公共利益的不合理限制乃至侵害。该不合理限制乃至侵害，正是竞业限制之局限性所在。因为，无论是在英美法系国家还是在大陆法系国家，对于竞业限制之合理性的判定向来都是难以破解的理论及实践难题。比如，对"合理性标准"的界定，以及对"合理性边界"的划分，均具有较大的不确定性。该"不确定性"，正是对"法的安定性"的挑战。

德国著名法哲学家及刑法学家拉德布鲁赫教授认为，由于分配正义的本质是平等，因此平等是正义的本质要求及其重要表现，而正义又是法律理念的首要组成部分。为实现正义这一法律理念，就必须探求法律的目的，即法律理念的第二个组成部分——"合目的性"。对于"合目的性"的解释及其界定，就对法律提出了另一个同等重要的要求，即法律的"安定性"。而法律的安定性又需要

---

① 姜涛. 劳动刑法制度研究 [M]. 北京：法律出版社，2013：282-293.

结　语

法律的"实证性",就是说,如果不能明确认定何为公平、正义,那么,就必须明确加以"规定"什么应该是正确的。①

就竞业限制制度而言,其在保护经营权的同时,对劳动权及其他合法权利的限制若能控制在"合理"的范围之内,则满足了竞业限制制度对于"合目的性"的要求。然而,如前文所述,对于竞业限制之合理性的判定向来都是个难以破解的理论及实践难题。因此,基于法的"安定性"的要求,对于竞业限制之合理性的判定必须经由法律作出明确的规定。例如,对竞业限制的合理性标准,如竞业限制经济补偿金、限制期限、限制范围等重要参考因素,于竞业限制契约自由原则之下,可由法律(含制定法及判例法)作出相对明确的规定,以确定合同当事人自由协商的范围或空间,实质上也为劳资双方划定了相对清晰的权利界限。

这样,竞业限制制度在保护经营权的同时,也尽可能地减少或避免了对劳动权及其他合法权利的不合理限制。使劳动权保障与经营权维护,均可借助于竞业限制制度,使二者在冲突与博弈中实现双赢。

---

① 古斯塔夫·拉德布鲁赫. 法哲学 [M]. 王朴, 译. 北京:法律出版社,2013:81.

参考文献

一、中文文献

（一）著作类

1. 史尚宽．劳动法原论［M］．台北：台湾正大印书馆，1978．
2. 史尚宽．债法总论［M］．北京：中国政法大学出版社，2000．
3. 史尚宽．民法总论［M］．北京：中国政法大学出版社，2000．
4. 郑玉波．民商法问题研究（二）［M］．台北：台湾三民书局，1980．
5. 郑玉波．民法债编总论［M］．北京：中国政法大学出版社，2004．
6. 郑玉波．民法总则［M］．北京：中国政法大学出版社，2003．
7. 孙森焱．民法债编总论（上册）［M］．北京：法律出版社，2006．
8. 林诚二．民法债编总论——体系化解说［M］．北京：中国人民大学出版社，2003．
9. 王泽鉴．民法概要［M］．北京：北京大学出版社，2009．
10. 王泽鉴．民法总则［M］．北京：北京大学出版社，2009．
11. 王泽鉴．债法原理［M］．北京：北京大学出版社，2013．
12. 何孝元．诚实信用原则与衡平法［M］．台北：台湾三民书局，1992．
13. 林丰宾．劳动基准法［M］．台北：台湾三民书局，1997．
14. 戴修瓒．民法债编总论［M］．台北：台湾三民书局，1978．
15. 杨仁寿．法学方法论［M］．北京：中国政法大学出版社，1999．

237

16. 李宜琛．民法总则［M］．北京：中国方正出版社，2004．
17. 施启扬．民法总则［M］．北京：中国法制出版社，2010．
18. 徐玉玲．营业秘密的保护［M］．台北：台湾三民书局，1993．
19. 谢铭洋等．营业秘密法解读［M］．北京：中国政法大学出版社，2003．
20. 陈自强．民法讲义Ⅱ——契约之内容与消灭［M］．北京：法律出版社，2004．
21. 陈自强．民法讲义Ⅰ——契约之成立与生效［M］．北京：法律出版社，2002．
22. 柯芳枝．公司法要义［M］．台北：台湾三民书局，2005．
23. 邱聪智．新订民法债编通则（上）新订一版［M］．北京：中国人民大学出版社，2003．
24. 潘维大．公司法［M］．台北：台湾三民书局，2009．
25. 台湾劳工法规辑要［Z］．台北：台湾行政院劳工委员会员工消费合作社，2005．
26. 陈自强．整合中之契约法［M］．北京：北京大学出版社，2012．
27. 张五常．经济解释：张五常经济论文选［M］．北京：商务印书馆，2000．
28. 张五常．经济解释卷二：收入与成本——供应的行为（上篇）（神州增订版）［M］．北京：中信出版社，2011．
29. 张维迎．市场的逻辑［M］．上海：上海人民出版社，2010．
30. 韩德培主编．人权的理论与实践［M］．武汉：武汉大学出版社，1995．
31. 李步云．论人权［M］．北京：社会科学文献出版社，2010．
32. 李龙．宪法基础理论［M］．武汉：武汉大学出版社，1999．
33. 沈宗灵主编．法理学［M］．北京：高等教育出版社，2004．
34. 孙国华，朱景文主编．法理学［M］．北京：中国人民大学出版社，2010．
35. 沈宗灵主编．法理学［M］．北京：北京大学出版社，2009．
36. 王启富主编．法理学［M］．北京：中国政法大学出版社，2013.
37. 马超俊，余长河．比较劳动政策［M］．北京：商务印书馆，2013.
38. 张玉堂．利益论——关于利益冲突与协调问题的研究［M］．武汉：武汉大学出版社，2001.
39. 王伟光．利益论［M］．北京：中国社会科学出版社，2010.
40. 尹田．法国现代合同法：契约自由与社会公正的冲突与平衡［M］．北京：法律出版社，2009.
41. 黄枬森，沈宗灵主编．西方人权学说（上）［M］．成都：四川人民出版社，1994.
42. 夏勇．人权概念起源——权利的历史哲学［M］．北京：中国社会科学出版社，2007.
43. 马克思恩格斯选集（第3卷）［M］．北京：人民出版社，1995.
44. 马克思恩格斯选集（第4卷）［M］．北京：人民出版社，1995.
45. 马克思恩格斯全集（第23卷）［M］．北京：人民出版社，1972.
46. 马克思恩格斯选集（第1卷）［M］．北京：人民出版社，2012.
47. 列宁全集（第15卷）［M］．北京：人民出版社，1959.
48. 法学辞源［Z］．北京：中国工人出版社，1994.
49. 辞海［Z］．上海：上海辞书出版社，2009.
50. 韩大元，林来梵，郑贤君．宪法性专题研究［M］．北京：中国人民大学出版社，2008.
51. 梁慧星主编．民商法论丛（第2卷）［M］．北京：法律出版社，1994.
52. 梁慧星主编．民商法论丛（第9卷）［M］．北京：法律出版社，1998.
53. 刘海年主编．《经济、社会和文化权利国际公约》研究［M］．北京：中国法制出版社，2000.
54. 朱晓青．欧洲人权法律保护机制研究［M］．北京：法律出版社，2003.
55. 中国社会科学院法学研究所《人权理论与对策研究》课题组编译．国际人权文件与国际人权机构［Z］．北京：社会科学文献出版社，1993.

56. 《世界各国宪法》编辑委员会编译．世界各国宪法·欧洲卷［Z］．北京：中国检察出版社，2012.

57. 《世界各国宪法》编辑委员会编译．世界各国宪法·美洲大洋洲卷［Z］．北京：中国检察出版社，2012.

58. 《世界各国宪法》编辑委员会编译．世界各国宪法·亚洲卷［Z］．北京：中国检察出版社，2012.

59. 朱应平．论平等权的宪法保护［M］．北京：北京大学出版社，2004.

60. 沈亚平等．公共行政研究［M］．天津：天津人民出版社，2013.

61. 中国政法大学民商法教研室主编．民商法纵论：江平教授70年华诞祝贺文集［M］．北京：中国法制出版社，2000.

62. 莫纪宏．现代宪法的逻辑基础［M］．北京：法律出版社，2001.

63. 赵光武，芮盛楷编著．辩证唯物主义历史唯物主义［M］．北京：北京大学出版社，1992.

64. 宋北平．法律语言［M］．北京：中国政法大学出版社，2012.

65. 金碚主编．竞争秩序与竞争政策［M］．北京：社会科学文献出版社，2005.

66. 中华人民共和国人事部编著．邓小平人才人事理论学习纲要［M］．北京：人民出版社，1997.

67. 陈力主编．我国人才流动宏观调控机制研究［M］．北京：中国人事出版社，2011.

68. 文魁等．激励创新：科技人才的激励与环境研究［M］．北京：经济管理出版社，2008.

69. 吴江，田小宝主编．中国人力资源发展报告（2011—2012）（人力资源蓝皮书）［M］．北京：社会科学文献出版社，2012.

70. 于敏等编著．科技创新人才战略［M］．南京：东南大学出版社，2011.

71. 王进，林波．权利的缺陷：中国司法期待解决的问题［M］．

北京：经济日报出版社，2001.

72. 张平华．司法视野里的权利冲突导论［M］．北京：科学出版社，2008.

73. 刘俊海．股份有限公司股东权的保护［M］．北京：法律出版社，1997.

74. 徐国栋．民法基本原则解释——成文法局限性之克服［M］．北京：中国政法大学出版社，2001.

75. 张玉瑞．商业秘密法学［M］．北京：中国法制出版社，1999.

76. 萧前，李秀林，汪永祥主编．辩证唯物主义原理［M］．北京：北京师范大学出版社，2012.

77. 孙平华．《世界人权宣言》研究［M］．北京：北京大学出版社，2012.

78. 赵秉志主编．现代法治理念［M］．北京：北京师范大学出版社，2012.

79. 陈舜．权利及其维护：一种交易成本观点［M］．北京：中国政法大学出版社，1999.

80. 孔祥俊主编．商业秘密司法保护实务［M］．北京：中国法制出版社，2012.

81. 沈强．TRIPS协议与商业秘密民事救济制度比较研究［M］．上海：上海交通大学出版社，2011.

82. 崔建远．合同法［M］．北京：北京大学出版社，2013.

83. 李永军．合同法［M］．北京：法律出版社，2010.

84. 李永军，易军．合同法［M］．北京：中国法制出版社，2009.

85. 崔建远．合同法总论（上卷）［M］．北京：中国人民大学出版社，2011.

86. 杨立新．合同法［M］．北京：北京大学出版社，2013.

87. 常凯．劳权论——当代中国劳动关系的法律调整研究［M］．北京：中国劳动社会保障出版社，2004.

88. 董保华等．社会法原论［M］．北京：中国政法大学出版社，2001.

89. 王全兴．劳动法［M］．北京：法律出版社，2004.

90. 常凯主编．劳动法［M］．北京：高等教育出版社，2011．
91. 黎建飞．劳动与社会保障法教程［M］．北京：中国人民大学出版社，2010．
92. 关怀，林嘉主编．劳动法［M］．北京：中国人民大学出版社，2012．
93. 王全兴，黄昆编著．中国劳动法［M］．北京：中国政法大学出版社，2008．
94. 叶静漪，周长征主编．社会正义的十年探索：中国与国外劳动法制改革比较研究［M］．北京：北京大学出版社，2007．
95. 郑尚元等．劳动和社会保障法学［M］．北京：中国政法大学出版社，2008．
96. 喻术红．劳动合同法专论［M］．武汉：武汉大学出版社，2009．
97. 史际春，袁达松主编．经济法学评论（第6卷）［M］．北京：中国法制出版社，2006．
98. 郭捷主编．劳动法与社会保障法［M］．北京：中国政法大学出版社，2012．
99. 周长征．劳动法原理［M］．北京：科学出版社，2004．
100. 张耕等．商业秘密法［M］．厦门：厦门大学出版社，2006．
101. 董保华．实施劳动法疑难问题热点透视——十大热点事件之名家详解［M］．北京：法律出版社，2010．
102. 宋湛主编．集体谈判［M］．北京：经济科学出版社，2013．
103. 刘继臣．共同的约定：集体合同与劳动合同［M］．北京：中国工人出版社，2010．
104. 常凯．劳权论——当代中国劳动关系的法律调整研究［M］．北京：中国劳动社会保障出版社，2004．
105. 胡启忠．契约正义论［M］．北京：法律出版社，2007．
106. 全国人大常委会法制工作委员会行政法室编著．中华人民共和国劳动合同法解读［M］．北京：中国法制出版社，2007．
107. 全国人大常委会法制工作委员会行政法室编．劳动合同法（草案）参考［M］．北京：中国民主法制出版社，2006．

108. 全国人大常委会法制工作委员会行政法室编著.《中华人民共和国劳动合同法》解读与适用 [M]. 北京：人民出版社，2007.
109. 郑爱青主编. 劳动合同法十大热点评析 [M]. 北京：中国劳动社会保障出版社，2008.
110. 王国顺，周勇，汤捷. 交易、治理与经济效率：O.E. 威廉姆森交易成本经济学 [M]. 北京：中国经济出版社，2005.
111. 信春鹰主编. 中华人民共和国劳动合同法释义 [M]. 北京：法律出版社，2007.
112. 葛明珍.《经济、社会和文化权利国际公约》及其实施 [M]. 北京：中国社会科学出版社，2003.
113. 姜涛. 劳动刑法制度研究 [M]. 北京：法律出版社，2013.
114. 最高人民法院民事审判第一庭编著. 最高人民法院劳动争议司法解释（四）理解与适用 [M]. 北京：人民法院出版社 2013.
115. 最高人民法院民事审判第三庭编. 知识产权审判指导与参考·第8卷 [M]. 北京：法律出版社，2004.
116. 最高人民法院民事审判第三庭编. 知识产权审判指导与参考·第9卷 [M]. 北京：法律出版社，2005.
117. 全国人大常委会法制工作委员会行政法室编. 劳动合同法（草案）[M]. 北京：中国民主法制出版社，2006.
118. 陈卫佐，译. 德国民法典 [M]. 北京：法律出版社，2004.
119. 王书江，殷建平，译. 日本商法典 [Z]. 北京：中国法制出版社，2000.
120. 卞耀武主编. 日本国商法 [M]. 付黎旭，吴民，译. 北京：法律出版社，2000.
121. 杜景林，卢谌，译. 德国股份法·德国有限责任公司法·德国公司改组法·德国参与决定法 [M]. 北京：中国政法大学出版社，2000.
122. 李萍，译. 法国公司法规范 [M]. 北京：法律出版社，1999.

123. 费安玲等，译．意大利民法典［M］．北京：中国政法大学出版社，2004．

124. 罗结珍，译．法国民法典（下册）［M］．北京：法律出版社，2005．

125. 杜景林，卢谌，译．德国商法典［Z］．北京：法律出版社，2010．

126. 最高人民法院民事审判第三庭编．知识产权审判指导·2010年·第2辑：总第16辑［M］．北京：人民法院出版社，2011．

127. 国际劳工局中国分局编著．国际劳工组织与中国［M］．上海：国际劳工局中国分局，1948．

128. 侯国跃．契约附随义务研究［M］．北京：法律出版社，2007．

129. 李国光主编．劳动合同法条文释义［M］．北京：人民法院出版社，2008．

130. 信春鹰主编．中华人民共和国劳动合同法及实施条例解读［M］．北京：中国法制出版社，2008．

131. 董俊山．冲突与抉择［M］．北京：人民出版社，2013．

132. 王利明．合同法新问题研究［M］．北京：中国社会科学出版社，2011．

133. 张文显．法哲学通论［M］．沈阳：辽宁人民出版社，2009．

（二）译著类

1. 罗纳德·哈里·科斯．论生产的制度结构［M］．盛洪，陈郁，译．上海：上海三联书店，1994．

2. 埃蒙·巴特勒．爱上自由经济——关于市场最好的书［M］．欧阳珑，译．上海：东方出版社，2012．

3. 安德鲁·肖特．自由市场经济学：一个批评性的考察［M］．叶柱政，莫远君，译．北京：中国人民大学出版社，2012．

4. 马斯洛等．人的潜能和价值［M］．林方主编．北京：华夏出版社，1987．

5. 罗斯科·庞德．法理学（第4卷）［M］．王保民，王玉，译．北京：法律出版社，2007．

6. 史蒂芬·霍尔姆斯,凯斯·R.桑斯坦.权利的成本:为什么自由依赖于税[M].毕竞悦,译.北京:北京大学出版社,2011.

7. 罗纳德·德沃金.认真对待权利[M].信春鹰,吴玉章,译.上海:三联书店,2008.

8. 罗斯科·庞德.法理学(第3卷)[M].廖德宇,译.北京:法律出版社,2007.

9. 霍姆斯.普通法[M].冉昊,姚中秋,译.北京:中国政法大学出版社,2006.

10. 斯蒂文·J.伯顿主编.法律的道路及其影响——小奥利佛·温德尔·霍姆斯的遗产[M].张之梅,陈绪刚,译.北京:北京大学出版社,2012.

11. 布赖恩·比克斯.法律、语言与法律的确定性[M].邱昭继,译.北京:法律出版社,2007.

12. 约翰·吉本斯.法律语言学导论[M].程朝阳,毛凤凡,译.北京:法律出版社,2007.

13. 贝思·J.辛格.可操作的权利[M].邵强林,林艳,译.上海:上海人民出版社,2005.

14. E.博登海默.法理学:法律哲学与法律方法[M].邓正来,译.北京:中国政法大学出版社,1999.

15. 本杰明·N.卡多佐.法律的成长:法律科学悖论[M].董炯,彭冰,译.北京:中国法制出版社,2002.

16. 贝思·J.辛格.实用主义、权利和民主[M].王守昌等,译.上海:上海译文出版社,2001.

17. 奥利弗·E.威廉姆森.资本主义经济制度[M].段毅才,王伟,译.北京:商务印书馆,2009.

18. 埃里克·弗鲁博顿,鲁道夫·芮切特.新制度经济学:一个交易费用分析范式[M].蒋建强,罗长远,译.上海:上海人民出版社,2012.

19. 斯蒂文·G.米德玛编.科斯经济学:法与经济学和新制度经济学[M].罗君丽,李井奎,茹玉骢,译.上海:上海三联书店，2010.

20. Y. 巴泽尔. 产权的经济分析 [M]. 费方域，段毅才，译. 上海：上海人民出版社，1997.

21. 科斯，诺思，威廉姆森等. 制度、契约与组织——从新制度经济学角度的透视 [M]. 克劳德·梅纳尔编，刘刚等，译. 北京：经济科学出版社，2003.

22. 波斯纳. 法理学问题 [M]. 苏力，译. 北京：中国政法大学出版社，2002.

23. 伯纳德·施瓦茨. 美国法律史 [M]. 王军等，译. 北京：法律出版社，2007.

24. 罗伯特·考特，托马斯·尤伦. 法和经济学 [M]. 史晋川等，译. 上海：格致出版社，上海三联书店，上海人民出版社，2010.

25. 迈克尔·D. 贝勒斯. 法律的原则：一个规范的分析 [M]. 张文显等，译. 北京：中国大百科全书出版社，1996.

26. 亚当·斯密. 国民财富的性质和原因的研究（上卷）[M]. 郭大力，王亚南，译. 北京：商务印书馆，1981.

27. 弗雷德里希·奥古斯特·冯·哈耶克. 自由宪章 [M]. 杨玉生等，译. 北京：中国社会科学出版社，1999.

28. 约翰·洛克. 洛克说自由与人权 [M]. 高适，编译. 武汉：华中科技大学出版社，2012.

29. 彼得·斯坦，约翰·香德. 西方社会的法律价值 [M]. 王献平，译，郑成思，校. 北京：中国法制出版社，2004.

30. 威廉·布莱克斯通. 英国法释义（第一卷）[M]. 游云庭、缪苗，译. 上海：上海人民出版社，2006.

31. 伦纳德·霍布豪斯. 社会正义要素 [M]. 孔兆政，译. 长春：吉林人民出版社，2006.

32. A. J. M. 米尔恩. 人的权利与人的多样性——人权哲学 [M]. 夏勇，张志铭，译. 北京：中国大百科全书出版社，1995.

33. 蒂莫西·A. O. 恩迪科特. 法律中的模糊性 [M]. 程朝阳，译. 北京：北京大学出版社，2010.

34. 阿图尔·考夫曼. 法律哲学 [M]. 刘幸义等, 译. 北京: 法律出版社, 2011.

35. 施塔姆勒. 正义法的理论 [M]. 夏彦才, 译. 北京: 商务印书馆, 2012.

36. 莱因荷德·齐柏里乌斯. 法学导论 [M]. 金振豹, 译. 北京: 中国政法大学出版社, 2007.

37. 格奥尔格·耶利内克. 人权与公民权利宣言: 现代宪政史上的一大贡献 [M]. 钟云龙, 译. 北京: 中国政法大学出版社, 2012.

38. 格奥尔格·耶里内克. 《人权与公民权利宣言》: 现代宪法史论 [M]. 李锦辉, 译. 北京: 商务印书馆, 2012.

39. 迪特尔·梅迪库斯. 德国债法总论 [M]. 杜景林, 卢谌, 译. 北京: 法律出版社, 2004.

40. 罗伯特·霍恩, 海因·科茨, 汉斯·G·莱塞. 德国民商法导论 [M]. 托尼·韦尔, 楚建, 译, 谢怀栻, 校. 北京: 中国大百科全书出版社, 1996.

41. W. 杜茨. 劳动法 [M]. 张国文, 译. 北京: 法律出版社, 2005.

42. 伯恩·魏德士. 法理学 [M]. 丁晓春, 吴越, 译. 北京: 法律出版社, 2013.

43. 古斯塔夫·拉德布鲁赫. 法哲学 [M]. 王朴, 译. 北京: 法律出版社, 2013.

44. 迪特尔·梅迪库斯. 德国民法总论 [M]. 邵建东, 译. 北京: 法律出版社, 2013.

45. 卡尔·施米特. 宪法学说 [M]. 刘锋, 译. 上海: 上海人民出版社, 2005.

46. 黑格尔. 哲学史讲演录(第2卷) [M]. 贺麟, 王太庆, 译. 北京: 商务印书馆, 2009.

47. 卡尔·马克思. 雇佣劳动与资本 [M]. 北京: 人民出版社, 1965.

48. 格尔哈德·帕普克主编. 知识、自由与秩序: 哈耶克思想论集［M］．黄冰源等，译．北京：中国社会科学出版社，2001．

49. 鲁道夫·冯·耶林．为权利而斗争［M］．郑永流，译．北京：法律出版社，2007．

50. 康德．法的形而上学原理——权利的科学［M］．沈叔平，译．北京：商务印书馆，2009．

51. 格奥格·耶利内克．主观公法权利体系［M］．曾韬，赵天书，译．北京：中国政法大学出版社，2012．

52. 孟德斯鸠．论法的精神（上卷）［M］．许明龙，译．北京：商务印书馆，2009．

53. 贝尔纳·克莱芒．自由竞争［M］．黄传根，译．北京：商务印书馆，2001．

54. 亚历山大·科耶夫．法权现象学纲要［M］．邱立波，译．上海：华东师范大学出版社，2011．

55. 西耶斯．论特权［M］．冯棠，译．北京：商务印书馆，2009．

56. 皮埃尔·勒鲁．论平等［M］．王允道，译．北京：商务印书馆，2009．

57. 路易·若斯兰．权利相对论［M］．王伯琦，译．北京：中国法制出版社，2006．

58. 伊藤博文．日本帝国宪法义解［M］．牛仲君，译．北京：中国法制出版社，2011．

59. 大须贺明．生存权论［M］．林浩，译．北京：法律出版社，2001．

60. 托马斯·佛莱纳．人权是什么？［M］．谢鹏程，译．北京：中国社会科学出版社，2000．

61. 凯尔森．法与国家的一般理论［M］．沈宗灵，译．北京：中国大百科全书出版社，1996．

62. L. M. 萨姆纳．权利的道德基础［M］．李茂林，译．北京：中国人民大学出版社，2011．

63. 马克·范·胡克．法律的沟通之维［M］．孙国东，译．北京：法律出版社，2008．

64. 阿马蒂亚·森．以自由看待发展［M］．任赜，于真，译．北京：中国人民大学出版社，2013.
65. 纳雷什金娜主编．资本主义国家民商法（下）［M］．刘家辉等，译．北京：中国政法大学出版社，1989.
66. 密拉格利亚．比较法律哲学［M］．朱敏章等，译．北京：中国政法大学出版社，2005.

（三）论文类

1. 权宁星．基本权利的竞合与冲突［J］．韩大元，译．外国法译评，1996（4）.
2. 乌尔里希·伊蒙伽．市场法［J］．方小敏，译．比较法研究，2005（5）.
3. 王晨．日本契约法的现状与课题［J］．外国法译评，1995（2）.
4. 黄月钦．劳动契约［J］．政大法律评论，1979（19）.
5. 谢怀栻．论民事权利体系［J］．法学研究，1996（2）.
6. 江平．法律的本意是公平正义［N］．21世纪经济报道，2006-9-4（29）.
7. 张文显．人权的主体与主体的人权［J］．中国法学，1991（5）.
8. 徐显明．"基本权利"析［J］．中国法学，1991（6）.
9. 常凯．劳动关系的集体化转型与政府劳工政策的完善［J］．中国社会科学，2013（6）.
10. 闫国智，徐显明．权利平等是我国公民平等权的根本内容——兼评"实施法律平等说"［J］．中国法学，1993（4）
11. 王保树．关于建立经营法学的一些思考［J］．中国法学，1990（1）.
12. 罗豪才．论行政权、行政相对方权利及相互关系［J］．中国法学，1998（3）.
13. 郭明瑞．权利冲突的研究现状、基本类型与处理原则［J］．法学论坛，2006（1）.
14. 张维迎，余晖．西方企业理论的演进与最新发展［J］．经济研究，1994（11）.

15. 徐国栋．诚实信用原则二题［J］．法学研究，2002（4）．
16. 徐国栋．英语世界中的诚信原则［J］．环球法律评论，2004（秋季号）．
17. 刘凯湘．经营权与国有企业产权性质［J］．中外法学，1997（2）．
18. 潘汉典译．意大利共和国宪法［J］．环球法律评论，1982（6）．
19. 郑志国．如何理解我国社会主要矛盾没有变［N］．人民日报，2013-5-27（7）．
20. 朱满良．社会主义民主政治的发展路向［J］．理论视野，2003（1）．
21. 侯惠勤．马克思主义的指导是构建社会主义核心价值体系之根本［J］．毛泽东邓小平理论研究，2007（3）．
22. 杨立新，蔡颖雯．论妨害经营侵权行为及其责任［J］．法学论坛，2004（2）．
23. 徐显明．人权主体界说［J］．中国法学，2001（2）．
24. 常凯．试析集体合同制度的法律性质［J］．中国党政干部论坛，2013（5）．
25. 苏力．《秋菊打官司》案、邱氏鼠药案和言论自由［J］．法学研究，1996（3）．
26. 常凯．劳动关系的集体化转型与政府劳工政策的完善［J］．中国社会科学，2013（6）．
27. 方世杰，方世荣．从交易成本与代理理论探讨医药营销通路——以行为规范与控制机制为调节变量［J］．管理评论，2002（3）．
28. 李永明．竞业禁止若干问题研究［J］．法学研究，2002（5）．
29. 李永明，张振杰．知识产权权利竞合研究［J］．法学研究，2001（2）．
30. 刘作翔．权利冲突的几个问题［J］．中国法学，2002（2）．
31. 鲍荫民．简论经营权之渊源［J］．中央社会主义学院学报，

1998（5）.

32. 刘作翔．权利冲突中的几个理论问题［J］．中国法学，2002（2）.

33. 郝铁川．权利实现的差序格局［J］．中国社会科学，2002（5）.

34. 范进学．权利概念论［J］．中国法学，2002（2）.

35. 王海明．平等新论［J］．中国社会科学，1998（5）.

36. 黄韬．社会主义法治的权利平等性［J］．光明日报，2002-11-19（11）.

37. 单海玲．雇员离职后的竞业禁止［J］．法学研究，2007（3）.

38. 董保华．由竞业限制经济补偿争鸣引发的思考——兼与叶静漪教授商榷［J］．法学，2010（10）.

39. 许明月，袁文全．离职竞业禁止的理论基础与制度设计［J］．法学，2007（4）.

40. 董保华．论劳动合同法的立法宗旨［J］．现代法学，2007（6）.

41. 范忠信，侯猛．法律冲突问题的法理认识［J］．江苏社会科学，2000（4）.

42. 徐以祥．耶里内克的公法权利思想［J］．比较法研究，2009（6）.

43. 郑尚元．社会法的存在与社会法理论探索［J］．法律科学，2003（3）.

44. 谢铭洋．营业秘密侵害之类型观察与责任分析［J］．资讯法务透析，1992（8）.

45. 程多生．《劳动合同法》的立法宗旨必须坚持维护劳动合同当事人双方的合法权益［J］．中国劳动，2005（12）.

46. 姚新华．契约自由论［J］．比较法研究，1997（1）.

47. 叶必丰．行政法的理论基本问题［J］．法学评论，1997（5）.

48. 张平华．权利位阶论——关于权利冲突化解机制的初步探讨［J］．清华法学，2008（1）．

49. 李锡鹤．法律债，还是人情债？——自然债性质探讨［J］．人大法律评论，2013（1）．

50. 李友根．权利冲突的解决模式初论［J］．公法研究，2004（1）．

51. 王启富，马志刚．权利的法律结构分析［J］．中央政法管理干部学院学报，1999（2）．

52. 林来梵，张卓明．论权利冲突中的权利位阶——规范法学视角下的透析［J］．浙江大学学报（人文社会科学版），2003（6）．

53. 王先林．论联合限制竞争行为的法律规制——《中华人民共和国反垄断法（草拟稿）》的相关部分评析［J］．法商研究，2004（5）．

54. 郭玲慧．劳工保密义务与竞业禁止约款之法律意义［J］．万国法律，2003（10）．

55. 彭学龙．竞业禁止与利益平衡［J］．武汉大学学报（哲学社会科学版），2006（1）．

56. 王克金．权利冲突的概念、原因及解决——一个法律实证主义的分析［J］．法律与社会发展，2004（2）．

57. 许建宇．劳动权的位阶与权利（力）冲突［J］．浙江大学学报（人文社会科学版），2005（1）．

58. 王黎．2012年美国社科研究经济学唱主角［J］．中国社会科学报，2012-12-21（A05）．

59. 朱军．德国的离职竞业禁止制度［J］．中国劳动，2011（2）．

60. 黄武双．美国商业秘密保护法的不可避免泄漏规则及对我国的启示［J］．法学，2007（8）．

二、英文文献

（一）著作类

1. Pascale Lagesse & Mariann Norrbom. Restrictive covenants in

employment contracts and other mechanisms for protection of corporate confidential information [M]. Kluwer Law International and International Bar Association, 2006.

2. Michael C. Jensen. Soundations of organizational strategy [M]. Harvard University Press, 1998.

3. Budden Michael Craig. Protecting trade secrets under the Uniform Trade Secrets Act: practical advice for executives [M]. Quorum Books, 1996.

4. Robert Alexy. A thory of constitutional rights, translated by Julian Rivers [M]. Oxford University Press, 2002.

5. Margreth Barrett. Intellectual property [M]. 2006 Aspen Publishers, Inc.

6. Kamerling Alexandra. Restrictive covenants under common and competition law [M]. Sweet & Maxwell, 2007.

7. Roger Sexton & Barbara Bogusz. Complete land law: text, cases, and materials [M]. Oxford University Press, 2009.

（二）论文类

1. Chiara F Orsini. Protecting an employer's human capital: covenants not to compete and the changing business environment [J]. 62 U. Pitt. L. Rev. 175 (Fall, 2000).

2. Jason S. Wood. A comparison of the enforceability of covenants not to compete and recent economic high technology regions [J]. 5 Va. J. L. & Tech. 14 (Fall, 2000).

3. Michael C. Jensen & William H. Meckling. Theory of the firm: managerial behavior, agency costs, and ownership structure [J]. originally published in Journal of financial Economics 3, No. 4 (October 1976).

4. Matt Marx & Deborah Strumsky & Lee Fleming. Mobility, skills, and the michigan non-compete experiment [J]. Management Science. Vol. 55, No. 6, June 2009.

5. Nordenfelt v. Maxim Nordenfelt Guns & Ammunition Co Ltd [Z].

参考文献

House of Lords, (1894) A. C. 575.
6. Henrik Lando & Caspar Rose. On the enforcement of specific performance in civil law countries [J]. 24 Int'l Rev. L. & Econ. 473, (2004).
7. Melissa M. Stewart. Minnesota and the inevitable disclosure doctrine: finding a solution amidst the confusion [J]. 33 Hamline L. Rev. (2010).
8. Sonya P. Passi. Compensated injunctions: a more equitable solution to the problem of inevitable disclosure [J]. 27 Berkeley Tech. L. J. 927, (2012).
9. Phillip Kilgore & Jeff Dunlaevy. Battle-worthy Non-competes: Lessons from the Wreckage of Recent Cases [J]. 19-MAY S. C. Law. 24, (2008).
10. Elham Roohani. Covenants not to compete in Nevada: a proposal [J]. 10 Nev. L. J. 260, (2009).
11. Griffin Toronjo Pivateau. Preserving human capital: using the non-compete agreement to achieve competitive advantage [J]. 4 J. Bus. Entrepreneurship & L. 319, (2011).
12. Shyamkrishna Balganesh. The normativity of copying in copyright law [J]. 62 Duke L. J. 203, (2012).
13. Greg T. Lembrich. Garden leave: a possible solution to the uncertain enforceability of restrictive employment covenants [J]. 102 Colum. L. Rev. 2291, (2002).
14. Adam Mossoff. Is copyright property? [J]. 42 San Diego L. Rev. 29, (2005).